U0010902

好讀出版

論語裡的品德課

【中華文化基本教材・列入高中課程必修】

喪家狗 下

／孔子很熱情／

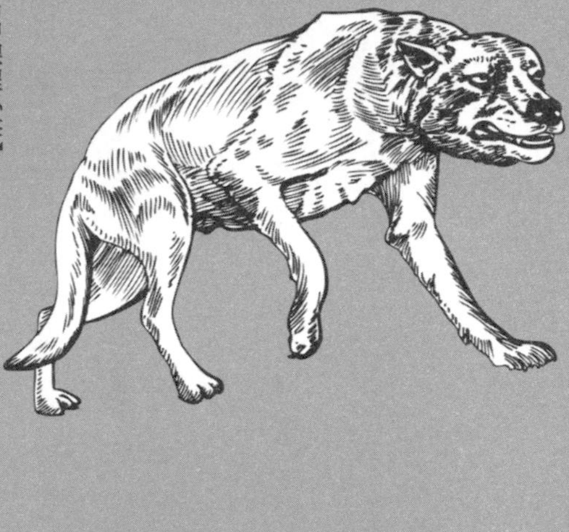

北京大學中文系教授
李零——著

目次

004 喪家狗典故由來
008 〈推薦序〉通達的求真精神　文／孫劍秋
010 〈自序〉論語，我心中最重要的經典

理想的人生

021 治學∥【論六藝／論學（附子夏論學）】
049 施教∥【有教無類／啓發式教學／因材施教／對學生無所隱瞞】
077 謀生／處世∥【用行舍藏／孔子欣賞隱者】
117 干祿∥【從政／為政／政治理想／自我推薦】
165 理想∥【美好的復古／稱讚唐虞／推崇三代／挽救東周】

自適的人生

190 聞達＝【什麼是聞？什麼是達？／渴望出名／不被瞭解／唯恐死後不留名】
198 富貴／天命＝【敬畏天命／吁天呼命／五十知天命／敬鬼神而遠之／使命感】
230 〈附錄〉孔子的本來面目與一生經歷
251 〈附錄〉孔門弟子
280 〈附錄〉《論語》中的其他人物
305 〈附錄〉《論語》原文

喪家狗典故由來

非李零的發明

「喪家狗」是個含義深刻的典故，語出《史記》等五部古書，講述者都是崇拜孔子的大學者。明代儒門創制〈聖跡圖〉，或彩繪，或版刻，或石刻，不但廣傳於世，還刊列在曲阜孔廟的聖跡殿。這些作品無論哪種形式，都有一幅講這個典故的圖〈累累說聖圖〉，上面的題辭也一模一樣，全是摘錄司馬遷的話。

然而，生當這個傳統文化如火如荼的傳揚時代，有人卻無知到連孔子的話都罵，還以為捍衛了什麼。他們甚至說，李零發明了「喪家狗」這個說法。

李零並沒有任何發明。庸人多自擾，古井本無波。

孔子適鄭，與弟子相失，孔子獨立郭東門。鄭人或謂子貢曰：「東門有人，其顙似堯，其項類皋陶，其肩類子產，然自要（腰）以下，不及禹三寸。累累若喪家之狗。」子貢以實告孔子。孔子欣然笑曰：「形狀，末也。而謂似喪家之狗，然哉！然哉！」（**《史記・孔子世家》**）

夫子過鄭，與弟子相失，獨立郭門外。或謂子貢曰：「東門有一人，其頭似堯，其頸似皋繇，其肩似子產，然自腰以下，不及禹三寸，儡儡如喪家之狗。」子貢以告孔子，孔子喟然而笑曰：「形狀，末也，如喪家之狗。然哉乎！然哉乎！」（**《白虎通．壽命》**）

孔子適鄭，與弟子相失，孔子獨立鄭東門。鄭人或問子貢曰：「東門有人，其頭似堯，其項若皋陶，〔其〕肩類子產。然自腰以下，不及禹三寸，傫傫若喪家之狗。」子貢以告孔子，孔子欣然笑曰：「形狀，末也。如喪家狗，然哉！然哉！」（**《論衡．骨相》**）

孔子適鄭，與弟子相失，獨立東郭門外。或人謂子貢曰：「東門外有一人焉，其長九尺有六寸，河目隆顙，其頭似堯，其頸似皋陶，其肩似子產，然自腰已下，不及禹者三寸，累然如喪家之狗。」子貢以告，孔子欣然而歎曰：「形狀，末也。如喪家之狗，然乎哉！然乎哉！」（**《孔子家語．困誓》**）

孔子出〔衛〕〔鄭〕之東門，逆姑布子卿，曰：「二三子使車避。有人將來，必相我者也。志之。」姑布子卿亦曰：「二三子引車避，有聖人將來。」孔子下步，姑布子卿迎而視之五十步，從而望之五十五步，顧子貢曰：「是何爲者也？」子貢曰：「賜之師也，所謂魯孔丘也。」

姑布子卿曰：「是魯孔丘歟？吾固聞之。」子貢曰：「賜之師何如？」姑布子卿曰：「得堯之顙，舜之目，禹之頸，皋陶之喙。從前視之，盎盎乎似有（王）〔土〕者；從後視之，高肩弱脊，循循固得之轉廣一尺四寸，此惟不及四聖者也。」子貢吁然。姑布子卿曰：「子何患焉？汙面而不惡，葭（豭）喙而不藉，遠而望之，羸（累）乎若喪家之狗，子何患焉？」子貢以告孔子。孔子無所辭，獨辭喪家狗耳，曰：「丘何敢乎？」子貢曰：「汙面而不惡，葭（豭）喙而不藉，賜以（已）知之矣。不知喪家狗，何足辭也？」子曰：「賜，汝獨不見夫喪家之狗歟？既斂而椁，布（器）〔席〕而祭，顧望無人，意欲施之。上無明王，下無賢（士）方伯。王道衰，政教失，強陵弱，衆暴寡，百姓縱心，莫之綱紀。是人固以丘爲欲當之者也。丘何敢乎？」（《韓詩外傳・卷九・第十八章》）

以上五則皆兩漢舊說。前四則基本上一樣，唯最後一則有些不同，並以相者爲姑布子卿（著名相者）。這個故事與子貢想樹孔子爲聖人有關。它想傳達的是，孔子熱心救世，世以爲有聖人之志。相者聞其聲名，但願一睹風采，是否眞有聖人相。他的判斷是，孔子像聖人又不像，有心救世像，遍爲諸侯皆不遇又不像。「喪家狗」絕非汙衊之詞，只是形容他的無所遇。子貢以相者語告孔子，孔子寧認喪家狗，不認聖人，原因在這裡。

此雖故事，卻頗具深義，眞可謂知孔子言。清代的崔述，什麼都疑，就是不疑道統，竟不加分辨，一上來就在《洙泗考信錄・卷三〈世家記適陳由鄭之謬〉》說「至比聖人於狗，造此說者，信此說者，皆聖門之罪人也！此乃齊東野人之語，故今皆削之。」，將司馬遷諸賢統統斥爲罪人，武斷之極。顧頡剛指出，崔述疑古有局限，他以大膽懷疑著稱，獨於聖道不疑，也不許人疑，有很多先入爲主之見。

通達的求真精神

——推薦序

國立台北教育大學語文與創作學系教授　孫劍秋

一般學界常以「通達」二字表彰一個人的學術成就，所謂的「通」在兼天人；所謂的「達」在明古今。而儒家對「通達」二字的最佳詮釋，我認爲應該是〈中庸〉上說的「極高明而道中庸」，「極高明」是學問通曉的極致，「道中庸」則是人生體悟的達境，在細讀李零教授大作後，我覺得他確實當之無愧。

清儒張之洞說「由小學入經學，其經學可信；由經學入史學，其史學可用。」李教授以其深厚的小學與史學根基，對《論語》這部經典進行疑難考證，這是縱的安排；將書中人物打散，重新詮讀，這是橫的聯繫，兼以對竹簡的熟稔，而提出許多新見解與發現，更是令人讚嘆。

最後，我覺得這本書的眞價值，不在學問堆積起來的書卷重量，而在處處透顯的純眞。從書中的「求眞精神」，可以概見李教授的眞性情。閱讀就是與作者進行心靈交流，我感受到李教授熱誠的學問求眞態度，也期待眾多學友能一起來體悟與學習。

——自序

論語，我心中最重要的經典

李零

近年來，《論語》很火，孔子很熱。我任教的北京大學中文系也開了《論語》課。課分三個班，我教其中一個班。二〇〇四年的下半年和二〇〇五年的上半年，我花兩個學期，一學期講半部，把《論語》從頭到尾講了一遍。這本書，就是根據我上課的紀錄整理而成。藉這個機會，我把《論語》有系統讀了一遍。受教的，首先是我自己，所以這本書其實是讀書筆記。

心目中的孔子

這本書的標題是「喪家狗」，首先我解釋一下什麼叫「喪家狗」？「喪家狗」是無家可歸的狗，現在叫流浪狗。讀《論語》，我的感受，兩個字：孤獨。孔子很孤獨。現在有人請他當心理醫生，其實他自己的心病都沒人醫。

在這本書中我想告訴大家，孔子並不是聖人。歷代帝王褒封的孔子，不是眞孔子，只是「人造孔子」。眞正的孔子，活著的孔子，既不是聖，也不是王，根本談不上什麼「內聖外王」。「若聖與仁，則吾豈敢」——這是明明白白寫在《論語》【述而7·34】裡面的；子貢說孔子是

「天縱之將聖」，也當即被孔子否認。讀了這本書你會明白，爲什麼孔子不接受這個榮譽，而他的學生卻非要給他戴上這頂帽子。我寧願尊重孔子本人的想法。

孔子不是聖，只是人，一個出身卑賤，卻以古代貴族（眞君子）爲立身標準的人；一個好古敏求，學而不厭、誨人不倦，傳遞古代文化，教人閱讀經典的人；一個有道德學問，卻無權無勢，敢於批評當世權貴的人；一個四處遊說，替統治者操心，拚命勸他們改邪歸正的人；一個古道熱腸，夢想恢復周公之治，安定天下百姓的人。他很恓惶也很無奈，唇焦口燥，顚沛流離，像條無家可歸的流浪狗。這才是眞相。

當年，西元前四九二年，六十歲的孔子，顚顚簸簸，坐著馬車前往鄭國，和他的學生走散，他獨自站在郭城的東門外等候。有個鄭人跟子貢說，東門外站著個人，腦門像堯，脖子像皋陶，肩膀像子產，腰以下比禹短了三寸，上半身倒有點聖人氣象，但下半身卻像喪家狗，垂頭喪氣。子貢把此人的話一五一十告訴孔子，孔子不以爲忤，反而平靜地說：形象並不重要，但說我像喪家狗，很對、很對。在這個故事裡，他只承認自己是喪家狗，不認聖人之說。

孔子絕望於自己的祖國，徒興浮海居夷之歎，但遍爲諸侯一無所獲，最後還是回到他的出生地。他的晚年，年年傷心。喪子，哀麟，回死由亡，讓他哭乾了眼淚。他是死在自己的家中——然而，他卻沒有家。不管他的想法對與錯，在他身上我看到了知識分子的宿命。任何懷抱理想，在現實世界找不到精神家園的人，都是喪家狗。

讀書與成長背景

這本書是用我的眼光寫成，不是人云亦云，我才不管什麼大師、小師怎麼講，只要不符合原典，對不起，我概不接受。我讀《論語》，是讀原典；孔子的想法是什麼，要看原書。我的一切結論是用孔子本人的話來講話——不跟知識分子起鬨，也不給世人拍馬屁；讀孔子的書，既不捧也不摔，恰如其分地講——他是個唐吉訶德。

其次我想講一下，爲什麼過去我不愛讀《論語》，現在卻用力讀，而且是當成一部最重要的經典來讀。我先講不愛讀《論語》是怎麼回事。坦白說，我讀《論語》是重新補課。這本書，我過去讀，中學就讀，但不愛讀，一直沒下過功夫一字一句仔細讀。當年讀《論語》，我的感受是此書雜亂無章，淡流寡水，看到後面，前面就忘了，還有很多地方沒頭沒尾，不知所云，除了道德教訓還是道德教訓，論哲理，論文采，論幽默，論機智，都沒什麼過人之處。我想如果沒有心理暗示，像我小時候一樣，也像很多外國人一樣，既沒人勸我尊，也沒人勸我不尊，很多人的感受可能會和我一樣（不讀《論語》也能直探孔子內心的人，不在此列）。

第二我不愛讀《論語》，還有其他一些原因，讓我慢慢講。予生也晚，我生於舊社會（只待過一年，沒印象），長於紅旗下，崔健唱的——「紅旗下的蛋」。我有我的閱讀背景。馬、恩、列、斯、毛、魯，我曾通讀，現在不時髦；灰皮、黃皮書，也曾泛覽，現在見不著。我的啓蒙是在文革時期，古書、雜書看了一大堆。辛亥革命後，康有爲、陳煥章的孔教會，我不及見；蔣介石、宋美齡的「四維」「八德」新生活運動，我沒趕上；新儒家的書，幾乎沒讀；尊孔教育，一點也沒接受過。

我不愛讀《論語》，不是因爲我只見過批孔，沒見過尊孔。近百年來，尊孔批孔，互爲因果，互爲表裡。它與中國備受欺凌的挫折感和鬱積心底的強國夢有不解之緣，既跟政治鬥爭有關，也跟意識形態有關，還有民族心理問題——忽而自大，忽而自卑。在我看來，這些都是拿孔子說事。

有人說，人對自己不喜歡的東西，往往最不瞭解；最不瞭解，也就最沒發言權。這話有點道理，但也不盡然。我沒嘗過梨子，也知道梨是甜的；沒吃過狗屎，也知道屎是臭的。更何況，尊也好，批也好，不是前提，而是結果。什麼對，什麼錯，都得閱讀原典。不讀原典的胡說八道，才最沒發言權。

上個世紀一劈兩半，我是後半截的人，代溝肯定存在，沒什麼了不起。小時候，我跟大人聽京戲、大鼓和相聲，除了相聲，幾乎都聽不下去。我總覺得——咂呔呔，咂呔呔，咿咿呀呀的長腔慢板，遠不如電影吸引人。有點興趣，那是後來的事。回想起來，我的態度和如今的「八〇後」，有程度差異，無本質不同。我看他們看不慣，我爸爸看我也看不慣。這不是大陸不大陸，臺灣不臺灣，而是現代化底下很普遍的問題。即使歐美國家，也是早就把古典教育撇一邊，在第二次世界大戰後徹底衰落，誰也別吹嘘自己比別人更傳統。你說傳統是寶貝，有些東西處於瀕危要保護，我贊成；但非要弘揚，直到把孔子的旗幟插遍全世界，我沒興趣。誰若要說不讀《論語》就無以爲人，現在世道人心這麼壞（如貪汙腐化、製售假藥者流）都是因爲不讀《論語》、不敬孔子，那就太過了。其實，敬不敬孔子，這是個人愛好。不敬又怎麼樣？年紀比我小一點的王朔和王小波，他們說起這位老人就滿嘴沒好話。

「五四」打倒孔家店，孔家店變古董店，有人惋惜，我理解。但南懷瑾老前輩說，孔家店是糧食店（他說道教是藥店，佛教是百貨商店），此店關張，我們就沒飯吃，我不能苟同。

不愛聽人說教

過去我不愛讀《論語》還有個原因——我不愛聽人說教。人上點年紀，以爲曾經滄海就可以當道德老師，我認爲是爲老不尊。我一看誰說這類話，寫什麼人生哲學，頭皮就發麻。

我總覺得，不問世道好壞，一上來就說好人多，既無標準，也無統計，這種說法，極不可靠；好人活著做好事，做了好人好事，注定有好報，也是陳腔濫調。事情哪有這麼巧？這類善言早就叫人講完了，不光中國，全世界的說法都差不多。

我的理解是，道德和秩序，秩序更重要。就像文革，並不是因爲沒道德才沒秩序，而是因爲沒秩序才沒道德。道德很脆弱，也很實際——說好就好，說壞就壞。像是擠公共汽車，人太多，車太少，秩序大亂，誰排隊，誰都別想上；搭火車，千里迢迢，不是一時半會兒到得了，汽車可以讓座，火車就沒人讓，裡面的道理很簡單。道德，不管多好，社會一亂，說垮就垮，越是沒道德，才越講道德。

道德不是講出來的。歷史上，國家一治一亂，道德時好時壞，太正常了。遠的不說，明朝末年怎麼樣？清朝末年怎麼樣？野史筆記、舊小說還在，人和現在一樣壞，甚至更壞。大家別忘了，那時道德歸誰管？正是孔老夫子。

現在的「孔子熱」，熱的不是孔子，孔子只是符號。社會失範，道德失靈，急需代用品。就像戒菸的人抽尼古丁吸入劑，暫時過嘴癮；有人呼籲的鄉約民規、宗教道德，也都算尼古丁吸入劑。代用品，只要能代就行，不一定是哪種。像是俄國，人家就端出雙頭鷹、三色旗、彼得大帝、東正教。

什麼人會出來吆喝，說我不講道德？沒有。什麼時候都有人吆喝道德，特別是缺德的亂世。我還記得，文革之前沒人用力捧孔子，也沒人用力批孔子。但大家別以爲孔子不在，就沒人講道德，以爲道德是孔子的專利。道德，只要是管人的人都有此好，政治家愛，神學家更愛；沒有孔子，照樣有人講。

我念中學時，那時特別重視道德教育。我還記得有個人常來學校演講。他很會演講，講得我心驚肉跳。他說，人到晚年捫心自問，這輩子到底有哪些汙點？你要問自己。這些汙點留在心上，永遠抹不去。我心想，我的汙點那麼多，怎麼辦？心裡好難受。

但我是個自由散漫的人，現在也是。我最不喜歡過組織化的群體生活，無論是什麼樣的組織；也最不喜歡聽人說教，無論是什麼樣的教。讀《論語》，可以滿足某些人修養方面的需要，但我不需要。

五四運動還孔子真面目

文革批孔（一九七四年），我是趕上了，但沒參加。當時，「批林（彪）批孔（丘）」的主力是大學教師和工農兵學員，我，一介農夫，哪有資格？那時的我已經二十多歲，讀過不少古書，但對《論語》毫無興趣。他們怎麼批，我倒是記憶猶新。大家不要以為，文革就是不讀書，特別是不讀古書。其實，舉國若狂讀古書（是讀《論語》）恰恰就是在那一陣，就連銀雀山漢簡、馬王堆帛書，它們得以整理出版也是乘了這股東風。

我的啓蒙是在文革時期。所謂啓蒙，就是不能再糊裡糊塗，更不能揣著明白裝糊塗。我崇拜知識，但不崇拜知識分子。我見過的知識分子，好人有，但很多不是東西。面對政治，好惡深，偏見生；學者要有超然獨立的學術立場。尊孔和批孔，做為學術本來都可以講，變成政治就是打爛仗。

不過說起讀古書，港臺人常說大陸人不讀古書，不重傳統，除了考古，一無是處。這話不對。考古成就大，是託祖宗的福，而且中國大陸的考古學，就理論、方法而言，絕不比其他學科更先進。古書，我一直在讀，現在也是靠「三古」（考古、古文字、古文獻）吃飯。

今天說起五四，我還是充滿敬意。五四運動是啓蒙運動。啓蒙啓蒙，啓什麼蒙？關鍵是確立西學或新學的主導地位。當時對孔子不管說過什麼過頭的話，都要從當時的環境來理解。中國的現代化，是揍出來的現代化，只有招架之功，沒有還手之力，不把華夏傳統的小巧玩意兒擱一邊，就無法擺脫被動局面。這一步，非走不行。不走，不能迎新；不走，不能保古。更何況，孔子當聖人，他依託的科舉制，這張皮都沒有了，毛將焉附？大家把孔子從聖人的地位請下來，讓他與諸子百家平起平坐，有什麼不好？無形中，這等於恢復了孔子的本來面目。

五四挽救了孔夫子，挽救了傳統文化——我一直這麼看，今天也沒有變。傳統中斷，是危言聳聽；孔子只是符號。大陸不完全是傳統文化，臺灣、香港也不是。兩岸三地，彼此彼此。所謂傳統文化，都是以現代化爲前提，都是現代化的邊角料，只有擺脫現代化的壓力，才能騰出手來保一保，就像孔子說的「行有餘力，則以學文」（【學而1．6】）。過去，中國大陸的現代化，孤立無援，基礎薄弱，態度最激進，水準最低下，西化不強，保古不力，乃環境使然，現在喘過一口氣，不要忘乎所以。

資本主義是個全球化的體系，天似穹廬，籠蓋四野。這個世界已變得只有「主流國家」和「非主流國家」，名字叫什麼，喜歡不喜歡，並不重要。「傳統」（過去叫「封建」）的尾巴就算割不斷，也早就不成其爲「社會」。

一九八〇年代，大家罵中國太傳統（「太封建」也「太專制」），現在又罵中國太不傳統（「太不民族」也「太不世界」），到底哪個說法對？自己抽自己耳光，到底能抽幾回？兩種危言聳聽，都高估了傳統文化。傳統就是過去，沒必要當祖宗供著，不分好壞，聞之必拜。

最後，我要說一下，爲什麼我要讀《論語》，我又是怎麼讀。最近幾年，有三個刺激逼我重讀《論語》。

第一是竹簡熱。一九九〇年代，郭店楚簡、上博楚簡都是以儒籍爲主，內容涉及孔子，涉及他的主要弟子，不但和《論語》有關，也和大戴（德）小戴（聖）的《禮記》有關，爲古代儒家的研究提供了不少新線索。過去研究儒家主要是讀孔、孟、荀，孔、孟之間的七十子，反而不講，漏洞太大。我雖不同意以儒家做中國文化的代名詞，但儒家出現早，地位高，影響大，不容懷疑。我們若想把這些新材料吃透，還是要返回來讀《論語》。此課不補，沒有發言權。像是宋儒講道統，有人說出土發現證明了這個道統，這不是瞎說嗎？孔、孟之間明明有很多人，不只子思和曾子，怎麼證明就是宋明道統？我們只要認眞讀古書就會發現，古書和這些發現並無矛盾，眞正有矛盾反而是「聖化」的曲解。

第二是孔子熱。現在和一九八〇年代不同。什麼叫八〇年代，我還記得很清楚，想不到如今已成老宮娥坐談開元天寶年間事。八〇年代，主要氣氛是痛批傳統，怨天尤人罵祖宗。現在風氣陡變，傳統又成香餑餑。向左轉，向右轉，誰都拿孔子說事（連監獄都在讀《論語》），孔子眞是左右逢源。從罵祖宗到賣祖宗，這個大彎是怎麼轉過來的？前因後果，値得深思。美國學者史嘉柏（David Schaberg）有篇書評，是介紹西方自一九九〇年代以來的《論語》譯本，文章題目是〈沽之哉，沽之哉〉（Sell it! Sell it!: Recent Translations of Lunyu），用在我們這邊，也合適。傳統和孔子都在熱賣之中。現在的世界，保守主義浪潮和復古風席捲全球，做爲文化現象，我們要想弄清「孔子熱」的含義是什麼，也得重讀《論語》，它本身就是復古經典。

第三是讀經熱。怎麼讀古書，確實是問題。現在我在北大講「四大經典」，《論語》是其中之一。我想認眞思考一下古書的經典化，以及現在如何選經典、讀經典的問題。說實話，我讀

《論語》主要是拿它當思想史。古代思想史有很多爭論，我是像看戲一樣坐在臺下看，並沒打算加入哪一撥。馬克思說，青年黑格爾派是「德意志意識形態」。《論語》也是中國的意識形態。歷史上捧孔子有三種捧法，一是圍繞政治（治統），這是漢儒；二是圍繞道德（道統），這是宋儒；三是拿儒學當宗教（或準宗教），這是近代受西方宗教刺激的救世說。三種都是意識形態。我讀《論語》，就是要挑戰這套咒語。我的讀法是——

．查考詞語，通讀全書。按原書順序，一字一句、一章一節、一篇一篇，細讀。先參合舊注（以程樹德的《論語集釋》爲主），梳理文義，再考證疑難，把全部細節過一遍。

．以人物爲線索，打亂原書順序，縱讀。第一是孔子，第二是孔門弟子，第三是書中的其他人物。借這種考察，爲各章定年，能定的定，不能定的闕如，把《論語》當孔子的傳記讀。

．以概念爲線索，打亂原書順序，橫讀。我把全書歸納爲若干主題，每個主題下分若干細目，按主題摘錄，看這本書裡的孔子思想是什麼模樣，與《墨子》《老子》有什麼區別。

．最後，是我的總結。我想思考的是知識分子的命運，用一個知識分子的心，理解另一個知識分子的心，從儒林外史讀儒林內史。

孔子這本書，有不少道德格言，有些比較精彩，有些一般。孟子在《孟子．盡心下》說：「盡信《書》，則不如無《書》。吾於《武成》，取二三策而已矣。」我對《論語》，也是如此。讀《論語》要心平氣和——去政治化，去道德化，去宗教化。目的無他，我們需要的是一個眞實的孔子，特別是在這個禮壞樂崩的世界。

第1講 治學

孔子不但不承認自己特別聰明，連人家說他知識多、記性好都不願承認。知識的某個層次可說是記憶，而人的記憶分兩種：一種是死記硬背，機械式記憶；一種是在理解的基礎上記憶，靠聯想來記憶。孔子強調聯想式的記憶，反對死記硬背。

孔子對治學的看法

綜論

孔子治學，主要是學文。透過學文，然後習禮、求道。學文，主要學六藝類的經典，即：《詩》《書》《禮》《樂》《易》《春秋》，《詩》與《書》尤其重要。「六藝」是指人文學術，古人稱之為「文學」。其中，《禮》《樂》主要是從演禮奏樂去學，不一定靠書，《論語》雖未提到禮書，但樂既然與詩有關，所以還是和書有點關係。不過，《論語》並未談及《春秋》。

古代的學制，簡單來說，小學是以認字識數為主，但大學是學禮樂，最終目標是學禮樂。禮樂是文化，道德是「質」，禮樂是「文」，文、質必得相輔而行。在孔門讀書，是學禮樂。孔子認為最能打動人心、最能改變人性的，莫過於音樂，故以樂教為最高層次。因此孔子上課時總有樂器在旁，他傳遞的教育是一種美的教育，難怪孔子身邊總是弦歌之聲不絕於耳。

至於《詩》，則關乎禮儀，簡直無所不用，內政、外交都離不開它。在孔子當時，禮儀場合有賦詩之風，不學詩就沒法在這種場合講話，詩是用之於禮，和禮分不開。《禮》，則側重儀容和舉止，一舉一動都要合乎君子風度。但禮和樂也分不開，古代宮廷中很多儀式都有音樂伴奏，用以烘托氣氛。古代所謂樂，既包括聲樂、器樂，也包括舞蹈，還有歌詞（即所謂《詩》）。高興時，都是手舞足蹈、載歌載舞的。而君子習禮，要先從背歌詞開始，要能夠倒背如流，這是第一步。第二步，是參加各種儀式，善於借題發揮引用這些詩。但這樣的詩仍非完美的詩，完美的詩一定要加上音樂，歌詞以外要有器樂伴奏，配樂而唱。

孔子喜歡古典音樂，討厭通俗音樂，恨鄭聲亂了雅樂。他最喜歡的音樂是所謂舜的音樂——《韶》。孔子晚年曾經整理過音樂（和《詩》一起），他是在音樂聲中告別人世的。

論六藝

詩、書

子曰：「《詩》三百，一言以蔽之，曰：『思無邪。』」【爲政2・2】

「《詩》三百」，即《詩經》，今本《詩經》有三百零五篇。

「一言以蔽之」，即英文的in one word。Word可以是詞，也可以是語句。我們中文也是這樣，「言」可以是一個字，也可以是一句話，如《老子》五千言是指五千字，這裡的「思無邪」

則是一句話。

「思無邪」，見《詩・魯頌・駉》，原文有很多「思」字——

駉駉牡馬，在坰之野。……思無疆，思馬斯臧。

駉駉牡馬，在坰之野。……思無期，思馬斯才。

駉駉牡馬，在坰之野。……思無斁，思馬斯作。

駉駉牡馬，在坰之野。……思無邪，思馬斯徂。

上文的八個「思」字，鄭玄箋當動詞，沒有具體解釋。「思」，《詩經》多見，但放在句首是什麼意思？一般以爲是發語詞，只是虛詞，沒有實意，但《詩・大雅・文王》裡頭的「思皇多士」，鄭玄箋說「思，願也」，說這個字是表示願望。

周原甲骨有個「由」字，夏含夷（Edward L. Shaughnessy）教授考證，就是這裡的「思」字。他的考證，提出早，發表晚。他把周原甲骨上的這個字讀爲「思」，很正確。我的論文討論過楚占卜簡上的這個字，它的另一種寫法是「思」，可以證明夏說不誤。夏教授的論文還提到，清人陳魚的《毛詩說》中，陳氏說《魯頌・駉》的八個「思」字是「祝辭」。這個想法很有意思。它讓我想起一首五代詞「春日宴，綠酒一杯歌一遍，再拜陳三願：一願郎君千歲，二願妾身常健，三願如同梁上燕，歲歲長相見」（〈薄命女〉）。「三願」是祝辭，周代占卜用的「思」也是表示願望。

「無邪」，原文與「無疆」「無期」「無斁」並列，而「無斁」是指無厭，它們都表示沒完沒了。漢代喜歡用的「未央」，也是這個意思。「無邪」的意思，估計與之相近，「邪」未必就是邪僻的意思。

孔子時代，君子湊在一起都是用《詩經》講話。這一章，孔子的話原意是什麼？一般認爲，是說整部《詩經》，一言以蔽之，想法很正派，一點邪的歪的都沒有。但「思無邪」的原意不一定如此，至少「思」不是如此。它是表示願望，不是指《詩》三百的想法如何。孔子引《詩》，當時引《詩》多半都是拋開原意，借題發揮，包含許多故意的曲解和誤用。這種變形，文學家也常用，古人叫「斷章取義」（如《文心雕龍·章句》）。（本章重點：思無邪）

子夏問曰：「『巧笑倩兮，美目盼兮，素以爲絢兮』何謂也？」子曰：「繪事後素。」曰：「禮後乎？」子曰：「起予者商也，始可與言《詩》已矣。」【八佾3·8】

子夏善《詩》，他引用的《詩》，前兩句出自《衛風·碩人》，是描寫美人的名句，一句是講美人的笑容很美，一句是講美人的眼神很美。但「素以爲絢兮」則不見於今本，舊注認爲這是另一首逸詩中的句子。「素」是純白，「絢」是多彩。

「繪事後素」有兩說，一說據《禮記·禮器》的「白受采」，一說據《考工記》的「繪畫之事後素功」；前者以白底施彩，後者用白色爲彩畫鉤邊，意思完全不一樣。這裡應以前說爲是。

古人說「禮文」，「禮文」的「文」，有如繪畫的文彩，是畫在「禮」的白底之上。子夏問「禮後乎」，意思是問，「禮」是指畫畫的底子嗎？孔子很高興，認爲子夏對《詩》的理解很正

確，對他老人家很有啓發。（本章重點：一切的根柢）

子所雅言，《詩》、《書》。執禮，皆雅言也。【述而7·18】

「雅言」，古書中的雅字與夏字有關，《詩經》大小《雅》中，「雅」這個字於上博楚簡皆作「夏」。夏是三代之首，在古代是文明的標誌，古人都很清楚，夷夏之別主要是文野之別。「雅言」就是「夏言」，「夏言」就是古代的普通話。

這段話是說，孔子在禮儀場合講話都是使用當時的普通話，用當時的普通話引誦《詩》《書》。春秋末年的雅言，可能是古代的河南話（周語）或山西話（晉語），與古代的陝西話（秦語）或古代的山東話（魯語）不太一樣。（本章重點：孔子使用文明的語言）

子曰：「誦《詩》三百，授之以政，不達；使於四方，不能專對；雖多，亦奚以爲？」【子路13·5】

古代詩歌很多，《詩經》三百零五篇，傳說是由孔子選編。清人孫洙編《唐詩三百首》，爲什麼是三百首？就是模仿《詩經》。這些都是選萃。俗話說「熟讀唐詩三百首，不會作詩也會吟」，主要功能是作詩。但《詩經》不一樣。孔子認爲，誦詩是爲了從政，在外交場合賦詩言志，如果背了三百篇，還不懂活學活用，再多有什麼用？

古代貴族在禮儀場合「登高能賦」究竟是什麼模樣？《左傳》《國語》有一點記載——當時

的「斷章取義」，很莊嚴，也很可笑。（本章重點：活用《詩》三百）

子曰：「小子何莫學夫詩？詩，可以興，可以觀，可以群，可以怨。邇之事父，遠之事君。多識於鳥獸草木之名。」【陽貨17．9】

這是孔子論學詩的好處。孔子稱弟子為「小子」，這種稱呼也見於西周金文。孔子跟他的學生說，你們怎麼都不學詩呀？學詩的好處有六條：「興」可引出話題，「觀」可觀察風俗，「群」可處理人際關係，「怨」可譏刺時弊，這是前四條。「邇之事父」是近可孝養其父，「遠之事君」是遠可侍奉其君，父與子代表近的概念，君與臣代表遠的概念，這是第五條。「多識於鳥獸草木之名」，則屬於雅學、地學、博物學和植物學的範圍，這是第六條。（本章重點：學《詩》好處多多）

子謂伯魚曰：「女（汝）為《周南》、《召南》矣乎？人而不為《周南》、《召南》，其猶正牆面而立也與（歟）！」【陽貨17．10】

「伯魚」，孔子的兒子孔鯉，這裡稱字，用的是敘述者的口氣，而非孔子的口氣。孔子要孔鯉學《詩》，亦見於【季氏16．13】，這裡則特別要他學習《詩》中的《周南》《召南》。《周南》《召南》，簡稱「二南」。今《詩》風、雅、頌，風在雅、頌之前，而十五國風又以「二南」爲首，《儀禮》稱爲「正歌」。「南」，是對「夏」而言，指成周以南的楚、鄧等國，「周南」和「召南」是周公、召公分治的南國，怎樣劃分並不清楚。這事與周召二公分陝而治，以及周、召原來封在哪裡無關。

孔子對孔鯉說，你學過《周南》《召南》了嗎？學《詩》不學《周南》《召南》，就像面前橫著一堵牆，後面的東西什麼也看不到。（本章重點：穿越學習的高牆）

禮、樂

子在齊聞《韶》，三月不知肉味，曰：「不圖爲樂之至於斯也！」【述而7·14】

孔子在齊聞《韶》，大約是在前五一七年，當時孔子只有三十五歲，頗爲年輕。

《韶》是舜樂，是當時最高雅的古典藝術，【八佾3·25】曾提過。齊國貴族有陳氏，據說就是舜的後代。齊國演奏《韶》，水準似乎很高，孔子聽了覺得是極大享受，竟然達到「三月不知肉味」的地步。肉好吃，還是音樂好聽？兩者不好比。我們要體會孔子的感受，就得知道肉在古代有多大的力量。古人吃肉不易，只有貴族和受到待優照顧的老人才可以吃，所以貴族叫「肉食者」。當然，孔子有學生送肉，已經過了吃肉關。

司馬遷在《史記·孔子世家》說，孔子在齊國和齊太史討論音樂，「聞《韶》音，學之，三月不知肉味」，《史記》多出了「音學之」三個字。朱熹引程子說，以爲「三月」是「音」的誤寫，連上讀，作「學之音，不知肉味」，不可信（《論孟或問》）。朱熹本人雖不相信，但他以為「聞韶」底下，還是應補上「學之」二字。他認為，孔子不知肉味，主要還不在於音樂本身美，而是因為他太專注於學習了（《集注》①）。這種添油加醋實在沒必要。

司馬遷的引文只是粗說大意，並不一定是原文。人往往會因為一種官能過度興奮而掩蓋另一種官能，這是常有的事。【述而7・19】說的「發憤忘食」就是如此。孔子因樂廢肉，這是高雅之士才會有。人的官能有低級高級之分，低級的固然低級，但沒有也不得了。像是有沒有空氣吸，有沒有水喝，有沒有飯吃，有沒有性愛對象，這都是基本需要。高雅之舉，是在滿足了這些基本需要後才能顯出其重要性。

孔子迷《韶》，聽了之後，竟「三月不知肉味」，他說，我真沒想到有人能把音樂演奏到這種地步。這可說是相當高的評價。畢竟，沒餓過肚子的人，不知道肉的吸引力有多大。（本章重點：音樂好聽，比吃肉還重要）

子與人歌而善，必使反之，而後和之。【述而7・32】

孔子和人唱歌，如果覺得這人唱得好，一定要請他再唱一遍，自己也和著他的歌聲一起唱。（本章重點：孔子聽歌）

① 此為《論語》古注，即《論語集注》（朱熹的注，本書簡稱《集注》，隨文敍述則稱「朱注」），北京：中華書局，一九八三年。

子曰：「師摯之始，《關雎》之亂，洋洋乎盈耳哉！」【泰伯8．15】

這是講孔子聽師摯演奏音樂的感受。

「師摯之始」，是由師摯開始演奏。「師摯」，即【子張18．9】的「大師摯」。大師即太師，是古代樂官之長。「大師」或「師」是他的官氏，摯是他的名。此人生卒不詳。

「《關雎》之亂」，是以演奏《關雎》作結束。

古代，樂凡四節，「升歌三終」是第一節，「笙入三終」是第二節，「間歌三終」是第三節，「合樂三終」是第四節。這裡的「始」是第一節，即樂曲的開始；「亂」是第四節，即樂曲的終結。最後一節，是唱《周南》的〈關雎〉〈葛覃〉〈卷耳〉，唱《召南》的〈鵲巢〉〈采蘩〉〈采蘋〉。〈關雎〉是《周南》六詩的省稱。此外，辭賦結尾的話也叫「亂」。

音樂的魔力在於它會使聽者融入其中，久久不忘，不但不忘，還會在記憶中時時浮現，縈繞於耳邊和腦際，裹挾著當時的情景、畫面和心情，甚至溫度和氣味。（本章重點：孔子論樂）

子曰：「吾自衛反（返）魯，然後樂正，《雅》、《頌》各得其所。」【子罕9．15】

孔子是個音樂迷，他特別喜歡古典音樂，並拿這些音樂教學生。他說的禮教，是以詩教開頭，而以樂教收尾（見【泰伯8．8】）。樂教是最高層次。

孔子自衛返魯，是指在前四八四年。這裡把「《雅》、《頌》各得其所」稱爲「樂正」，看

來，他整理樂，是在前四八四年之後，即他的晚年，可見孔子的晚年是在琴聲中度過。（本章重點：孔子愛樂）

子曰：「惡紫之奪朱也，惡鄭聲之亂雅樂也，惡利口之覆邦家者。」【陽貨17．18】

這是孔子討厭的三件事，第一是討厭「紫」，認爲紫衣搶了朱衣的風采，不好；第二是討厭「鄭聲」，認爲鄭聲搶了雅樂的位子，不好；第三是討厭「利口」，認爲能說善道會顚覆國家，也不好。他討厭的東西，都是當時的流行。

據說，齊桓公和魯桓公都喜歡紫色，當時紫色的衣服很貴，但孔子認爲紅色才是正色，說這種流行很討厭。鄭聲是當時的流行音樂，它和古典音樂（即雅樂）很不一樣，孔子也不喜歡。「利口」，是當時的政治時髦，戰國以來更是勢不可擋，嘴皮子不行無法找到官做，孔子更是反對。反對流行，是孔子的特色。（本章重點：孔子的三項厭惡）

易、春秋

子曰：「加我數年，五十以學《易》，可以無大過矣。」【述而7．17】

這段話很有名。學者推測，這是孔子四十七歲至五十歲之間所講的話。《易》在古代是傳天數的。孔子很可能是在這段時間學《易》，然後出仕。他是學《易》後才出仕，所謂「五十而知天命」，可能與此有關（見【爲政2·4】）。

「加我數年」，《史記·孔子世家》《風俗通義·窮通》引均作「假我數年」，加、假可以通假，似以作「假」爲是。

過去，學者懷疑，「五十以學《易》」不可靠，原因是司馬遷說——「孔子晚而喜《易》」。五十歲，怎麼可以說「晚」？他們認爲孔子學《易》，當在孔子生命的最後幾年，即孔子自衛返魯之後那一陣子，學《易》當在七十歲。但問題是司馬遷講完這一句，引用的正是《論語》此章，此章講得很清楚，孔子是「五十以學《易》」。如果要取消此說，就必須改原文。例如朱熹從劉聘君說，把「五十」改成「卒」，意思就變了，等於說終於學《易》。還有清人惠棟把「五十」改爲「七十」（據王肅《詩傳》），或把後兩句讀成「五十以學，亦可以無大過矣」（據《魯論》）。這些都是曲說。在今天，五十歲不算老，但孔子的時代，已經是晚年。孔子「五十以學《易》」「五十而知天命」，兩個「五十」不是巧合。要知道，古人知天命，主要靠數術；孔子知天命，主要靠學《易》。

古人好言天道，孔子自然離不開當時的思想環境，但他關心的不是天道本身，而是命運如何。「馮唐易老，李廣難封」「使李將軍遇高皇帝」，關鍵是遇不遇。漢儒談天說易，講天人之際，關心的也是國家命運。孔子學《易》是爲了知命，知道自己是不是應該出來做官。（本章重點：五十學《易》）

關於《春秋》，《論語》的內容沒提到。

木鐸啓新

指導單位
行政院文化建設委員會

主辦單位
臺南市政府

承辦單位
臺南市政府文化局

協辦單位
玉山吟社、民族管絃樂團、南華大學民族音樂學系、南瀛文化資產解說服務隊
臺南市文廟管理委員會、臺南市文廟樂局以成書院、臺南市店仔口文教協會
臺南郵局、臺南民族舞團、臺南市歸仁國民中學、臺南市忠義國民小學
(協辦單位依筆劃排序)

洽詢電話：(06)632-5865　臺南市政府文化局文史研究科
網　站：http://www.tnc.gov.tw/

全臺首學－木鐸啟新

臺南孔廟是臺灣府學的第一座孔子廟，素有「全臺首學」美譽。為慶祝孔子誕辰第2651週年紀念，臺南市政府假孔廟文化園區舉辦的「2011年孔廟文化節」，特以「全臺首學－木鐸啟新」為主題，除了彰顯孔子作育英才、有教無類等歷久彌新之精神，也標誌著當代臺南市民重視傳統文化、進取多元價值等承先啟後的積極性格。

未來，孔廟文化園區將不斷結合鄰近重要古蹟及文化據點，提供市民及來訪的遊客一個兼具撫今追昔及文藝欣賞的舒闊都市空間，讓這座平易近人的國家一級古蹟繼續以它旖麗的身影，見證大台南都會在工商建設及觀光文藝的多元復興，期盼讓這所全臺首學，也能以首學的子弟為榮！

臺南市市長 賴清德

謹訂於 100年9月24日(六)、9月25日(日)

9月28日(三)

假孔廟文化園區辦理

「**全臺首學一木鐸啟新**」

2011年孔廟文化節活動

誠摯邀請您前來參與

臺南市市長 賴清德

敬邀

臺南市政府文化局局長 葉澤山

全臺首學

木鐸啟新

2011年孔廟文化節

Invitation

論學（附子夏論學）

底下的這些話，很多可能都來自孔子。像是【子張19．4】中的子夏曰：「雖小道，必有可觀者焉，致遠恐泥，是以君子不爲也。」漢儒便一直把它當做孔子的話。

古之學者為己

子曰：「古之學者爲己，今之學者爲人。」【憲問14．24】

學習應該是爲自己而學，而不是爲別人而學。我理解，爲自己學習，就是爲了自己的興趣愛好而學習；爲了找工作找飯碗，表面上是爲了自己，其實是爲了別人。孔子贊同的自然是「古之學者」。（本章重點：爲誰而學習）

子夏曰：「仕而優則學，學而優則仕。」【子張19．13】

「仕而優則學」的「優」是裕如、有餘裕之意，不是優秀的意思。【憲問14．11】提到，子曰：「孟公綽爲趙、魏老則優，不可以爲滕、薛大夫。」其中的「優」字也是這個意思。《集解》②《皇疏》③也都說本章的此句是「行有餘力」的意思，可參看【學而1．6】的「行有餘

② 此為《論語》古注，即《論語集解》（何晏的集解和邢昺的疏，本書簡稱《集解》；若單指《邢昺疏》，則簡稱《邢疏》）。

③ 此為《論語》古注，即《論語集解義疏》（皇侃的集解和疏，本書簡稱《皇疏》）。

力，則以學文」。

「學而優則仕」的「優」，也是同樣的意思。

這段話的意思並不是說，當官當好了就去做學問，就像現在的官員，官當大了，還得弄個教授當當。這話也不是說學問做好了就去當官，就像過去的讀書人靠科舉考試當官。它是說，當官如果有餘力，就要學習；學習如果有餘力，就要當官。

所以，優是指「有餘力」。此章是講讀書和做官的關係。孔子認爲，做官若有餘力要讀書，讀書若有餘力要做官。（本章重點：往下做任何事之前，看看有否餘力）

學無常師

子曰：「十室之邑，必有忠信如丘者焉，不如丘之好學也。」【公冶長5·28】

孔子是個好學的人。

「十室之邑」，是指只有十戶人家的小村小鎮。「忠信」之人，是指老實人。

孔子說，像我這樣講忠信的人，十戶人家就有一個，但他們都比不上我好學。（本章重點：勉勵向學）

子曰：「三人行，必有我師焉：擇其善者而從之，其不善者而改之。」【述而7·22】

孔子學無常師，善於向各種人學習。

「三人行，必有我師焉」，簡本《論語》④和宋以前的其他古本多半作「我三人行，必得我師焉」。「我」字，大概是五代才去掉的，但「有」字，早期的本子就有這種寫法，像是唐寫本的《論語鄭氏注》就是如此。這段話的意思是說，我和兩、三個人同行，其中一定能找到值得我學習的人，找出他們的優點作爲自己的榜樣；找出他們的缺點看看自己有沒有，有就改正。

王朔嘲笑這話，說是廢話。我覺得，這話平淡無奇，但有點意思。意思在哪裡？主要是對批判知識分子有用。知識分子往往是知識分工體系下的精神殘廢，瘸子看不起瞎子，瞎子看不起瘸子，認得幾個字就以爲誰都不如他心明眼亮。其實，仔細想想，誰不比你強？我就佩服各種有特殊技能的人，尤其是知識分子以外的人如工人、農民、運動員和藝術家。

吳敬梓寫《儒林外史》，最高境界是分別擅長琴棋書畫的四個人，他們全是市井細民，這是看透了。而我最討厭的，就是知識分子的勢利眼。（本章重點：向任何人學習）

衛公孫朝問於子貢曰：「仲尼焉學？」子貢曰：「文武之道，未墜於地，在人。賢者識其大者，不賢者識其小者，莫不有文武之道焉，夫子焉不學，而亦何常師之有？」【子張19．22】

「衛公孫朝」（生卒不詳），僅見於此。《左傳》有兩個公孫朝，一爲魯臣（昭公二十六

④本書簡稱「簡本」，這是出土發現年代最早的《論語》古本，很珍貴。

年），一為楚臣（哀公十七年），此加「衛」字，可見是另一人。

此人提出的問題，可能也來自流言，關於孔子學歷的流言。他問子貢，孔子是從哪兒學來這麼多的，孔子的老師到底是誰。他大概想，孔子盛稱文武之道，文王、武王是古人，距離當時已經很遠（起碼有五百多年），他怎麼會知道當時的情況，說不定都是他自己編出來的吧。子貢說，文王、武王不在，但文武之道還在，賢者懂得其中的大道理，不賢者懂得其中的小道理，誰都可能接觸到這類道理，我的老師從哪兒不能學，為什麼非得有固定的老師？

講門戶的人，喜歡言必稱師，但老師的老師是誰，有時是大問題。孔子是自學成才，學無常師。學無常師，才叫大師。（本章重點：學無常師）

學文是為了習禮、求道

子曰：「朝聞道，夕死可矣。」【里仁4・8】

馮夢龍的《醒世恆言》中有個〈賣油郎獨佔花魁〉的故事，賣油郎說，若得這等美人摟抱睡一夜，死也甘心。一九八〇年代以來，很多出國迷也是這樣。他們說，到美國轉一圈，就是死了也值得。

孔子卻不一樣，他說，早上聽說眞理，晚上死了也值得。（本章重點：一心求道）

子曰：「可與共學，未可與適道；可與適道，未可與立；可與立，未可與權。」【子罕9·30】

這是講學習的境界。

第一是學道，即所謂「共學」；第二是適道，即追求道；第三是守道，即所謂「立」；第四是用道，即所謂「權」。同樣是學生，很多人都只能做到前面的某一步，卻達不到最後一步。

（本章重點：學習的四個境界）

子曰：「博學於文，約之以禮，亦可以弗畔（叛）矣夫。」【顏淵12·15】

此章的內容和【雍也6·27】一模一樣。

「文」是人文學術，「禮」是行爲規範。君子飽讀詩書、博學於文，最後仍得讓自己的行爲納於禮的規範。書得越讀越多，禮則越學越少。香港中文大學就是以「博學於文，約之以禮」爲校訓。（本章重點：規範自己的言行）

子曰：「人能弘道，非道弘人。」【衛靈公15·29】

道，是人所追求的目標，不是用來幫人出名的。（本章重點：學習的終極目標）

子夏曰：「百工居肆以成其事，君子學以致其道。」【子張19·7】

「百工居肆以成其事」，「百工」是匠人；「肆」可以是商店，也可以是作坊，或前店後廠的作坊。百工製造各種器物，特色是專業化的分工合作。

「君子學以致其道」，和匠人不一樣，特色是博學篤志，切問深思，有整體感，有想像力。子夏的優點是細，缺點也是細。這話，可能是孔子用來告誡他。

知識生產有賴學術分工和專業化，十九世紀（特別是二十世紀）以來，中國人在知識方面的成就很突出，但毛病也很突出，人文學術尤其明顯。流弊是越來越匠氣，沒有宏大視野和藝術想像力。（本章重點：學術工廠化）

學習最快樂

子曰：「知之者不如好之者，好之者不如樂之者。」【雍也6·20】

怕死比死更可怕，愛知識比知識更可愛。

這兩句，我喜歡。學習，是爲了求知，還是爲了興趣和快樂？我是爲了興趣和快樂。我把讀書當休息，在書中找樂子，一切爲了好玩。讀書沒樂趣，不如不讀。沒樂趣的讀書，本身就無聊，如果讀完了還寫書，就更無聊——既折磨自己，也折磨別人。（本章重點：學習是爲了快樂）

子曰：「學如不及，猶恐失之。」【泰伯8·17】

學習，總是瞻前顧後。瞻前，唯恐學不到；顧後，又怕丟了剛剛學到的東西。（本章重點：

審慎面對學問）

溫故知新，可以為師

子曰：「溫故而知新，可以爲師矣。」【爲政2・11】

《禮記・學記》：「記問之學，不足以爲人師。」

孔子認爲，老師不能光灌輸學生一些死記硬背的東西，而是要啓發他們，讓他們學會動腦筋，有所發明，有所創造。如果學生無法主動提問，可以啓發一下，如果啓發之後還是無法提問題，這樣的學生不堪造就。

「溫故而知新，可以爲師矣」，概念正好相反，是聽老師的傳授，在師說的基礎上能提出新的想法，這樣的人才能當老師。（本章重點：吸收然後提問）

子夏曰：「日知其所亡，月無忘其所能，可謂好學也已矣。」【子張19・5】

治學，要溫故知新，不能學完就忘了。此章即【爲政2・11】的「溫故而知新」之意。

「日知其所亡」是「知新」，「月無忘其所能」是「溫故」；前者是「知」（認識），後者是「識」（記憶和消化）。這話的來源，可能是孔子。（本章重點：什麼是知？什麼是識？）

知與不知

子曰：「由！誨女（汝）知之乎？知之爲知之，不知爲不知，是知也。」【爲政2·17】

這裡寓有「因材施教」的概念。

「由」是子路的名，字亦作繇，他和顏回的爸爸顏無繇名字相同。古人往往重名，和今天一樣。子路是孔門第一期的學生，他是大師兄。他的優點是直率，缺點是莽撞。

孔子呵斥子路，意思是說，什麼叫「知之」，我不是講過了嗎？你難道忘了嗎？知道的就說知道，不知道的就說不知道，這才叫知道。話有點像繞口令。我估計子路一定是說了什麼冒失話，孔子才會這麼講。

治學之難在於，我們常常分不清知道什麼和不知道什麼，尤其是不清楚自己不知道什麼。《莊子·齊物論》有一段問答，齧缺問王倪三個問題，第一個問題是：萬物是不是有一樣的標準？王倪說，我怎麼知道？第二個問題是：你清楚自己不知道什麼嗎？王倪說，我怎麼知道？第三個問題是：萬物不能互相理解嗎？王倪說，我怎麼知道？三問三不知。他說，我也想試著講一講，但我怎麼知道，我知道的就一定「不是我不知道的」，我不知道的就一定「不是我知道的」呢？孔子也喜歡說「不知」，但並非眞的不知道，而是知道他也不告訴你，藉以表示不滿（參看【八佾3·11】）。

老師是幹什麼的？他要告訴你，最重要的東西是什麼？就是「知」與「不知」的界限在哪裡。他常常無法告訴你最終的答案是什麼，卻往往可以告訴你這個結果肯定不是什麼，有經驗和沒經驗就是不一樣。美藏在石頭裡，砍去多餘，就是美麗，這是雕刻家的話。但我們常常無法知道什麼是多餘。（本章重點：我怎麼知道——自己其實並不知道）

子謂子貢曰：「女（汝）與回也孰愈？」對曰：「賜也何敢望回？回也聞一以知十，賜也聞一以知二。」子曰：「弗如也。吾與女（汝），弗如也。」【公冶長5・9】

孔子反對記問之學，強調學生要有悟性。顏回悟性高，孔子喜歡他遠超過所有學生。

「女（汝）與回也孰愈」，你和顏回誰強？孔子這是明知故問。子貢說，我當然比不上顏回（注意，他對同輩的顏回也是稱名），他是聞一知十，我是聞一知二，差遠了。

「吾與女（汝），弗如也」，有兩種讀法：一種是以「與」爲贊同，即我完全同意你的自我評價——也就是，你不如他；另一種是以「與」爲連接詞，即我和你，我倆誰都比不上顏回。後一種評價，更高。這是老師誇學生誇到頭了。老師都這麼說，別人還在話下嗎？

我們讀這一段自然會問，顏回這麼高明，他算是仁者嗎？孔子沒說，不便推測。但有一點可以肯定，如果他都不能算是，孔門之中也就沒人是了。（本章重點：端木賜與顏回）

子曰：「吾猶及史之闕文也。有馬者，借人乘之。今亡矣夫！」【衛靈公15・26】

孔子主張多聞闕疑，認爲自己不懂的東西最好留下來。他說，他見過史官紀錄中的「闕文」，留下「闕文」是爲了讓後來的人補正，就像自己有馬，借給別人騎。孔子說，這種精神現在已經沒有了。（本章重點：不懂的闕疑）

學與思

子曰：「學而不思則罔，思而不學則殆。」【爲政2·15】

這是講「學和思」的關係。學像吃飯，思像消化，一樣不能少。光吃飯，不消化，不行；光消化，不吃飯，也根本不可能。

「殆」有危殆之意，有困乏之意，有疑惑之意，學者有不同解釋。楊伯峻⑤說，以《詩·小雅·節南山》的「弗問弗仕，勿罔君子；式夷式已，無小人殆」爲例，主張第一意，翻譯成沒有信心。何晏注主第二意（困乏），王念孫、王引之主第三意（疑惑）。

在這裡，「罔」是迷惘，學而不思，會越學越糊塗，問題不大。但思而不學，當然很危險，會窮竭也會糊塗，說起來好像都通。但這兩句既然是互文見意，似乎還是以第三意爲長。學而不思，頂多是不明白；思而不學，是腦子空轉，自己把自己繞在裡面，那可是大糊塗。（本章重點：學與思不能偏廢）

子曰：「吾嘗終日不食，終夜不寢，以思，無益，不如學也。」【衛靈公15·31】

《大戴禮・勸學》中提到，孔子曰：「吾嘗終日而思矣，不如須臾而學也。」《荀子・勸學》也有同樣的話，但沒有「孔子曰」。【爲政2・15】則說，子曰：「學而不思則罔，思而不學則殆。」這一章講的就是「思而不學則殆」。（本章重點：終日思，不如須臾學）

子夏曰：「博學而篤志，切問而近思，仁在其中矣。」【子張19・6】

學問、學問，一方面是學，一方面是問。學，眼界要寬，精神要專，這是「博學」和「篤志」。問，一是問別人，二是問自己。「思」就是自己問自己。問和思，最大的忌諱是不著邊際，「切」和「近」都有近的意思，可以互訓，都是緊扣著問題的意思。

我認爲學術有兩個層次，高低不同。

學，學知識，分疆劃界，只管自己這一行，一切以知識生產爲中心，分工體系之下的人緊跟學術主流，亦步亦趨，書皮熟，資料熟，學界人頭熟，學術動態熟，不是人做學問，而是學問做人，這只是預流、入流而已。問，才是更高的層次，它是以問題爲中心，知識是工具和資料，研究是多學科會診，分疆劃界便失去意義。

這話可能也是孔子所講，他怕子夏墮入小道。（本章重點：學與問）

⑤ 楊伯峻，《論語譯注》，北京：中華書局，一九五八年初版、一九八〇年二版。

吾道一以貫之

子曰：「參乎！吾道一以貫之。」曾子曰：「唯。」子出，門人問曰：「何謂也？」曾子曰：「夫子之道，忠恕而已矣。」【里仁4·15】

「參」是曾子之名，他的字是子輿，古人以尊臨卑，一般稱名。

「忠恕」的「忠」是盡心誠意，爲自守之德；「恕」是尊敬對方，爲待人之德。這是「仁」的兩個不同面向。這一章是說，孔子跟曾子說「吾道一以貫之」，別的學生問曾子這是什麼意思，曾子說「夫子之道，忠恕而已矣」。

《廣雅·釋詁四》：「恕，仁也。」古人說，恕和仁的意思差不多。但嚴格講，兩者不完全一樣。仁是人其人，拿人當人；恕是如其心，將心比心。恕字從心如聲，古人常說「如心爲恕」，這是拆字爲解，準確地說，就是推己及人，設身處地爲他人著想，「以心揆心爲恕」（《楚辭·離騷》王逸注），「以己心爲人心曰恕」（《中說·王道》阮逸注）。

孔子說的忠恕，意思正是「己所不欲，勿施於人」。要注意，恕不等於寬恕，今語所謂寬恕，強調的是寬。（本章重點：忠恕，是孔子的道）

子曰：「賜也，女（汝）以予爲多學而識之者與（歟）？」對曰：「然，非與（歟）？」曰：「非也，予一以貫之。」【衛靈公15·3】

孔子強調執簡馭繁。他不但不承認自己特別聰明，連稱讚他知識多、記性好都不願承認。「識」有兩種讀法：一是表示記憶，讀「誌」；一是表示認識，讀「是」。這裡是指前者。人的記憶分兩種：一種是死記硬背，機械式記憶；一種是在理解的基礎上記憶，靠聯想來記憶。孔子強調聯想式的記憶，反對死記硬背。孔子跟子貢講這些話的意思是，你以為我博聞強記、啥都記得住嗎？不是。其實，我是靠「一以貫之」。

這種「一以貫之」的「一」，並非有如關鍵字或關鍵例子這類提示性線索，而是貫穿性的線索，如原理，如原則。清人李中孚說，「劉文靖謂丘文莊博而寡要，嘗言丘仲深雖有散錢，惜無錢繩貫錢。文莊聞而笑曰：『劉子貴雖有錢繩，卻無散錢可貫。』」（《四書反身錄》）。散錢和錢繩，這個比喻很有聯想力。「一以貫之」的東西，就是像錢串子這種可以把零散記憶串連起來的東西。

中國學術，自己研究自己，人很多，文章和書也很多，毛病是雞零狗碎，缺乏理論穿透力和內容上的整體掌握，只有散錢，沒有錢繩，令歐美學者和日本學者看不起；碰到別人批評，還反唇相譏，說我有的是錢，比你闊多了。（本章重點：聯想式的記憶）

為學四忌

子絕四：毋意，毋必，毋固，毋我。【子罕9·4】

這段話見於郭店楚簡〈語叢三〉，原作「毋意，毋固，毋我，毋必」，順序不同。

「意」是推測，憑空猜想，毫無根據。「必」是武斷，結論太絕對，斬釘截鐵，不留餘地，或非什麼不可，拘泥成法，不知變通。「固」是固執，死心眼，鑽牛角尖。「我」是主觀，一切從主觀想像出發，不考慮客觀情況。

這是孔子的四戒，他認爲這四種毛病絕對不能有。孔子的想法很好，但實際做起來很難。任何科學研究都離不開想像，也離不開判斷。有想像就會有「意」「我」，有判斷就會有「固」「必」，尤其是小學問。有人以爲繞開整體，死扣細節，就可避免犯錯誤，古人叫「碎義逃難」（《漢書・藝文志》）。像是研究古文字，有人以爲那是以鐵板釘去釘的學問，不會犯這四條，但實際上，這類毛病它可是最多，比其他領域更多。（本章重點：做學問的忌諱）

小道可觀，致遠恐泥

子曰：「攻乎異端，斯害也已。」【爲政2・16】

這段話歷來有爭論。舊說，只要是研究雜書雜說，都指這類異端邪說都是有害的。

「攻」是攻治之意（《集解》《皇疏》《集注》）。程樹德說，《論語》中的「攻」都是攻擊之意，「異端」只不過是君子不爲的小道，和異端邪說無關，「已」是語詞，也跟停止的意思無關。如果照程氏所說，原文的意思就是，攻擊小道很有害。（本章重點：攻擊異端是有害的）

子夏曰：「雖小道，必有可觀者焉，致遠恐泥，是以君子不為也。」【子張19．4】

這段話出自子夏之口。

但《漢書．藝文志．諸子略》小說家序和《漢書．蔡邕傳》卻說這是孔子的話，至少漢代經師認為，這是子夏間接聞於夫子。

為什麼孔子對子夏要講這番話，請參看【子張19．12】。子夏長於經藝，學問最好，但缺點是拘泥細節。孔子說，小道當然有可觀之處，但用於長遠之事恐怕會有妨礙，所以君子不為！

（本章重點：勿拘泥細節）

第2講 施教

子夏待人寬，孔子忠告他：可交者交之，不可交者拒之，要他有所區別，別來者不拒。子張待人苛，孔子忠告他：比你強的人要尊，比你差的人要容，人家的優點要欣賞，人家的不足要同情，要他做人寬容一點。這兩種答案很能體現孔子的因材施教。孔子的話多半是針對學生的缺點，同樣的問題往往有不同的答案。

孔子對施教的看法

綜論

孔子的學生很多都是窮孩子，他自己原本也是這樣的出身。孔子說，只要交一捆乾肉，他都肯教。但他的學生很多，不一定都能親自教。我們從《論語》來看，陪他聊天且隨侍左右的，主要是十幾個學生；每次的談話，對象更少，僅「二三子」而已，其他學生只能在門外聽這幾個人傳達老師所教的。在孔子門下，學習分為兩方面：學「文」，這是指書本知識，要廣泛（博學）；學「禮」是指行為規範，要簡單（歸納）。

孔子的教學主要有四個特點：一是有教無類，不講出身；二是啓發式教學，循循善誘；三是善於針對學生的缺點，因材施教。孔子本人博聞強記，學而不厭，誨人不倦。他教學生往往採「循循善誘」，「循循」是有條有理，有板有眼；「善誘」是善於引導學生提問，針對問題而談。但學生如果不提問，或提不出問題，「舉一隅不以三隅反」，他就不欲再多費唇舌重複。第三點「因材施教」，是宋人從《論語》總結出來的，以〈子張〉這一篇裡面的對話最典型，但「因材施教」這個詞並未在《論語》中出現。

有教無類

子在陳，曰：「歸與（歟）！歸與（歟）！吾黨之小子狂簡，斐然成章，不知所以裁之。」【公冶長5·22】

這是孔子周遊列國，仕陳湣公時（前四九一～前四八九年）所講的話。司馬遷把這段話放在季康子召冉求，冉求將行的當天（《史記·孔子世家》），時爲前四九一年。

「狂簡」，孔注訓簡爲「大」，朱注①訓簡爲「略」，這是形容志大。

「斐然成章」，是形容有文采。

孔子說，該回家了，該回家了，我家鄉的年輕人志氣很高，又有文采，眞不知該怎麼指導他們。（本章重點：回家的喜悅）

子曰：「自行束脩以上，吾未嘗無誨焉。」【述而7·7】

「自行束脩以上」，是指自帶十條以上的乾肉。

古代的食物保鮮和屍體防腐原理相同。屍體防腐，乾屍、屍臘和鞣屍，類似燻肉、臘肉和火腿；凍屍，類似冰箱中的食物。此外，還有用朱砂、水銀斂屍，白膏泥或糯米漿封墓，以保存軟

① 請見第1講「治學」的注釋①。

屍的傳統，原理是置換氧氣，使用防腐劑。蒙、藏地區也有一種生肉乾，是冬天凍，春天化，然後再風乾。

這裡指的十條乾肉，多長或多粗，不知道，也許是十根臘肉那麼大一把，也許和超市裡賣的一包香腸差不多；在古代，很難得吃肉，即使一包香腸也是很大的享受。孔子有弟子三千，一人一束臘肉，就有三萬根臘肉。更何況「束脩」二字的後面還有「以上」，學生願意多送，當然也欣然受之，多多益善，數量可能不止於此。當時的物價水準，我們無法加以估計，但這十條乾肉好像還值點錢。

束脩，是拜師的見面禮，不是學費。學習期間的費用，可能是自理（漢代是自帶乾糧，自己花錢租房子）。孔子收徒，不問出身，只問有沒有見面禮。（本章重點：拜師的見面禮）

子曰：「有教無類。」【衛靈公15．39】

這是孔子的教學原則，眾所周知。它的另一面是「因材施教」。「有教無類」是《論語》中的話，但「因材施教」不是，因材施教是宋人程頤、張栻的話。（本章重點：有教無類）

啟發式教學

子曰：「志於道，據於德，依於仁，游於藝。」【述而7．6】

這段話見於郭店楚簡〈語叢三〉。

「據」，簡本作「𧆛」，這個字，簡文多用爲甲字，且往往有木旁，從上下文看，似應讀爲「狎」，即「狎習」的「狎」。這裡作「據」，可能是形近而誤。

「依」，簡本作「𠪿」，疑讀爲「比」，「比」和「依」含義相近。

「藝」，指禮、樂、射、御、書、數等領或的技能。

校正之後，重新理解這四句話，意思是：要有志於道，熟習於德，親近於仁，游心於藝。

（本章重點：道、德、仁、藝）

子曰：「不憤不啓，不悱不發。舉一隅不以三隅反，則不復也。」【述而7·8】

這是孔子的教學法。

「不憤不啓，不悱不發」，「憤」是憋在心裡，「悱」是話到嘴邊，兩者都是內心有衝動不吐不快。孔子反對記問之學，認爲只會死記硬背、不會提問的學生不值得教，要教，一定要教有內心衝動、能提問題的學生，然後加以點撥，啓之發之，讓他們自己找答案。

「舉一隅不以三隅反」，是形容死腦筋，不開竅。一張桌子四個角，看了一個角，仍不知其他三個角是什麼模樣。

「則不復也」是說，既然如此，也就沒必要再講第二遍。（本章重點：不開竅的學生，不教）

子之所愼：齊，戰，疾。【述而7．13】

「齊」，同齋，指齋戒。祭祀之前，一定要齋戒。古人認爲，祭祀和生命的延續有關，是古之大事。「戰」，也是人命關天的古之大事。這兩件事，都不可不愼。値得注意的是，這裡還提到「疾」，是指對待疾病也不可不愼，這和齋戒、打仗一樣重要。

孔子這麼看重「病」，醫學領域的人讀了一定很高興，但別忘了，這裡強調的是「愼」字。打仗和治病同樣都是人命關天，不可不愼。（本章重點：孔子所愼）

子曰：「仁遠乎哉？我欲仁，斯仁至矣。」【述而7．30】

孔子把「仁」懸得很高，活著的人都算不上，讓人感到可望而不可及，所以孔子說：仁眞的離我們很遠嗎？你心裡想著仁，仁也就來了。這是「立等可取」的鼓勵方法——就像很多俗和尙，以爲念一聲阿彌陀佛，就可以往生淨土。（本章重點：我心念仁，仁即來）

子曰：「苗而不秀者有矣夫！秀而不實者有矣夫！」【子罕9．22】

這可能是講學生的，提醒弟子們學習貴在堅持，貴在持之以恆。從古至今的學生，確實有很多是半成品——長苗不長穗，長穗不結實。（本章重點：求學應認眞紮實）

子曰：「歲寒，然後知松柏之後彫也。」【子罕9．28】

「歲寒」，指二十四節氣最後的兩個節氣——「小寒」和「大寒」，這是一年當中天氣最冷的時候。三十節氣，也有「始寒」「中寒」「寒至」「大寒之陰」「大寒終」。

「松柏之後彫」的「彫」同「凋」，李敖曾在鳳凰臺電視頻道上說，松柏怎麼會凋零呢？這個問題提得好，因爲大家都把此句翻成「天候大冷，才知道松柏是最後落葉的」，這樣翻太死板。但李敖說，「後」是「不」的意思，也不對。我很佩服李敖，但這樣解釋，不行。過去，錢穆②也注意到這一問題，他說「松柏亦非不凋，但其凋在後，舊葉未謝，新葉已萌，雖凋若不凋」。

我懷疑，孔子只是說，眾木凋零後，只剩松柏還鬱鬱蔥蔥，如此而已，並非得自科學觀察。後世常以「松柏之人」形容人有氣節。（本章重點：松柏常青）

「唐棣之華，偏其反而。豈不爾思？室是遠而。」子曰：「未之思也，夫何遠之有。」【子罕9．31】

「唐棣之華，偏其反而。豈不爾思？室是遠而」，這是逸詩。它以「唐棣之華，偏其反而」起興，是說：我哪裡不想念你呀，只不過你住得太遠了點。

「唐棣」，據李時珍《本草綱目》考證，是白楊類的樹木，即扶栘，不是《詩・小雅・常

② 錢穆，《論語新解》，北京：三聯書店，二〇〇二年。（原書寫於一九六三年）

棣》的「常棣」，「常棣」是郁李，爲另一種植物。「偏」，《晉書・劉喬傳》作「翩」，朱熹以爲「反」與「翻」同，是形容花的搖動。「未之思也，夫何遠之有」，孔子說：什麼太遠，恐怕是沒想念過吧？眞要想念，哪有什麼遠呢？古代交通不便，哪怕現在看來不太遠的地方，一路上都要花很多時間，書信很難寄到，寄到也遲了，有時人就這麼死在異國他鄉。別離之苦，思念之苦，古詩中很常見。出遠門是空間的隔絕，人死了是時間的隔絕，人們把死亡比作上路出遠門。漢代人常說「長相思，毋相忘」，鏡子上、磚瓦上都有這種話。（本章重點：別離與思念）

子曰：「『孝哉閔子騫！』人不間於其父母昆弟之言。」【先進11・5】

「孝哉閔子騫」，這是呼閔損的字。孔子對弟子一般都是呼名，這裡爲什麼呼字，前人有爭論。一種說法是，這是轉述時人之言，不是孔子的話（清閻若璩《四書釋地》引《湛園未定稿》、趙佑《四書溫故錄》）；一種說法是，古書有用「曰」如「言」的例子，「曰」後是別人轉述孔子的話（清崔述《論語足徵記》）。這裡暫用前一說。我的理解是，這五個字不是孔子本人的話，而是孔子轉述時人的話，所以才又以雙引號括起。

「不間」，是人無異辭。

閔子騫有孝名，據說早年喪母，受後母虐待。天寒地凍，後母的孩子穿得暖和，他卻只有蘆絮絮成的破襖，因而凍得沒法替父親備馬套車，其父大怒，要休掉這個後母，閔子騫極力勸阻，說千萬不可如此，如果休了後母就不光他一人受凍，就連兩個弟弟也要受凍。他的爸爸非常感動，後母也從此改悔，變成慈母（《韓詩外傳》等書）。

這句話是說，閔子騫有孝名，當時誰都同意他家裡人這麼說：「孝哉閔子騫」。（本章重點：向閔子騫看齊）

子曰：「回也其庶乎屢空，賜不受命而貨殖焉，億（臆）則屢中。」【先進11·19】

這是拿顏回和子貢來比較——顏回窮，子貢闊。

「庶」，可訓「庶幾」。

一般的理解是，這話分爲兩段：上段講顏回，說顏回聽天由命，安貧樂道，幾乎達到道德的最高境界，但兩手空空，很窮；下段講子貢，說子貢不安於命，但做起買賣來，對市場行情，每猜必準，反而發大財。但若這樣解釋，上下則無對稱性。明人郝敬在《論語詳解》中說，應把「其庶乎屢空」當作一句讀，這樣一來意思正好相反。我認爲這看法很正確。

我懷疑，「庶」是「度」的通假字。「度」，有測度之意，字形與庶有關，而「度」又與「臆」同意，「屢空」則和「屢中」相反，這樣一來前後句便正好對稱，意思是說：顏回命舛，度事屢空，子貢相反，臆則屢中。（本章重點：顏回和子貢的比較）

子曰：「片言可以折獄者，其由也與（歟）？」子路無宿諾。【顏淵12·12】

孔子當過魯國的大司寇（前五〇〇～前四九八年），短暫接觸過法律事務，因此在斷獄方面的事情上，他想到了子路。

「片言」，古代打官司，原告和被告叫「兩造」，聽訟必須兼聽兩造之辭，一面之辭叫「片言」或「單辭」。

「折獄」，即斷獄，《古論》作「制獄」，《魯論》作「折獄」③。古文字，「制和折」經常用爲通假字，《論語鄭氏注》④是取《魯論》，作「折獄」，解釋爲斷獄。

「子路無宿諾」，這裡的子路是以字稱，可見非孔子語，而是另外的一句話。

這段話的意思是，子路快人快語，性情中人，他斷獄極爲果斷，承諾絕不拖延。（本章重點：子路斷獄）

子曰：「人無遠慮，必有近憂。」【衛靈公15・12】

「遠」和「近」，可以是時間上的，也可以是空間上的。

此話已成成語。（本章重點：居安思危）

子曰：「當仁不讓於師。」【衛靈公15・36】

我喜歡這句話。亞里斯多德說「吾愛吾師，吾更愛眞理」，也是類似表達。有的學生很油滑，他們是「吾愛吾師，吾亦愛眞理」，或是「吾愛吾師，吾只愛吾師之眞理」。現在的孩子，更有甚者，就連老師也只是工具，他們什麼都不愛。

要留意，「讓」和「禮」密不可分。（本章重點：堅守仁的重要）

子曰：「辭達而已矣。」【衛靈公15・41】

「辭」，可以是言辭，也可以是文辭。

「達」是表達思想，把想說的意思說清楚，寫明白。

翻譯講究信、達、雅。寫文章，也講究信、達、雅。信是準確，達是通暢，雅是漂亮。我年輕時特別迷「信」和「雅」，花團錦簇，爲文造情，文學性第一，後來從事學術，又想把文章寫得老氣橫秋，甲乙丙丁，開中藥鋪似的，好像很有學問。後來我才知道，寫字應該跟說話一樣，自然、流暢，把話說得簡簡單單、明明白白，讓人一看就懂，才最重要，也最不容易。現在，我很贊同孔子，「達」確實很重要。（本章重點：把話說清楚）

子張曰：「執德不弘，信道不篤，焉能爲有，焉能爲亡。」【子張19・2】

③《古論》和《魯論》是不同的《論語》文本，《古論》為古文本，廿一篇；《魯論》為今文本，廿篇。兩者皆為魯地的傳本。

④《論語鄭氏注》為《論語》的古注，本書簡稱《鄭注》。此書久佚，這是東漢本，在東漢最有名，魏晉以來逐漸為何晏的《集解》取代。

子張強調執德和信道，認爲不如此，不爲人。「執德不弘，信道不篤」，子張與樊遲曾分別在【顏淵12・10／12・21】問「崇德」，其實「崇德」即「弘德」。這些都和孔子的教導有關。「焉能爲有，焉能爲亡」，意思是：有這樣的人不嫌多，沒這樣的人不嫌少，這種人無足輕重。（本章重點：無德，難以爲人）

子游曰：「吾友張也，爲難能也，然而未仁。」【子張19・15】

「難能」，是不容易。【憲問14・1】說：「可以爲難矣，仁則吾不知也。」其中的「難」字，與這一章類似。

孔子認爲，不爲不善，只能算是不容易，還算不上仁。這是記子游語。（本章重點：子張還沒達到仁）。

曾子曰：「堂堂乎張也，難與並爲仁矣。」【子張19・16】

「堂堂」本來是好詞，但也不能太過分。子張總是一本正經，老端著一股氣勢，讓人難以接近，這是他的缺點。

曾子對子張的評價是：他看上去挺威風，但一點也不隨和，難以相處，無法和他一塊兒追求仁。《列子・仲尼》也說：「師能莊而不能同」。

這段話，舊注都說是批評子張相貌堂堂，仁行淺薄，但清人王闓運在《論語訓》中的看法正好相反，他說這是誇子張，謂子張高不可及，旁人根本沒得比。（本章重點：子張難以親近）

因材施教

子貢問曰：「賜也何如？」子曰：「女（汝），器也。」曰：「何器也？」曰：「瑚璉也。」【公冶長5·4】

「瑚璉」，是一種貴重的食器，但重要性不如「簋」（讀「鬼」）。此二字在古書中不太常見。

「瑚」，我們比較清楚，據出土發現，這是一種出現於西周晚期、一直沿用到戰國晚期的食器，與盨類似，上下扣合，自名為「匿」的器物，宋人稱這種器物為「簠」（讀「府」），這個稱法一直沿用至一九八〇年代才被糾正，但考古界叫慣了不肯改，還是稱簠。

「璉」是什麼，目前還不太清楚。《禮記·明堂位》說「有虞氏之兩敦，夏后氏之四連，殷之六瑚，周之八簋」；包咸說「黍稷之器，夏曰瑚，商曰璉，周曰簠簋」。我們只知道，它是和簋、瑚、敦、簠同類的器物，用來盛飯，是個吃飯的器皿。

孔子曾說「君子不器」（【為政2·12】），即君子不以追求技能為目標，而應以道德為目標。孔門有四科：德行（道德）、言語（外交）、政事（內政）、文學（人文學術），孔子認為德行最重要，言語其次，政事又其次，文學最後。沒有道德或道德不高的人，只能算是「器」，還沒達到「道」的標準。

子貢很能幹，長於言語，擅長外交和經商。他問孔子，我怎麼樣，自然是想得到誇獎。孔子說：你只是器。子貢問：什麼器。孔子說：瑚璉。瑚璉是重器，但不是最重要的器。（本章重點：子貢的道德還不夠）

子路有聞，未之能行，唯恐有聞。【公冶長5・14】

「有聞」是有所聽說，子路聽誰說？聽到的是什麼？原文沒講，無法深究。

這段話和後面會談到的【先進11・22】有關。子路問孔子「聞斯行諸」，即「我聽說了，就可以去做」嗎？孔子說，你的父兄都在，怎麼可以聽說了就去做？勸他別做。但冉有問同樣的問題，孔子卻說，你聽說了，那就去做吧。公西華很困惑，他問孔子，同樣的問題爲什麼有兩種答案。孔子說，冉有遇事容易退縮，子路遇事容易貿進，所以有不同的答案。而有父兄在就不能去做，那肯定是出遠門或有危險的事。因此，我懷疑這一章的「有聞」，也是聞諸夫子，聽到了某種大事。子路是急性子，老師說了他馬上就去做，如果不能去做，他會急得團團轉。

孔子說，君子的特點是「訥於言而敏於行」（【里仁4・24】），可見「訥於言」是放在「敏於行」前。這兩條最好都能做到，但孔子的學生往往只做得到一條。他們當中，最受老師誇獎的全是有道德涵養、老老實實，「訥於言」的學生，以顏回爲代表。顏回愼言，在老師面前，少言寡語；老師說話時，從不頂嘴，不但不頂嘴，還退而自省，躲在屋裡琢磨，琢磨琢磨，就琢磨出什麼名堂來了，令老師喜出望外；老師講一句，他能琢磨出十句話，有所創造，有所發明。這是思想型的君子。

子路則相反，「訥於言」，他做不到。他說話太急太衝，管不住嘴；老師講話時，他經常插嘴，不但插嘴，還頂嘴，甚至斥責老師，或替老師拿主意。他的特點自然是「敏於行」。孔門之中，以行動型的君子居多，子路是代表。顏回和子路，讓老師挑，孔子肯定挑顏回。「敏」有快的意思，子路的特色是快，不但行動快，說話也快，快人快語，孔子雖然喜歡行動快，但可不喜歡說話快。孔子提問題，子路率爾以對，經常不假思索便脫口而出，難怪常挨老師罵。（本章重點：子路說話和行事都快）

季文子三思而後行。子聞之，曰：「再，斯可矣。」【公冶長5・20】

「季文子」，即季孫行父。文子之子為季武子，武子之子為季悼子，悼子之子為季平子，平子之子為季桓子，桓子之子為季康子。因此，這人先於孔子的時代。

季文子慎行，行動之前總要考慮三遍。孔子認為，兩遍也就夠了。

想兩遍是什麼意思？可能是正面想一遍，反面想一遍，即從有利的方面想一遍，再從不利的方面想一遍。《孫子・九變》：「是故智者之慮，必雜於利害。雜於利而務可信也，雜於害而患可解也。」（本章重點：事情想兩遍即可）

子曰：「衣敝縕袍，與衣狐貉者立，而不恥者，其由也與（歟）。『不忮不求，何用不臧？』」子路終身誦之。子曰：「是道也，何足以臧？」【子罕9・27】

清人孔廣森在《經學卮言》中說，此章和【9・30／9・31】類似。

「衣敝縕袍」的「衣」是動詞，指穿衣。「敝」，本來是用棍子敲打「巾」上的灰塵，以灰塵表示「巾」很破舊。「縕袍」，古代的衣服分三種，單衣叫「衣」，夾衣叫「褶衣」，絮衣叫「複衣」，「縕袍」屬於「複衣」。「袍」則分兩種，裡面絮繭絮的叫「繭袍」，裡面絮麻絮的叫「縕袍」。這裡的「敝縕袍」比較低賤，相當於後世的破棉袍⑤。

「衣狐貉」，是穿狐狸皮或狗獾皮的袍子。孔子說，誰穿縕袍敢跟穿皮大衣的站在一塊兒而不臉紅的，恐怕只有子路。子路了不起，我對子路很佩服。現在的孩子，追名牌，趕時髦，根本無法理解這一點。

「不忮不求」，是嫉恨之意；「求」，是貪求。「何用不臧」，指無論做什麼事都會有好的結果；前面這兩句是引《詩・邶風・雄雉》。孔子的意思是，別人再闊也不眼紅，自己再窮也不貪求，如果做得到這一點，做什麼事都會順利。這是誇子路。

子路難得被老師表揚，這段話他終身不忘，老是掛在嘴上。孔子對子路也總忘不了敲打，只要這學生太得意就數落。他老人家說：就這麼點德行，也值得老掛在嘴上嗎？（本章重點：子路難得被稱讚）

閔子〔騫〕侍側，誾誾如也；子路，行行如也；冉有、子貢，侃侃如也。子樂〔曰〕：「若由也，不得其死然。」【先進11·13】

這是拿子路和閔子騫、冉有、子貢三人作比較。

「閔子」，古本多接「騫」字。《論語》中，除了孔子、有子和曾子，沒有其他人稱子。這裡應補「騫」字。

「侍側」，是弟子在旁，或坐或立。

「子樂」，古本多作「子樂曰」。當從古本。

這裡，子路、冉有、子貢都是以字稱；按照古本，閔子騫也是以字稱。這些學生陪老師聊天，姿態、神情均不一樣。我們曾在【鄉黨10·1】談過，「誾誾如也」，是和身分高的人講話，比較恭敬，也比較嚴肅；「侃侃如也」，是和身份較低的人講話，比較輕鬆，也比較隨便。閔子騫是道德先生，在孔子身邊尤其嚴肅、莊重，舉止很得體。冉有、子貢，年紀比較輕，隨便一點，也合適。只有子路，他是「行行如也」，雄赳赳，氣昂昂，顯得有點滑稽。

「子樂」，含有譏笑之意。孔子樂什麼呢？樂子路愣頭愣腦，既不嚴肅，也不輕鬆。他說，

⑤古代中原本來不產棉，棉花是從東南亞、南亞、中亞和雲南等地進口。過去都以為棉花是近幾百年才傳入中國，不對，其實很早就有，先秦兩漢就有，三國以來，甚至內地已引種，只不過當時還不太多。

像子路這副模樣，恐怕會「不得其死」，即活不到壽限。古人說「故強梁者不得其死」（《老子》第四十二章）。後來，子路竟然眞的死於衛，被人砍成肉泥，孔子很難過，把肉醬都給倒掉了（《禮記・檀弓上》）。

這段話，大概是講在孔子周遊列國的前後，即孔子五十多歲以後。（本章重點：評閔子騫、子路、冉有、子貢）

子曰：「由之瑟，奚爲於丘之門？」門人不敬子路。子曰：「由也升堂矣，未入於室也。」

【先進11・15】

「由之瑟」，古本多作「由之鼓瑟」。

這又是在損子路。

孔子談話講課時，氣氛很輕鬆，旁邊有琴伴奏（詳【先進11・26】）。子路原本就是個粗人，對音樂很不在行。舊說子路鼓瑟，有「北鄙殺伐之聲」（《孔子家語・辨樂解》《說苑・修文》），演奏起來大概很激烈，不僅吵到談話，也不怎麼好聽，孔子聽不下去，便說：你也配在我這兒表演，當場叫子路下不了臺。

權威的力量是無窮的。老師都這麼說了，其他學生當然看不起子路。最後，還是老師出來打圓場，他說，子路的水準還可以，至少是從庭院順階而上，到達了外面的堂屋，只不過還沒能進入內室罷了，即水準還不到家。既然不入室，就別在屋裡彈了，子路如果知趣，就離老師遠點，

要彈就在外面彈。（本章重點：子路的琴藝）

子貢問：「師與商也孰賢？」子曰：「師也過，商也不及。」曰：「然則師愈與（歟）？」子曰：「過猶不及。」【先進11．16】

這裡是拿子張和子夏進行比較。

孔子對顓孫師（子張）和卜商（子夏）是直呼其名，子貢比他倆大十來歲，也直呼其名。子張，性格偏激，類似子路，孔子認爲太過分了些。子夏，學問好，爲人謙和，但孔子認爲他的毛病是不足。子貢問，顓孫師是否比卜商強一點？孔子說，過分和不足是一樣的。「過猶不及」，現在是成語。（本章重點：過猶不及）

柴也愚，參也魯，師也辟，由也喭。【先進11．18】

此章無「子曰」，但每個人都是直呼其名，不稱氏，顯然是老師的口吻。這裡，「柴」是高柴，「參」是曾參，「師」是顓孫師，「由」是仲由。高柴，字子羔，是孔門第二期的學生，他在這裡是第一次出現，不過【先進11．25】也提到他，在《論語》中，他只出現過兩次。

孔子拿高柴、曾參、顓孫師、仲由進行對比，一人給一個字，都是講他們的缺點。「愚」是蠢笨；「魯」是遲鈍；「辟」是偏激；「喭」是魯莽。孔子在前一章【先進11．16】說「師也過，商也不及」「過猶不及」，高柴蠢笨，曾參遲鈍，屬於「不及」；顓孫師偏激，子路魯莽，屬於「過」。（本章重點：評高柴、曾參、顓孫師和仲由）

子路問：「聞斯行諸？」子曰：「有父兄在，如之何其聞斯行之？」冉有問：「聞斯行諸？」子曰：「聞斯行之。」公西華曰：「由也問聞斯行諸，子曰有父兄在；求也問聞斯行諸，子曰聞斯行之。赤也惑，敢問。」子曰：「求也退，故進之；由也兼人，故退之。」【先進11・22】

「聞斯行諸」，聽到這件事就該去做吧？「斯」是代指某事，內容不詳，大概是某種冒險犯難的事，自有生命危險，否則不會提到「有父兄在」能不能去做。子路和冉有問同樣的事，孔子的回答不一樣，公西華感到困惑不解，他問孔子爲什麼有這種不同，孔子說這是因爲冉求膽小，老愛往後縮，所以要推他一把；仲由膽大，老愛往前衝，所以要抓他一把。

韓愈，字退之，是取名於此。（本章重點：抑由進求）

子張問明。子曰：「浸潤之譖，膚受之愬，不行焉，可謂明也已矣。浸潤之譖，膚受之愬，不行焉，可謂遠也已矣。」【顏淵12・6】

這是講對付小人。小人的武器是讒言、誣告。子張問明，孔子卻答以明、遠。「明」，是能看清小人；「遠」，是能遠離小人。

「浸潤之譖，膚受之愬」，這兩句話都是形容說壞話。「譖」是讒言，「愬」（讀「速」）

是誣告，含義差不多。浸潤，是如水之漸，點點滴滴，無聲無息，不斷滲透；膚受，是貼近人的肌膚。

謠言的特色就是在暗地裡進行，悄悄地、慢慢地貼近你，包圍你，讓你甩都甩不開。君子應該從一開始就看清楚，並迅速擺脫誹謗的包圍，不讓小人得逞。

這是針對子張的缺點嗎？值得玩味。（本章重點：遠離小人）

樊遲從遊於舞雩之下，曰：「敢問崇德、修慝、辨惑。」子曰：「善哉問！先事後得，非崇德與（歟）？攻其惡，勿攻人之惡，非修慝與（歟）？一朝之忿，忘其身以及其親，非惑與（歟）？」【顏淵12．21】

這段話的談話地點是在曲阜魯故城外的舞雩臺。

樊遲跟老師在舞雩臺下散步，問了三個問題：「崇德」「修慝」「辨惑」。「崇德」和「辨惑」，可見【顏淵12．10】，樊遲的問題與該章的子張類似，只是多了「修慝」。

「崇德」是提倡道德，孔子說「先事後得」，這不就是「崇德」嗎？「先事後得」是先付出勞動，再指望收穫，古人也叫「先難後得」。這是叫他不要急。

「修慝」和「崇德」相反，「德」是善，「慝」讀「特」，是惡。李澤厚說⑥，修慝的意思

⑥ 是指李澤厚的《論語今讀》，北京：三聯書店，二〇〇四年。

是「去惡念」。孔子說「攻其惡，勿攻人之惡」，這不就是「修慝」嗎？「攻其惡」，是批自己的錯；「勿攻人之惡」，是不要計較別人的錯。

「辨惑」，已在【顏淵12·10】說明，不再重複。孔子說「一朝之忿，忘其身以及其親」，這不就是「惑」嗎？

人的優缺點總是形影相隨，孔子的談話都是因材施教。子張正義感很強，但流於偏激。針對他這一點，孔子強調他應該要「辨惑」，意即不要好惡過深，失去對人的理智判斷。樊遲的優點是求知心切，說做就做，非常勇武，但缺點是性格外向，脾氣急躁，缺乏耐心。孔子針對他這一點，一是告誡他「先事後得」，也就是不要急於求成；二是告誡他不要對人心存惡念，最好多反省自己的過錯，少計較別人的錯誤；三是告誡他不要逞一時之忿，隨便發脾氣，不顧自己，也不顧父母。（本章重點：樊遲與子張的不同）

子貢方人。子曰：「賜也賢乎哉？夫我則不暇。」【憲問14·29】

「方人」，是好與人比（《集注》）。俗話說，人比人，氣死人。動物行爲學家說，不光是人，就連把兩隻老鼠放在一起，也有這類問題。

子貢喜歡跟人攀比。孔子說，你眞的比人家強嗎？要是我，我才沒工夫操這個心。（本章重點：人比人，氣死人）

子張問行。子曰：「言忠信，行篤敬，雖蠻貊之邦行矣。言不忠信，行不篤敬，雖州里行乎哉？立，則見其參於前也；在輿，則見其倚於衡也，夫然後行。」子張書諸紳。【衛靈公15・6】

「行」，是指出行、出遠門。

「蠻貊之邦」，是指野蠻國家。古代多以「蠻」指中國南方的少數民族，「貊」，是指中國東北的少數民族。「貊」，古書亦作「貉」。這裡泛指古代的野蠻地區。

「州里」，和前者相反，是指開化地區。古代的國野制度，城郊是編爲州里。

「立」，立於地，步行立於地，與「在輿」相反。「在輿」是乘車而行。

「參於前」，「參」應讀爲參照的參，王引之說是「相直於前」的意思（《經義述聞・通說上》），即好像有字書在前，正對著自己的臉。

「倚於衡」，是說好像有字橫於車軛。

子張問出行，孔子的回答只有「言忠信，行篤敬」這兩條。他要子張記住，走到哪裡都不要忘記——步行時，眼前要有這六個字；坐車時，眼前也要有這六個字，就憑這六個字走遍天下。子張沒帶簡冊，於是趕緊把這六個字記在紳上。

「紳」是腰間大帶下垂的部分。當官的人和儒者，要把笏掖在腰帶上。這種打扮的人，叫「搢紳之士」，現在簡稱爲「紳士」。紳士的腰帶前面有一截，垂在下面，好像西服的領帶。領帶，據說起源於軍隊，羅馬時代就有，但現在的西服是十九世紀的東西。他們的gentlemen是脖子上掛一條，我們是腰上掛一條。可以想像，子張是用左手把領帶般的這一截撩起來，捧在手裡，好像版牘，然後用右手在上面寫字。這是急中生智。換了現在，如果沒帶筆記本，也可寫在領帶上。

「子張書諸紳」這句話，有人說和帛書的發明有關。中國的帛書是什麼時候發明的？研究紡織史和書籍史的人都很關心。錢存訓先生說，帛書的發明不晚於西元前六、七世紀，主要就是根據這段話。但其實，子張把老師的話記在腰帶上，純屬偶然，我們並不好說腰帶就是帛書。

子張年紀很小，孔子自衛返魯，子張才廿歲，這段話應是孔子晚年講的。（本章重點：子張如何走天下）

子曰：「由也，女（汝）聞六言六蔽（弊）矣乎？」對曰：「未也。」「居，吾語女（汝）。好仁不好學，其蔽（弊）也愚；好知（智）不好學，其蔽（弊）也蕩；好信不好學，其蔽（弊）也賊；好直不好學，其蔽（弊）也絞；好勇不好學，其蔽（弊）也亂；好剛不好學，其蔽（弊）也狂。」【陽貨17．8】

「六言」，指本章的六句話。

「六蔽」，六種不學之弊。「蔽」，指毛病。

「居」，指坐，孔子叫子路別走，再坐一會兒。

下文是孔子對子路講的話，主要是針對子路的「好德不好學」。孔子認爲，光有德不行：「好仁不好學」，其弊是愚昧無知；「好知（智）不好學」，其弊是漫無所守（知識無系統）；

「好信不好學」，其弊是害人不淺（容易被人利用，反而害了自己）；「好直不好學」，其弊是偏激好鬥；「好勇不好學」，其弊是犯上作亂；「好剛不好學」，其弊是狂妄自大。（本章重點：提醒子路要學習）

子夏之門人問交於子張。子張曰：「子夏云何？」對曰：「子夏曰：『可者與之，其不可者拒之。』」子張曰：「異乎吾所聞：君子尊賢而容眾，嘉善而矜不能。我之大賢與（歟），於人何所不容？我之不賢與（歟），人將拒我，如之何其拒人也？」【子張19．3】

「子夏之門人」，子夏長於文學，是孔門弟子中對後世影響很大的人物，尤其是在學術方面。孔子死後，他居西河教授，學生很多，如魏文侯、田子方、段干木、李克、曾申、吳起、禽滑釐、公羊高、谷梁赤、高行子都是他的學生。漢代的經學，和他的關係最大。

「君子尊賢而容眾，嘉善而矜不能」，據《韓詩外傳》卷九，子貢也有此語，估計也是接聞於夫子。

子夏和子張的交友之道不同，看似矛盾，前人便說子張的程度比子夏高，這不對。他們所說的都是接聞於夫子。子夏聽來的話，是針對子夏的毛病；子張聽來的話，是針對子張的毛病，各有所指。前面，孔子曾說「師也過，商也不及」（【先進11．16】）。這兩個人的毛病，子張是過，子夏是不及。東漢蔡邕說「子夏之門人問交於子張，而二子各有所聞於夫子。然則其以交誨也，商也寬，故告之以距人；師也褊，故告之以容眾。各從其行而矯之，若夫仲尼之正道，則汎愛眾而親仁。故非善不喜，非仁不親，交遊以方，會友以仁，可無貶也」（《正交論》），以這個說法最合理。子夏待人寬，所以孔子的忠告是：可交者交之，不可交者拒之，要他有所區別，別來者不拒。子張待人苛，所以孔子的忠告是：比你強的人要尊，比你差的人要容，人家的優點要欣賞，人家的不足要同情，要他做人寬容一點。兩種答案，彼此矛盾的原因在這裡。這段話很能體現孔子的因材施教。

孔子的話多半是針對學生的缺點，同樣的問題往往有不同的答案。像同樣是吃飯，一個胖子，一個瘦子，如果都來問吃什麼好，對胖子，他會說「少吃多動」，對瘦子，他會說「大魚大肉」，不能說哪個對，哪個不對。此章是以子夏進行對比，但主要是講子張。

要注意，賢人或賢者，是指有德能而特別優秀者。孔子尚賢，《墨子》也尚賢，但《老子》不尚賢。（本章重點：待人要寬容）

子夏曰：「大德不踰閑，小德出入可也。」【子張19·11】

子夏泥於小道。這裡是說，大節不能出格，小節可以通融，這可能也是孔子的教導。（本章重點：德行有彈性）

對學生無所隱瞞

子曰：「二三子以我爲隱乎？吾無隱乎爾。吾無行而不與二三子者，是丘也。」【述而7．24】

孔子奉行身教重於言教，重在啓發，若你不問他也不說，讓人以爲他是否藏掖著什麼更高深的學問道理，於是他有了這番解釋。

「吾無行而不與二三子」，是說我沒有任何行爲瞞著你們這些學生。

我認爲「事無不可對人言」是很好的品德，但用於立身處世則非常危險，對自己很危險。我記得，小時候看過一部外國電影，裡面有張魔椅，人一坐上去就口吐眞言，結果是什麼虛僞都被揭穿，讓我覺得很痛快。但人眞的可以毫無隱瞞嗎？我很懷疑。有人說，眞話可以不講，假話一定不可說，這也很難。「知無不言，言無不盡」，就連親人之間也做不到，因爲這對你和所愛的人同樣有殺傷力。眞話是利刃，觸之者傷。（本章重點：孔子並未留一手）

第3講 謀生／處世

孔子所處的時代，按他的定義正是天下無道，而危險、混亂的國家不能待。孔子認為，邦有道一定要出來做官，不做官守貧賤，是恥辱；邦無道一定要躲起來明哲保身，出來做官求富貴，也是恥辱。

孔子對謀生／處世的看法

綜論

人活在這世上的課題包括謀生和處世，那麼孔子對這兩個題目有什麼主張呢？

我們先講謀生。

中國的知識分子，拙於謀生，急於用世（李敖語）。這是孔子的遺產。《論語》一書，從來不講謀生，除了做官食祿（【衛靈公15．38】），其他營生如當兵、種地、做工、經商都不能考慮，前面這些工作他期許真正的君子一樣也不能去做，尤其是種地，絕對不考慮（【子路13．4】）。孔子所培養的君子，在無官可當的情況下，一定要準備挨餓，寧可粗衣惡食、住破房子，也不改其樂。他的典型說法是「君子謀道不謀食」「君子憂道不憂貧」，在他看來，種地只會餓肚子；讀書，才能吃官飯。長遠來看，吃官飯肯定比種地划算（【衛靈公15．32】）。

處世，要看有道無道。

什麼叫有道，什麼叫無道，孔子的定義是「天下有道，則禮樂征伐自天子出；天下無道，則禮樂征伐自諸侯出。自諸侯出，蓋十世希不失矣；自大夫出，五世希不失矣；陪臣執國命，三世希不失矣。天下有道，則政不在大夫；天下有道，則庶人不議。」（【衛靈公16．2】）。孔子所處的時代，按他的定義當然是無道，且認為危險、混亂的國家不能待。他說，邦有道一定要出來做官，不做官守貧賤，是恥辱；邦無道一定要躲起來明哲保身，出來做官求富貴，也是恥辱。他還告誡，邦有道要直言直行，但邦無道說話要小心，沒有原則的事不能做，但有原則的話也不能講。有一次，孔子跟顏淵說這叫「用之則行，舍之則藏」，誰能做得到？就咱倆。子路聽了不服氣，說，打仗時您和誰在一塊兒（意思是碰到危險，誰來保護您），但被孔子臭罵。子路太莽撞，哪裡懂明哲保身這一套（【述而7．11】）。對於亂世，孔子的基本態度是既不合作，也不抵抗，或者用王世襄先生的說法「既不自尋短見，也不鋌而走險」，這是孔子的處世之道。

孔子的處世哲學有兩面，其中一面是「無道則隱」，這和當時的隱者有共同點。《論語》曾多次談到隱者，如楚狂接輿、長沮、桀溺、荷蓧丈人。隱者藏也，避世、避地、避人，什麼都躲，孔子說「賢者辟（避）世，其次辟（避）地，其次辟（避）色，其次辟（避）言」（【憲問14．37】）。照理說，不合作，莫過於避世，拒絕了整個時局，只有自殺一途；其次是避地，城裡不行，到鄉下去；本國不行，到外國去；再不然，不露臉不說話，誰都不見。隱士的道德如此高尚，孔子做不到，所以他不但敬重，還打心底佩服。但隱士卻看不起他，嘲笑他。分歧點在於，隱士是徹底不合作，孔子卻不能忘情於世、忘情於人，尤其是有權力的人。他總想在壞人裡面找好人，不肯放棄最後的努力（【微子18．6】）。

此外還有逸民（後世叫逸士），有些是遺老，有些是老牌的不合作者。這些死人，也為孔子所佩服和稱道，像是比干拚命，箕子裝傻，微子逃跑（【微子18．1】），他都很欣賞；周有伯夷、叔齊不食周粟，只為「求仁得仁」（【述而7．15】），他也欣賞。但欣賞歸欣賞，他絕不仿效。孔子說過，伯夷、叔齊以死明志，「不降其志，不辱其身」，了不起；柳下惠、少連委曲求全，「降志辱身」，也很棒；虞仲、夷逸，「隱居放言」，同樣很好。但這些他都做不到。他自我解嘲地說「我則異於是，無可無不可」（【微子18．8】），「無可無不可」就是全部欣賞，全不仿效。

謀生

子曰：「士志於道，而恥惡衣惡食者，未足與議也。」【里仁4．9】

「士」，即君子，也叫「士君子」，是貴族下層的一般稱呼，在《論語》中很常見。孔子提倡安貧樂道，和很多古代宗教一樣，他也強調苦修苦行。孔門之中，誰最安貧樂道？顏回。孔子在陳絕糧，仲由見老師和同學挨餓，看不下去，發脾氣，被孔子批評（【衛靈公15．2】），其實仲由才了不起。

吃苦，很多人能做到，特別是待在窮鄉僻壤，畢竟他們從沒見過錢。人最怕的，其實還不是窮，而是人比人。人比人，氣死人。誰能經受這種考驗，才是眞君子。

【子罕9．27】中說：「子曰：「衣敝縕袍，與衣狐貉者立，而不恥者，其由也與

（歟）。』」這才是考驗。（本章重點：有志於道，不怕窮）

子曰：「賢哉回也！一簞食，一瓢飲，在陋巷，人不堪其憂，回也不改其樂，賢哉回也！」

【雍也6．11】

這是孔子對顏淵的讚美。

「簞」，是古人盛飯的竹器。當時的平民百姓，盛飯多半用這種器物。「瓢」，舀水的瓢，把葫蘆剖爲兩半，其半稱瓢，用以盛水。（本章重點：顏回窮開心）

子欲居九夷。或曰：「陋，如之何？」子曰：「君子居之，何陋之有？」【子罕9．14】

人往高處走，水往低處流，有沒有相反的情況？

現代人，政治上不得意或貪汙被發現，都是前往歐美國家，但孔子不得意卻是想去落後地區。不過，切．格瓦拉「不斷革命」，也是選亞非拉，如古巴、越南、剛果、玻利維亞。

「九夷」，見《書．旅獒》（屬於所謂古文《尚書》），以及《禮記．明堂位》《爾雅．釋地》《逸周書．明堂解》《國語．魯語下》都是與戎、狄、蠻並列，指野蠻民族居住的落後地區，但商周時期通常是指今山東地區的東夷、淮水流域的淮夷。戰國文獻中，或以「九夷」指與楚國有關的各種夷（《戰國策》的〈秦三〉和〈魏一〉）。《後漢書．東夷列傳》則說得更具體，說孔子想去的「九夷」，就是畎夷、于夷、方夷、黃夷、白夷、赤夷、玄夷、風夷、陽夷。

此說是據《竹書紀年》，「九夷」被說成夏代的九種夷。馬融說，這裡的「九夷」是「東方之夷，有九種」。我懷疑，這裡的「九夷」可能是指活動於河南、安徽一帶的南淮夷後代。孔子周遊列國，最後到的陳、蔡和楚國的葉縣，就是這一帶。看來，孔子失意於中原諸夏、禮儀之邦，曾南之陳、蔡，甚至考慮到楚國找工作。

「君子居之，何陋之有」，唐集多用此典。如劉禹錫〈陋室銘〉說「君子曰：何陋之有」，就是出典於此。（本章重點：孔子想去落後地方發展）

樊遲請學稼。子曰：「吾不如老農。」請學爲圃。曰：「吾不如老圃。」樊遲出。子曰：「小人哉，樊須也！上好禮，則民莫敢不敬；上好義，則民莫敢不服；上好信，則民莫敢不用情。夫如是，則四方之民襁負其子而至矣，焉用稼？」【子路13．4】

樊遲比孔子小卅六歲，我們從他的年齡推算，估計這段對話至少應在前四九五年之後。

古代隱者有個特點，就是放棄城市生活，回家種地，像【微子18．6／18．7】的長沮、桀溺和荷蓧丈人，就是如此。當然也有一些隱者是假裝的，就像劉備種菜，只是韜晦之計。但孔子對種地沒興趣，他的興趣是做官，當然得住在城裡。

樊遲似乎是古代的重農派和民粹派。十八世紀，法國有魁奈（Francois Quesnay）等重農派，反對重商派。十九世紀，俄國有所謂民粹派，口號是「到民間去」，提倡去農村教育民眾，發動民眾。契訶夫的小說《帶閣樓的房子》，故事中的姐姐就是個民粹派，不讓她妹妹和主人公好。

我國古代也有重農抑商、提倡躬耕的一派。天子每年要躬耕藉田，祭祀先農，先農是神農（或後稷），神農就是重農的象徵。《漢志》中的九流十家有農家，經典就是《神農》。管子、李悝、商鞅，這些戰國時期流行一時的法家也是重農主義者。孔子可不喜歡這一套。

《孟子·滕文公上》說，滕文公即位，孟子向他推銷井田制（孟子設計的井田制）。有個傳神農之術、名叫許行的人聽說此事，特意從楚國跑到滕國，請求到滕國落戶，「受一廛而爲氓」，親自去種試驗田。其實，他是借孟子在滕國推行井田之際，趁機傳播主張。當時，有三個姓陳的，陳良、陳相和陳辛，他們本來是儒者，也從宋國跑來湊熱鬧，一見許行，就迷上了他，徹底背叛儒家，打算用許行的思想改造滕文公。他們跟孟子說許行的主張如何如何好，孟子很惱火，狂批許行。他批許行主要是兩條：第一，「自己動手，豐衣足食」，只能解決吃飯問題，其他不行，衣服帽子，煮飯的鍋，耕田的犁，都得仰賴工商；第二，人人種地，根本辦不到，「勞心者治人，勞力者治於人」，這是天下通義，有人靠種地吃飯，也有人不靠種地吃飯，堯、舜、禹替天下的人操勞，哪有功夫種地。前者是以商批農，後者是講不勞動者也得食。

許行的主張有助理解樊遲的思想，而孟子的批判則對理解孔子很有幫助。樊遲要跟孔子學種莊稼學種菜，他這是找錯了人。孔子很不高興，故意說反話「吾不如老農」「吾不如老圃」，等他走了，馬上罵他是「小人」，原因是——他們政見不合。樊遲認爲，只有躬耕力田，才有天下太平。孔子說，只要能做到居上位之人都喜歡的「禮」「義」「信」，就能吸引民眾，哪輪得到莊稼什麼事。（本章重點：孔子爲什麼罵樊遲）

子曰：「君子謀道不謀食。耕也，餒在其中矣；學也，祿在其中矣。君子憂道不憂貧。」

【衛靈公15．32】

孔子說「君子謀道不謀食」，他認爲「種地」只會掙到饑餓，「學習」才能掙到俸祿。人類社會自有貧富分化，就有勞心勞力、治人治於人的矛盾，孔子看得很清楚。人，越是土裡刨食，越是餓肚子，不如讀書有前途。孔子當然知道。所以即使餓著肚子讀書也沒關係，只要把書讀好，將來有官做，就有祿米，以前的虧空也可以補回來。所以，他才說「謀道不謀食」「憂道不憂貧」。

後世的〈勸學文〉說「書中自有黃金在，書中自有千鐘粟，書中自有顏如玉」，就是濫觴於此。孔子反對躬耕，討厭種菜種莊稼，道理就在這裡（他才不講「耕讀傳家」）。他老人家覺得，種菜種莊稼，一是丟臉，二是不划算。（本章重點：讀書才能提昇自我）

處世

在《論語》一書中，孔子談到了好幾個人，正好可反映他老人家的處世哲學——

孔子的學生南容，成天背誦《詩．大雅．抑》的「白圭之玷，尙可磨也。斯言之玷，不可爲也」，可說是個謹小愼微的人（【先進11．6】）。此人是邦有道，不放棄做官；邦無道，能躲過坐牢。孔子覺得這種人才可靠，乾脆把姪女嫁給他（【公冶長5．2】）。

孔子說，甯武子這個人，在邦有道時是明白人，邦無道就裝糊塗。他是明白好學，糊塗不好學（【公冶長5．21】）。這種人，類似箕子，孔子說不好學，其實是不學。

孔子曾比較史魚和蘧伯玉。史魚是「邦有道如矢，邦無道如矢」（【衛靈公15．7】），直戳戳的，好像筆直的箭，這怎麼行？漢代童謠說「直如弦，死道邊；曲如鉤，反封侯」（《續漢書．五行志》引童謠），今語叫「老實人寸步難行，溜溝子走遍天下」。這種人類似比干，道德高尚，但孔子說他只配叫「直」，其實是不値。可是蘧伯玉不一樣，他是「邦有道則仕，邦無道則可卷而懷之」，孔子誇他「君子哉」。「卷而懷之」是什麼意思？一是要曲著點，二是要藏著點。

柳下惠為士師，三次罷官，都不肯離開自己的祖國，他自己認爲「直道而事人，焉往而不三黜？枉道而事人，何必去父母之邦」（【微子18．2】），這種人孔子也欣賞，但前面已經說了，他老人家感覺亂世無法用直道，在他看來亂世還是曲著點好。

孔子的處世態度，最能以一句話概括，那就是「知其不可而爲之」（【憲問14．38】）。「知其不可而爲之」可以有兩種理解：一種是明知不可行，硬去做，這是直道；一種是既然不可行，不妨拐著彎做，這是曲道。孔子屬於後一種。孔子是個失敗者，但不撞南牆不回頭，曲裡拐彎也要去做，他很執著。他是個唐吉訶德。

用行舍藏

子謂公冶長，「可妻也。雖在縲絏之中，非其罪也。」以其子妻之。【公冶長5．1】

女兒，是孔子讚賞學生的終極獎勵。但哪個老師肯把親生閨女嫁給勞改犯？孔子。

「公冶長」是孔門弟子，生卒不詳。「公冶」是複姓，即兩個字的家族名，嚴格講，其實是氏，而不是姓，他可能是以官爲氏。戰國工官，常以「公」字表示官營，並稱負責鑄造銅器或鐵器的官員爲「冶師」或「冶」。司馬遷說他名長，字子長，名、字相同，這有點怪。《孔子家語》略有不同，是名萇，字子長。其名，范寧引《家語》訛爲芝，《釋文》則字子張。他的名到底是什麼，有很多不同記載，但對比《論語》相關篇章，這裡的「公冶長」是以字稱，沒問題。他的字應該是子長，這裡省掉子。

「妻」是動詞，指孔子嫁女於公冶長。公冶長蹲大獄，他怎麼結婚？古代士婚禮，有所謂六禮：納彩、問名、納吉、納徵、請期、親迎，《禮記．內則》說，「聘則爲妻」，聘是下聘禮，只到第四步，就可以叫妻。我估計，他只是訂婚，還沒完婚。孔子把女兒嫁給公冶長，了不起。當然，公冶長是自己的學生，孔子知道他沒罪。

孔門弟子有很多人是複姓，如《論語》提到的漆彫啓（字子開）、公西赤（字子華）、巫馬施（字子期）、端木賜（字子貢）、澹臺滅明（字子羽）、司馬耕（字子牛）、南宮适（字子容），都是複姓。《論語》中的對話，弟子稱師長多以字稱，或尊稱某子，孔子稱弟子則直呼其名。這裡的「子謂公治長」和「子謂南容」「子謂子賤」「子謂子貢」「子謂子產」一樣，都是稱字，但不同之處是他並沒在字的前面帶「子」，而是加了複姓，類似的稱法也可見他稱「漆彫開」「巫馬期」「公西華」「司馬牛」。

「縲絏」讀「雷謝」，是捆犯人的繩子。「絏」，今本作絏，古本作紲，絏是唐代避唐太宗（李世民）諱所造的新字。「縲絏之中」，是指關在牢裡。

「子」，古代的子有所謂女子子，女子子是女兒。孔子的女兒叫什麼，不知道。

公治長爲什麼被抓？孔子爲什麼說他無辜？不知道。反正孔子喜歡他，不然不會把女兒嫁給他。中國的師生關係是仿父子關係，老師欣賞學生，會把女兒嫁給他，這是咱們的老傳統。老師選優秀學生當乘龍快婿或許是好事，但如果不問學生、女兒願不願意，就成了包辦婚姻。五四以來，新女性逃婚往哪兒逃？只有兩個去處，一是窯子，二是學校。窯子不能去，只能上學校。過去，才子配佳人是中國文人特有的幻想（爲與科學幻想區別，我稱人文幻想），只有妓院可以圓他們的夢。難怪守舊的老先生要痛罵學校是妓院。新學堂裡，老師和學生，學生和學生，志同道合，情投意合，乃天作之配，故師生戀和同學戀蔚然成風，很多大文豪和大藝術家（如魯迅、徐悲鴻）由此結爲百年之好，可惜孔子不及見。他老人家不收女學生，一個女兒，一個姪女，嫁完就完了，一點富餘都沒有。（本章重點：公治長）

子謂南容，「邦有道，不廢；邦無道，免於刑戮。」以其兄之子妻之。【公治長5．2】

孔子把自己的姪女嫁給另一個學生。這個學生和前一個學生公治長正好相反。他不是無辜坐牢之人，而是一個明哲保身、善於躲避牢獄之災的人。公治長蹲監獄，無罪，不妨礙他仍然是孔子的好學生；南容不蹲監獄，就更是好學生。

「南容」，南宮适（亦作南宮括），字子容，也是孔門弟子。南宮是複姓，本來是以所居宮室而名，西周就有這類氏名。古代除了南宮氏外，還有東宮氏、西宮氏和北宮氏。這裡，南容是以字稱，他的生卒也不詳。周武王有「亂臣十人」（【泰伯8．20】），其中就有南宮适，同名同氏。

南容這個人，好像比較滑。國家有道，他保官；國家無道，他保命。但孔子喜歡，不然不會把姪女嫁給他。孔子的這個姪女，是他哥哥孟皮的女兒。

孔子爲什麼喜歡南容，這跟他的生活哲學有關，他是不主張玩命的。因爲孔子認爲身體髮膚受之父母，當兒女的有義務保管好這批禮物，自己死了、殘廢了不要緊，讓父母難過傷心不得了，那是有悖孝道的。（本章重點：南容懂明哲保身）

子曰：「甯武子，邦有道，則知（智）；邦無道，則愚。其知（智）可及也，其愚不可及也。」【公治長5．21】

「甯武子」，是衛國世卿，名俞，其父爲甯莊子（名速），先於孔子。

邦有道就聰明，邦無道就糊塗，這是韜晦之計。孔子說甯武子會這一套，他的聰明作法易學，糊塗作法難學。

「愚不可及」，後世演變爲成語，意思是傻得不得了，含義有了變化。（本章重點：甯武子的聰明與糊塗）

季氏使閔子騫爲費宰。閔子騫曰：「善爲我辭焉。如有復我者，則吾必在汶上矣。」【雍也6·9】

「季氏」，這裡的季氏是指哪一位？可能是季桓子，可能是季康子，無法確定。

「閔子騫爲費宰」的「閔子騫」就是閔損，字子騫，這裡以字稱。他是孔門第一期的學生，以德行著稱，是有名的大孝子。「費」讀「必」，在今山東費縣西北，是季氏的私邑。閔損是道德先生，比較清高，他拒絕爲季氏做事，不出任費宰。

「汶上」，是指汶水以北。汶水，即今山東省的大汶河，在魯故城以北，泰山以南。閔子騫對季氏派來的人說，你替我婉言謝絕，如果再來找我，我必然不在這兒，當在汶水以北。（本章重點：閔子騫辭官）

子謂顏淵曰：「用之則行，舍之則藏，唯我與爾有是夫！」子路曰：「子行三軍，則誰與（歟）？」子曰：「暴虎馮河，死而無悔者，吾不與也。必也臨事而懼，好謀而成者也。」【述而7·11】

孔子偏愛顏淵，子路不服，受到孔子的訓斥。在這裡，顏淵、子路都以字稱。

「暴虎馮河」，《詩・小雅・小旻》有「不敢暴虎，不敢馮河」，「暴虎」也見於《詩・鄭風・大叔于田》。傳統解釋都說「暴虎」是不假兵器，空手搏虎；「馮河」是不假舟楫，徒步渡河。但裘錫圭先生考證，「暴虎」的「暴」，字本作「虣」，本象執戈搏虎，「空手」之訓可能是後起，原本指不乘田車打老虎，並非不用兵器。

這段話又是拿顏淵和子路進行比較。孔子對顏淵說「用之則行，舍之則藏，唯我與爾有是夫」，即有人用我我就做，沒人用我我就隱，誰能做到這一點呢，只有我和你呀。他誇了顏淵兩件事，但用行舍藏，主要是指「藏」。顏淵，簞食壺飲，窮街陋巷，耐寂寞，忍貧寒，這是舍藏，用行談不上。

子路聽老師誇顏淵，不服。他想，顏淵談得上什麼「用之則行」，所以故意說「子行三軍，則誰與」，即老師如果率領三軍，您又和誰在一塊兒？他以爲孔子會說：還有誰，肯定是子路你啦，我得「與子同車」，讓你保護我的安全，幫我出謀畫策拿主意。但孔子對他的魯莽很不滿，馬上挖苦他，打虎不靠田車（此用裘說），渡河不靠舟楫，這種死了都不知後悔的冒失鬼，我才不跟他在一塊兒；如果說什麼樣的人才合適，那一定是臨戰感到非常害怕，懂得小心翼翼，唯恐有失，而打起仗來又精心策畫，能眞正把仗打贏的人。

看來，孔子喜歡的是「謀」，而不是「勇」，尤其不喜莽張飛式的匹夫之勇。子路又討了個沒趣。（本章重點：子路不服氣）

子曰：「篤信好學，守死善道。危邦不入，亂邦不居。天下有道則見，無道則隱。邦有道，貧且賤焉，恥也；邦無道，富且貴焉，恥也。」【泰伯8·13】

「篤信好學，守死善道」，是死心塌地做學問，死心塌地追求眞理。

「危邦不入，亂邦不居」，我有個朋友是以色列籍教授，他是漢學家，他寫信給我說想移民中國，託我在中國找工作，信上就引了這兩句話。

「天下有道則見，無道則隱」，即前一章【述而7·11】的「用之則行，舍之則藏」。

「邦有道，貧且賤焉，恥也；邦無道，富且貴焉，恥也」，還可參看【憲問14·1】。孔子認爲薪水和地位是好東西，問題是什麼局勢下該出來當官，什麼情況下不該出來當官。他認爲，邦有道應該出來當官、拿政府的錢，不然會很可恥；邦無道應該躲在家裡，保全性命，不然會很可恥。（本章重點：什麼時候該出來做官）

色斯舉矣，翔而後集。曰：「山梁雌雉，時哉時哉！」子路共之，三嗅而作。【鄉黨10·25】

這一章頗爲莫名其妙，有人說「上下必有闕文」（《集注》），有人說「此文前後倒置」（明陳禹謨《譚經苑》引《講錄》），未必。這裡試著解釋一下。

「色斯舉矣，翔而後集」，主語是什麼？一般認爲，「色」是人的臉色，「翔」是鳥在飛翔，這話意思是說，「山梁雌雉」見人類臉色不善要抓牠，就飛走了，但飛了一圈又落下來。

「色」是誰的臉色？孔子的？子路的？還是他們兩個人的？不清楚。這話有點彆扭。如果這裡的「色」是「鳥」字之誤，倒比較合理。

「曰：『山梁雌雉，時哉時哉！』」，「曰」是誰在說話？不清楚。一般認爲，這是孔子的話，他是哀歎人不如鳥。「時哉時哉」，從字面上看更像是子路的話。古書引這兩句，「時哉」或不重複出現。「山梁」，《皇疏》說是山澗上的木橋，但古書也指山脊，這裡可能是指木橋。

「子路共之，三嗅而作」，「共」有兩種理解，一是「共具」（皇本作「供」），即供設之意；二是「拱執」（《藝文類聚》《太平御覽》等引作「拱」），則是拱手之意。漢唐舊注都採用前說。劉寶楠①主後說，今人多從之，恐怕不對。此話到底講什麼？可從《呂氏春秋・審己》來注意，書裡說「故子路揜雉而復釋之」，「揜雉」的「揜」（讀「演」），指張羅設食，復而取之。「三嗅而作」，是說雌雉多次試探，只聞其氣不食其餌，最後不敢吃，拍拍翅膀飛走了。這話和《荀子・禮論》的「三嗅之不食也」是類似說法。

最後，我試著串講一下這段話，它是說：子路（或子路陪孔子）在山裡走，在山澗的木橋上看到一隻母山雞，山雞往上飛，轉了一圈又落下來。子路（或孔子）感歎地說，這隻山雞眞會掌握時機呀。子路張羅，撒下誘餌，但山雞聞了幾遍，仍拍拍翅膀飛走了。這段話是什麼意思，耐人尋味。我猜也許是暗示，孔子想投身政治，一直在尋找時機，但又怕身陷其中，就像曹操說的「繞樹三匝，何枝可依」。如果眞是這樣，這一章又正好位在半部《論語》的結尾，倒有點餘音嫋嫋的味道。（本章重點：山梁雌雉自保之道）

南容三復白圭，孔子以其兄之子妻之。【先進11・6】

「南容」，即南宮适，字子容，這裡是以字稱。孔子把他哥哥的女兒嫁給南容，已見前面【公冶長5・2】。在《論語》中他只出現過三次，三次都是同樣的形象。此人是個謹小慎微的人，愛惜羽毛，唯恐犯錯。孔子喜歡這樣的人。

「三復白圭」，古文本是作「三復白圭之玷」。《詩・大雅・抑》有「白圭之玷，尚可磨也。斯言之玷，不可爲也」，意指南容每天都要把這幾句背上好幾遍，用以告誡自己，說話一定要小心，可見他是個謹小慎微的人。（本章重點：謹小慎微、唯恐犯錯）

憲問恥。子曰：「邦有道，穀；邦無道，穀，恥也。」「克、伐、怨、欲不行焉，可以爲仁矣？」子曰：「可以爲難矣，仁則吾不知也。」【憲問14・1】

國家有道，出來干祿；國家無道，也出來干祿，是可恥的。

「憲」，原憲，字子思，即【雍也6・5】的「原思」，但在那一章是以字稱，這裡是以名稱。前人說，這是原憲自己記錄的話，這不一定。

原憲提了兩個問題，一問恥，二問仁。問恥，孔子的回答是，不問世道好壞，光知道當官拿

① 此為《論語》古注，即《論語正義》（劉寶楠的集解和疏），北京：中華書局，一九九〇年。

俸祿，可恥。孔子的處世之道是：能當官一定要當官，不能當官才退隱。機會不能丟，原則不能丟，老命也不能丟。失節不行，餓死不行，蹲監獄也不行。他認爲，世道好出來做官、拿俸祿，理所當然；世道不好，和當權者合作，也拿俸祿，可恥。他老人家一點都不傻，世道好不好，先得試一試，只要有從政的機會絕不放棄。試過了，感覺不對，也別豁命硬拚，而應不拋頭，不露面，說話小心，把自己保護得好好的。像是謹小慎微的南容，天天背《詩經》的「白圭之玷」，遵從「邦有道，不廢；邦無道，免於刑戮」，孔子就很欣賞，還把自己哥哥的女兒嫁給他。《論語》中，同一類的說法還有——

篤信好學，守死善道。危邦不入，亂邦不居。天下有道則見，無道則隱。邦有道，貧且賤焉，恥也；邦無道，富且貴焉，恥也。（【泰伯8．13】）

邦有道，危言危行；邦無道，危行言孫（遜）。（【憲問14．3】）

邦有道則仕，邦無道則可卷而懷之。（【衛靈公15．7】）

問仁，原憲說克服四大毛病「克、伐、怨、欲」，就可以稱仁了嗎？孔子說，這只能叫難，還不能叫仁。克是好勝，伐是自吹，怨是牢騷，欲是貪心。克服這四大毛病，難，但仍只是不爲不善，並非做到善，所以孔子說還稱不上仁。

我讀此章，對「穀」字最感興趣，知識分子靠什麼吃飯非常重要，這裡順便說幾句。「穀」就是俸祿，後世叫「薪水」（蕭統《陶淵明傳》已有這個詞），現在叫薪資。中國古代在政府當差，付酬都是祿米制，掙的是小米，不是錢。後來才發展爲半錢半穀，但也還是拿米計算。秦漢實行口糧供給制，分廿等爵，發源於軍隊，推廣於文吏。古代士兵，每頓飯的標準分五等：二分之一斗（半食）、三分之一斗（參食）、四分之一斗（四食）、五分之一斗（五食）、六分之一斗（六食）；每天吃兩頓飯，一天頂多吃一斗（《墨子·雜守》）。至於俸祿，也是以斗爲基礎，採月薪制，古人叫「月食」。官吏，最低一級叫「斗食吏」，每天一斗兩升，月俸卅六斗，一年下來還不滿百石。地位高的，月俸從百石起跳，最高可達萬石，他們的俸祿都是用石（衡制單位）來計算；一石二斛，一斛十斗，百石是兩千斗。像是那個當彭澤令、後來不肯爲五斗米折腰的陶淵明。五斗米道，會員費也是五斗米。道友聚在一塊兒，只能請十個人撮一頓，而且還只是光吃飯不吃菜。伯夷、叔齊不食周粟，其實是不當官。體面的人不當官吃什麼？如果沒有積蓄或額外收入、或別人接濟，就只能餓死。

孔子的收入怎麼樣？也是個有趣的問題，我們可以研究一下。我們都知道，當年他到齊國找工作，齊景公曾考慮待之以「季、孟之間」（【微子18·3】），意即要給他一個上卿和下卿之間的官做，但實際上是託辭。孔子在魯國當大司寇，是大夫一級，他的收入是多少，司馬遷在《孔子世家》中有一個說法。據說，孔子見衛靈公，衛靈公向孔子打聽他在魯國掙多少，孔子說「奉粟六萬」，衛國就付他六萬。這「奉粟六萬」是多少？前人猜測，恐怕是六萬斗小米。六萬斗小米大概怎麼換算？按漢代標準，就是三千石。漢代官秩，最高一級是萬石，萬石下面是二千石。這個待遇不低。但這是孔子當官時的待遇，那他不當官時，吃什麼？靠學生的見面禮（三萬條乾肉）？考學生的捐獻（有些人家裡有錢，有些當官有俸祿）？自己當官攢下的錢？官方的資助？不知道。（本章重點：原憲問恥、問仁）

子曰：「邦有道，危言危行；邦無道，危行言孫（遜）。」【憲問14．3】

「危」，從文意看顯然和「孫」（讀遜）相反。包注訓厲，鄭注訓高，朱注則以「危」爲高峻，「孫」爲卑順。一般認爲，「危」是形容言行激烈，「孫」是婉順之意。但《廣雅．釋詁一》將「危」字與「端」「直」「公」「正」等字並列，訓爲「正也」，王念孫《廣雅疏證》卷一上引此，以爲「危」是「正」的意思。我以爲，更準確地說應該是「直」，像【衛靈公15．7】的「邦有道如矢，邦無道如矢」，就是用「矢」來比喻直，而《漢書．賈捐之傳》顏師古注、《後漢書．黨錮傳》李賢注也把「危言」解釋爲直言。

孔子的處世哲學是，人應該以直道事人，但天下有道和無道，作法不一樣。天下有道，可以直言直行；無道，行可以直，但言不可，說話一定要小心謹慎，儘量往回縮。孔子看待亂世的態度很實際，要他同流合汙，與時俯仰，他不肯；但挺身而出，賭氣餓死、蹲大獄，他也不贊成。

（本章重點：亂世要慎言）

子路宿於石門。晨門曰：「奚自？」子路曰：「自孔氏。」曰：「是知其不可而爲之者與（歟）？」【憲問14．38】

「石門」，是指魯城的外門。「晨門」是管早晨開城門的小吏，他對孔子的評語很正確。孔子的一生的確是「知其不可而爲之」，他和隱者不同，隱者是「知其不可而避之」和「知其不可而逃之」。（本章重點：理想不滅）

子曰：「由，知德者鮮矣。」【衛靈公15・4】

孔子跟子路說，懂道德的人太少了。他感到很孤立。（本章重點：同「道」中人少）

子曰：「直哉史魚！邦有道如矢，邦無道如矢。君子哉蘧伯玉！邦有道則仕，邦無道則可卷而懷之。」【衛靈公15・7】

「史魚」，即史鰌，字子魚，《論語》僅見於此。「蘧伯玉」，見【憲問14・25】。

史魚是直，有道無道都直，孔子欣賞，但絕不效法。他更欣賞蘧伯玉，稱之君子。蘧伯玉是有道直，無道曲。這兩個人都是衛國的名臣。他們曾歷事衛獻公、殤公、亡而復入的獻公、襄公、靈公。孔子見過衛靈公，他曾跟季康子數落「衛靈公之無道」（【憲問14・19】）。但靈公以前呢，什麼時候「邦有道」？不知道。孔子的處世哲學是，什麼時候都應當以直道事人，邦有道應該出來做官，邦無道則應退隱。原則要堅持，但命也不能丟。

這段話可能是孔子仕衛期間所講，即前四九五～前四九三年，或前四八八～前四八五年。（本章重點：史魚和蘧伯玉的不同）

子曰：「民之於仁也，甚於水火。水火吾見蹈而死者矣，未見蹈仁而死者也。」【衛靈公15·35】

馬融和朱熹都將此章解釋成，仁和水火一樣，是人民賴以爲生的東西，人跳到水裡會淹死，跳到火裡會燒死，但跳到仁裡不會死人。但我的理解不認爲這是表達人民對仁的依賴甚於水火，而是說人民避仁唯恐不及，有甚於水火。這話表達了孔子的失望。孔子不僅對統治者失望，對老百姓也失望。他的意思是：老百姓對他所講求的「仁」都躲著走，繞著走，如避水火。

人人都說好人好，但在現實生活中人們卻往往避之唯恐不及，誰都不想當好人，這不光是幾千年前的事。（本章重點：孔子對「仁」不行感到失望）

孔子曰：「天下有道，則禮樂征伐自天子出；天下無道，則禮樂征伐自諸侯出。自諸侯出，蓋十世希不失矣；自大夫出，五世希不失矣；陪臣執國命，三世希不失矣。天下有道，則政不在大夫；天下有道，則庶人不議。」【季氏16·2】

整個東周史，是一部禮壞樂崩的歷史。孔子對這一段歷史總體評價是負面的。

「禮樂征伐」，是指對內對外的各種政令；「禮樂」是代表對內的權力，「征伐」是代表對外的權力。這些政令是從天子出，還是諸侯出，還是大夫出，還是由大夫的家臣把持，可以反映出政治權力的下替過程。下替的結果，是「希不失」，即少有不完蛋的。完蛋，要多少時間？

「十世」「五世」「三世」，該怎麼看？這裡可以討論一下。

「十世」，古代所謂「世」，做為世代交替的平均數，是卅年。「十世」是三百年。平王東遷（前七七〇年）到孔子卒（前四七九年）共兩百九十一年，近於這個數字。這裡，「十世」應指周天子，而不是齊、晉、魯等國的諸侯。但平王東遷到孔子卒，歷經了十三個王，似乎多了一點。東周時期，「禮樂征伐自諸侯出」，其實是從齊桓公開始。從齊桓公到孔子卒，這段期間的周王倒正好是十個，即僖、惠、襄、頃、匡、定、簡、靈、景、敬十王，這十個王也許就是孔子所說的「十世」。

「五世」，是指「大夫」，也包括卿，其實是卿大夫，當時各國都有一批出自強族的執政大臣，如齊有高、國、鮑、陳，魯有孟、叔、季三桓，鄭有七穆，晉有六卿等等。但孔子所指是魯國的季氏，即文子、武子、平子、桓子、康子五世。

「三世」，則指「陪臣執國命」，即卿大夫的家臣，如陽貨和公山弗擾。陽貨可能歷事平、桓，武子時已執季氏之政，正好是「三世」。孔子說的「五世」和「三世」都是講魯國國內。

孔子說「天下有道，則庶民不議」，這和現代民主制度正好相反。但從這一章可知，孔子對有道和無道的定義。孔子等於說，他生活的時代是無道的時代。（本章重點：天下無道）

孔子欣賞隱者

《論語》的〈微子〉篇專記隱士，對瞭解孔子很重要，對瞭解後來的道家很重要。孔子對隱士很尊重，但隱士對孔子不禮貌，不但不禮貌，還諷刺挖苦看不起他，爲什麼？原因是，他是「知其不可而爲之」【憲問14．38】，隱士是「知其不可而不爲之」。孔子說「天下有道則見，無道則隱」【泰伯8．13】，他所處的時代，按他的定義當然是無道，但他不肯隱，還是要試，隱士覺得他這是自討沒趣。

仲弓問子桑伯子。子曰：「可也，簡。」仲弓曰：「居敬而行簡，以臨其民，不亦可乎？居簡而行簡，無乃大（太）簡乎？」子曰：「雍之言然。」【雍也6．2】

「子桑伯子」，猶「子墨子」，「子」是尊稱，這種稱呼並非先字（子桑）後名（伯）。鄭玄說，此人是秦大夫子桑（即公孫枝），但時間不合，名字的形式也不對。清代學者考證，他就是《莊子》中的「子桑雽」（〈山木〉）或「桑戶」（〈大宗師〉），《楚辭．九章．涉江》的「桑扈」。〈大宗師〉說桑戶與孟之反、琴張爲友，〈涉江〉也以桑扈與接輿並舉，可見此人約與孔子同時，是古代的一位隱者，和接輿是同一類人，思想類似後來的道家。

孔子對子桑伯子的批評，只有一個字，就是「簡」。他講的簡，不是一般的簡，而是太簡，已經很簡還要簡，爲簡而簡，失去了「禮」應包含的「敬」。《皇疏》引虞喜說，以《說苑》爲解；《說苑．修文》有個故事：孔子見伯子（即這裡的「子桑伯子」），此人光著膀子待在家裡。孔子的弟子不高興，問孔子爲什麼要見這個「簡」到連衣服都不穿的傢伙。孔子說，我欣賞伯子的樸實無華，即他的「質」，見他，是想讓他變得「文」一點。孔子走後，伯子的弟子也不高興，問老師爲什麼要見這個酸文假醋的傢伙。伯子說，我看他的「質」還不錯，可惜「文」多了點，見他，是爲了去掉他的「文」。可見伯子是個討厭繁文縟節、追求返璞歸眞的人。劉向則說，伯子「太簡」，流於「易野」，「欲同人道於牛馬」，正可做爲此章的注腳。（本章重點：子桑伯子，禮太簡化）

冉有曰：「夫子爲衛君乎？」子貢曰：「諾，吾將問之。」入，曰：「伯夷、叔齊何人也？」曰：「古之賢人也。」曰：「怨乎？」曰：「求仁而得仁，又何怨？」出，曰：「夫子不爲也。」【述而7．15】

這是前四九二年，衛靈公卒，衛出公即位，孔子離開衛國前的對話。冉有、子貢，都以字稱。冉有擔任季氏宰應在此之後。

冉有問「夫子爲衛君乎」，「衛君」是衛出公，「爲」是幫助的意思。子貢說，好，我來問老師。但他問孔子，不是直接問，而是用伯夷、叔齊的故事試探，看他老人家是不是還想留在衛國。伯夷、叔齊是古代最有名的不合作主義者。他們志堅意決，我們比不了。我們都是俗人，免不了爲「稻粱謀」。龔自珍《詠史》：「避席畏聞文字獄，著書都爲稻粱謀。」子貢於是問，伯夷、叔齊是什麼樣的人？孔子說，他們是古代的賢人。子貢又問，他們有怨言嗎？孔子說，他們是求仁得仁，有什麼可怨？子貢聽了也就知道了，孔子沒有留意。後來，他們也就眞的離開了衛國。

孔子說的聖人都是有位子、有權力可安世濟民的人，仁人則不一定，像伯夷、叔齊就是仁人的代表。（本章重點：無道，此地不留人）

子曰：「賢者辟（避）世，其次辟（避）地，其次辟（避）色，其次辟（避）言。」子曰：「作者七人矣。」【憲問14・37】

「辟」同避。孔子主張，天下無道，要知「四避」——

「辟世」，是避亂世，世是時代、時間，誰也躲不過，這條最難，若一定要避只能自殺。鄭玄注說，伯夷、叔齊、虞仲是避世者。

「辟地」，是避危地，孔子說「危邦不入，亂邦不居」，最好躲在一個比較安全的地方。鄭玄注說，荷篠、長沮、桀溺是避地者。

「辟色」，是避不好的臉色。鄭玄注說，柳下惠、少連是避色者。

「避言」，是避惡言。鄭玄注說，荷蕢、楚狂接輿是避言者。避色和避言，其實是避人（避壞人）。亂世，壞人很多。

「作者七人」，應該是帶頭四避的人。鄭玄注說是前面提到的這十人，「七人」是「十人」之誤（《邢疏》引）。包咸注說是長沮、桀溺、丈人、石門、荷蕢、儀封人、楚狂接輿（《集解》引）。王弼注說是伯夷、叔齊、虞仲、夷逸、朱張、柳下惠、少連（《皇疏》引）。這些都是猜測。相比之下，王弼注更合理一點。第一，他舉七個人，不改字；第二，他舉的七個人，好像都是孔子之前的人，說是「作者」比較合適。鄭玄注，人太多了，改字不好。包咸注，這些全是孔子碰到的人，不是最早的人。

讀《論語》，我們要注意，孔子重視的人，除了政界要人，古昔聖賢，還有不少是怪人。這些人在《莊子》當中有不少，有些是古代的怪人，有些是當代的怪人。當代的怪人，淨跟孔子抬槓，孔子不急也不惱，因爲他知道，怪人不是壞人，壞人多在權位上。底下是怪人名單——

古異見者（持不同政見者），如殷代的三大仁人：微子、箕子、比干；周代的兩大仁人：伯夷、叔齊。伯夷、叔齊，「恥食周粟」，俸祿不要且不說，連命都不要了。古人講道德高尚，冰清玉潔，他倆是代表。

古逸民（前朝的遺老遺少，或辭官不做、從官位上逃跑的人），如伯夷、叔齊、虞仲、夷逸、朱張、柳下惠、少連，以及【微子18．9】的大師摯等八人，也應歸入這一類。

古隱者（隱逸山林，躬耕壟畝者），見於《論語》主要是四個人：楚狂接輿、長沮、桀溺、荷蓧丈人，還有個荷蕢者，古人說他也是個避世的賢人或隱者。

古狂士。一是楚國的子桑伯子，經常光著臂膀；二是孔子的熟人故友原壤，也是放浪形骸，不拘禮節。

還有儀封人、石門晨門。這兩個人，都是小官，不是上面的哪一種，但古人老是把他們兩位擺上。

這一干人全是古代的怪人，主動邊緣化，主動疏離主流社會。但孔子碰到的隱者對孔子全是冷嘲熱諷，孔子對他們卻敬佩之極。孔子知道，在他所處的世界，這些人才是清，他們看不起的人才是濁。他想跟他們談話，都被拒絕了，因爲他奔走呼號的勸說對象，在他們看來都是十足的壞蛋，幹什麼費那麼大功夫？何苦來哉！孔子站在清濁二道之間，舉目無親，彷徨無地。愛清，卻不肯厝身於清；恨濁，又不能忘情於濁，好像〈夜奔〉的林沖，「專心投水滸，回首望天朝」。（本章重點：明哲保身四道理）

孔子曰：「見善如不及，見不善如探湯，吾見其人矣，吾聞其語矣。隱居以求其志，行義以達其道，吾聞其語矣，未見其人也。」【季氏16．11】

這是孔子對隱者的批評。

「見善如不及，見不善如探湯」，意思是看見好的唯恐趕不上，看見不好的，就像害怕把手放進滾水中似的。這是形容隱者潔身自好，愛惜羽毛。孔子說，這種人我見過，話也聽過，沒什麼了不起。

「隱居以求其志，行義以達其道」，這才是孔子贊成的作法，意即在隱居之中堅持高潔信念，盡一切可能推行自己的主張。他說，這種話我聽過，人沒見過，大家說說容易要做難，沒人眞會這麼做。

孔子的特色重在參與。他對自己當代的政治，不滿歸不滿，卻絕不放棄從政的機會。他批評魯侯，批評季氏，批評陽貨，但還是想應他們的召出來做官。國內不行去國外，自己不行就派學生。像是仲由、冉雍、冉求到季氏那裡做官，就是他派去臥底，希望透過他們影響季氏，改變季氏。陽貨和公山弗擾，按照孔子的標準是壞蛋中的壞蛋，但他們打招呼，孔子也動心。他派學生去做官是想打入敵人心臟，感化敵人，但效果不彰，被改造的反而是儒門自己，小蝦米對大鯨魚。（本章重點：孔子對隱者的批評）

齊景公有馬千駟，死之日，民無德（得）而稱焉。伯夷、叔齊餓于首陽之下，民到於今稱之。其斯之謂與（歟）？【季氏16・12】

「齊景公有馬千駟」，齊國是大國，屬於「千乘之國」，戰車多，馬自然多。

「民無德（得）而稱焉」的「德」，同【泰伯8・1】的「民無得而稱焉」，是說老百姓不知該用什麼話去形容。

「伯夷、叔齊」，是孤竹國國君的兩個兒子。周滅殷後，他倆恥食周粟，採薇充饑，餓死在首陽山下。「首陽」，舊有蒲阪說、岐山西北說、隴西說、遼西說、偃師說。其中應以蒲阪說較有來歷。首陽山，在今山西永濟縣西南的蒲州鎮，也叫雷首山、首山，漢代設有首山宮。舊說伯夷、叔齊不食周粟，逃隱首陽山下，靠吃野豌豆活命。有個女人說，你們不食周粟，但地上的一草一木不也是周朝的嗎，他們便賭氣，連野豌豆也不吃，最後餓死了（譙周《古史考》）。

後人同情的經常是倒楣鬼，越是含冤抱恨，越有美感。（本章重點：誰會被世人懷念）

微子去之，箕子為之奴，比干諫而死。孔子曰：「殷有三仁焉。」【微子18．1】

「微子」，封於微，名啓，是商王紂的庶兄。「箕子」，商王紂的叔叔。「比干」，也是商王紂的叔叔。他們都是商王紂的親屬，即所謂同姓之臣，但不贊同商王紂的暴政，均採取不合作主義。他們的作法不一樣，微子是逃而去之，箕子是佯狂避世，比干是強諫而死。孔子對他們皆表理解、尊重和讚賞。

「仁」是孔子給予的最高道德評價，絕不輕易許人。孔子稱他們為「殷有三仁」，可見評價極高。這三個人以比干最勇敢，按宋以來的道德標準，最有氣節，但力不足以諫之，被紂剖心而死，下場最慘。前人曾爭論，微子逃跑，箕子佯狂，算不算有氣節？尤其是微子，逃跑算什麼英雄，爭論更大。可是這裡的麻煩是，孔子他老人家已經說這三個人都很好，怎麼辦？大家只好拐彎抹角說，微子身為大哥，有保存宗祀的大任，不能死，也不能留，逃跑是對的；比干死，微子去，箕子不去父母之邦，寧可佯狂，忍辱負重，「仁兼先後，得聖人之中焉」，更難能可貴（唐韓愈、李翺《論語筆解》，清李中孚《四書反身錄》）。

其實我們讀這段話，完全不必拿宋人所理解的道德當標準，以為只有投繯赴水、一死了之，才算完人。《四書反身錄》書中曾辯論過這樣的問題：「後世德非微子，固不可以俛首異姓，若德如微子，便可藉口宗祀，俛首異姓乎？」答案是，如果碰不上武王這樣的明君聖主，還是死了好。要知道，孔子的處世態度和隱逸之民有個共同點，那就是他並不主張毫無意義的抵抗。微子、箕子的態度其實就是隱逸之民的態度，孔子對他們的不合作主義和不抵抗主義完全贊同。

無道之世怎麼辦？有兵法和道德的矛盾。兵法有戰、和、降、走，做何選擇要看實力對比。《孫子·謀攻》說「敵則能戰之，少則能逃之，不若則能避之」，就是講實力對比：實力相當可以一戰，實力懸殊只能逃跑，實力不如只能躲避。比干是戰，箕子是避（佯狂避難），微子是逃，他們都不選擇和或降，不和不降，是不合作主義。前人說，要論道德，比干最高，值得旌表；但箕子、微子，折衷道德和兵法，也算不降其志，不辱其身；只要不合作，就是好模範。

孔子的一生是「知其不可而爲之」，半合作，半不合作。戰、走、避、和、降。戰是一端，降是一端，中間狀態是走、避、和。孔子的態度是遊移於走、避、和之間。他和隱逸之民的共同點是不合作主義和不抵抗主義，不同點是他仍不死心，一直想用自己的理想打動人主，奔走呼號——這其實是欲走不走，欲避不避，欲和不和，走來走去，走投無路，四處碰壁，好像喪家狗。隱逸，隱是躲，逸是逃，這是中左。孔子似躲不躲，似逃不逃，似和不和，屬於中右。

《論語》一書裡，「仁」或用爲「人」，這裡的「三仁」，是讀如本字。若讀爲「三人」，等於廢話。三仁之序，古書引用或不同，誰先誰後不必爭，因爲孔子的敍述是並列關係。（本章重點：殷有三位仁人）

柳下惠爲士師，三黜。人曰：「子未可以去乎？」曰：「直道而事人，焉往而不三黜？枉道而事人，何必去父母之邦？」【微子18·2】

這裡是講「留」。前一章說過，逃跑是不合作的一種辦法。如果不逃跑，就只能留下來，留下來，難免受委屈。

「柳下惠」，見【衛靈公15．14】，其官職是士師，士師管貴族獄訟。

柳下惠擔任士師，太講原則，得罪過不少人，三次遭罷免。有人勸他，你難道不能離開魯國，到別的國家去嗎？他說，如果我講原則，堅持以直道待人，跑到哪兒不遭罷免？如果我不講原則，左右逢源，爲人圓滑，待在這兒也舒舒服服，又何必非離開自己的祖國？

柳下惠反對逃跑，寧可留在自己的祖國受委屈，道德很高尙。這也是古逸民的一種。孔子佩服他，但不肯效法。孔子自己在魯國不得意，曾周遊列國，周遊列國就是「去父母之邦」。春秋戰國，士的流動性很強，祖國的概念被撕得粉碎，但越是人世飄萍，舉目無親，越容易引動鄉愁。今天和古代一樣。僑居法國的盛成先生以法語寫了《我的母親》，在法國文學界引起很大的反響，和巴金一起獲法國榮譽軍團勛章。他一輩子待在外國，最後以垂老之年回到祖國，一進國門，熱淚千行。錢鍾書負笈海外，回國後從未踏出國門一步。楊絳說，他們不反對學習外國，但也「不去父母之邦」。「不去父母之邦」，算不上什麼丟臉的事。

現在有些人總是喜歡亂罵民族主義。西語的民族主義是國家主義，和漢語的意思不完全一樣。民族主義有很多種。國家至上，到處欺負人的帝國主義，當然要反對；弱小國家遭人欺凌侮辱，不得不強化其國家，自強自衛，當然要同情。但我們不能因此稱前者是國際主義，稱後者是民族主義，然後用大國沙文主義反對小國沙文主義。

熱愛自己的故土，熱愛自己的同胞，熱愛自己的文化，熱愛自己的生活習慣，是人類共通的感情。我喜歡吃中國飯，說中國話，和中國人待在一塊兒，享受中國文化，自娛自樂，誰的氣也不受，也不欺負人，哪一樣都無可指責。（本章重點：愛故鄉的心）

楚狂接輿歌而過孔子，曰：「鳳兮鳳兮，何德之衰！往者不可諫，來者猶可追。已而已而！今之從政者殆而！」孔子下，欲與之言。趨而辟（避）之，不得與之言。【微子18・5】

瘋子往往被排斥在正常社會之外，佯狂也是一種避世之法。

「接輿」，是楚國有名的狂人，很多古書都提到他。古代佯狂，有把身體塗上漆、假裝痲瘋病患的，也有披頭散髮或把頭髮剃光像犯人的；據說，接輿就是這種形象（《戰國策・秦策三》《楚辭・九歌》）。

接輿也見於《莊子》的〈逍遙遊〉和〈人間世〉，後者作「孔子適楚，楚狂接輿遊其門曰：『鳳兮鳳兮，何如德之衰也！來世不可待，往世不可追也。天下有道，聖人成焉；天下無道，聖人生焉。方今之時，僅免刑焉。福輕乎羽，莫之知載；禍重乎地，莫之知避。已乎已乎，臨人以德！殆乎殆乎，畫地而趨！迷陽迷陽，無傷吾行！吾行曲，無傷吾足』」。歌詞比這裡更詳細。

「鳳兮鳳兮」，鳳鳥見，是古代的祥瑞。孔注說，接輿「比孔子以鳳鳥」，是因爲「鳳鳥待聖君乃見」。接輿認爲當時的政治已壞到極點，無可救藥。他說，你孔丘怎麼這樣丟人現眼！過去的錯就隨它去吧；將來的事還來得及。算了吧，算了吧！現在的從政者都很危險，你還理他們做什麼？這類隱者對時政的批判，孔子很欣賞。照理說，他們應該有共同語言，但他想和接輿談話，接輿卻不想和他說話，扭頭就走。

〈人間世〉說孔子是在楚國見到這位狂人。如此說可靠，則事在前四八九年。李白的〈廬山謠寄盧侍御虛舟〉提到「我本楚狂人，鳳歌笑孔丘」，李白是有名的大詩人，居然以接輿自況，甚至對孔子直呼其名；「鳳歌」就是指接輿的歌。（本章重點：裝瘋賣傻的接輿）

長沮、桀溺耦而耕，孔子過之，使子路問津焉。長沮曰：「夫執輿者爲誰？」子路曰：「爲孔丘。」曰：「是魯孔丘與（歟）？」曰：「是也。」曰：「是知津矣。」問於桀溺。桀溺曰：「子爲誰？」曰：「爲仲由。」曰：「是魯孔丘之徒與（歟）？」對曰：「然。」曰：「滔滔者，天下皆是也，而誰以易之？且而（爾）與其從辟（避）人之士也，豈若從辟（避）世之士哉？」耰而不輟。子路行以告。夫子憮然曰：「鳥獸不可與同群，吾非斯人之徒與而誰與？天下有道，丘不與易也。」【微子18．6】

隱者避世總要吃飯，不吃飯，下場就像伯夷、叔齊，所以他們往往躬耕於壟畝。「長沮」「桀溺」就是這樣的隱者。

「耦耕」，是一種兩人並耜而耕的耕作方法。

「執輿」，即執轡（拉馬的韁繩）而駕。

「滔滔」，今本如此，鄭玄本作「悠悠」。

「耰」，是一種農具，耕種之後覆土蓋種。

「憮然」的「憮」，是悵然若失之意。

「斯人之徒」的「徒」是類屬之意，如《老子》第五十章「出生入死。生之徒十有三，死之徒十有三，而民生生，動皆之死地十有三」，銀雀山漢簡《奇正》「故有形之徒，莫不可名；有名之徒，莫不可勝」，其中的「徒」都是這個意思。

這一章的故事是，長沮和桀溺在田裡耕地，附近有條大河。孔子從這兒經過，想渡河。他停下馬車，派子路向他們打聽渡口在哪兒。長沮說，那個執轡而駕的人是誰？子路說：是孔丘。子路對孔子直呼其名，其實當時向長者介紹他人，的確可以這麼叫。長沮說：你是說那個魯孔丘嗎？子路說：是。長沮說：那他應該知道渡口在哪裡。他是話裡有話，意思是說，孔丘不是有名的聰明人嗎？應該知道天下的出路在哪裡，何必來問我？他是以「津」指天下的出路。子路沒趣，只好再問桀溺。桀溺問：你是誰？他說：我是仲由（自稱其名）。桀溺問：就是孔丘的徒弟嗎？他說：是。桀溺指著旁邊的河流說：現在舉世滔滔，就像這寬闊的河面，有誰能改變它？你與其跟著「避人之士」跑，還不如跟著「避世之士」跑。說完，只顧埋頭覆土蓋種，不再搭理子路。

桀溺說的「避人之士」，只是拒絕和壞人合作，孔子就是這樣的人。「避世之士」則是根本棄絕人世，桀溺和長沮就是這樣的人，他們希望有更多人加入他們的隊伍，一起抵制這舉世滔滔的世界。子路回來後，把聽到的話告訴孔子，孔子感到很失落，悵然久之。他說，我總不能像他們遁跡山林，與鳥獸為伍吧？我不跟人在一起，要跟什麼樣的族類一起呢？如果天下有道，我又何必非要改變它呢？

孔子觀點是，天下越亂才越要參與。（本章重點：長沮、桀溺）

逸民：伯夷、叔齊、虞仲、夷逸、朱張、柳下惠、少連。子曰：「不降其志，不辱其身，伯夷、叔齊與（歟）！」謂「柳下惠、少連，降志辱身矣。言中倫，行中慮，其斯而已矣。」謂「虞仲、夷逸，隱居放言，身中清，廢中權。我則異於是，無可無不可。」【微子18．8】

「逸民」，是隱逸山林、不肯出仕做官的人，不少人是前朝的遺老遺少。古人說「不事王侯，高尚其事」（《易．蠱》）、「志意修則驕富貴，道義重則輕王侯」（《荀子．修身》），就是這類人的特點。

「隱居放言」的「放言」，是廢棄言論的意思。這裡的七個人，都是古代最有名的「逸民」。

「伯夷、叔齊」，即孤竹君的兩個兒子。武王克商後，他們都不合作，拒食周粟，靠吃野豌豆充饑，結果餓死在首陽山下。《史記》有《伯夷叔齊列傳》，位居七十列傳之首，是人品中的最頂級。《後漢書》始有《逸民傳》，《晉書》以下則稱《隱逸傳》，就是專門為這類人立傳。

「虞仲、夷逸」，虞仲是吳仲雍之後，虞國的始封之君。虞從吳，字與吳通。《史記．吳太伯世家》說太伯、仲雍二人知太王欲立季歷與昌，乃奔荊蠻，自號句吳。太伯先立，為句吳之君，「太伯卒，弟仲雍立，是爲吳仲雍。仲雍卒，子季簡立。季簡卒，子叔達立。叔達卒，子周章立。是時周武王克殷，求太伯、仲雍之後，得周章。周章已君吳，乃封周章弟虞仲于周之北故夏虛，是爲虞仲，列爲諸侯」。可見虞仲是武王訪求而得，才舉爲虞君，自屬「逸民」；夷逸見《尸子》，事蹟不詳。

「朱張」，《釋文》引王弼注，謂「朱張字子弓，荀卿以比孔子」。

「柳下惠、少連」，柳下惠可見【微子18．2】【衛靈公15．14】，他在《論語》中一共出現過三次；「少連」見於《禮記．雜記》，據說是「東夷之子」，孔子說他善居喪。

孔子對這七個人的評價是：伯夷、叔齊爲一類，徹底不合作，既不屈服，也有尊嚴，最高尚；柳下惠、少連爲一類，不肯走，也不肯死，只好受委屈，但言行於節無虧，也值得稱道；虞仲、夷逸隱居山林，什麼話也不講，立身清白，也合乎策略。朱張，他沒講原因是什麼，前人有很多猜測，但不一定可靠。但孔子自己的態度和這些隱士不一樣，他是「無可無不可」，既不合作，也不拒絕出來做事。（本章重點：最好的逸民）

> 大師摯適齊，亞飯干適楚，三飯繚適蔡，四飯缺適秦，鼓方叔入於河，播鼗武入於漢，少師陽、擊磬襄入於海。【微子18．9】

「大師摯」，即【泰伯8．15】的「師摯」；「擊磬襄」，即《孔子家語．辨樂》中的「師襄子」。《辨樂》說：「孔子學琴於師襄子，襄子曰：『吾雖以擊磬爲官，然能於琴。』」孔子學琴學磬，就是以師襄爲老師。程樹德推斷，這批樂官是孔子同時代的人，很有道理。

「鼗」，是一種手搖的撥浪鼓。

這裡講的八個人，是什麼時期、哪個國家的樂官，前人有各種猜測。前面提到，大師摯就是師摯，擊磬襄就是師襄子。如果這兩人是魯樂官，那麼其他人也是。「大師」是八人之長，其他七人都是他的屬官。樂官卻以「飯」稱，原因何在？原來，古代天子、諸侯吃飯時要有樂隊伺候。古人吃飯，老百姓只吃兩頓，天子比較講究，一天吃四頓，每頓都有樂官奏樂，爲吃飯增添氣氛。現在，歐美各國的豪華大宴上也經常有樂隊伴奏。「鼓」是擊鼓的樂官，「播鼗」是擊鞀的樂官，「少師」是大師之佐，「擊磬」是擊磬的樂官。官職後面跟著的都是樂官的私名。

當時，不僅禮壞，而且樂崩，這些樂官四散逃跑，有到齊國的，有到楚國的，有到蔡國的，有到秦國的，有到黃河流域的，有到長江流域的，有到海邊的。古人說，周道既衰，疇人星散，這批樂官也屬逸民的範疇。（本章重點：樂官也逃跑了）

周有八士：伯達、伯适、仲突、仲忽、叔夜、叔夏、季隨、季騧。【微子18・11】

這個名單上的八個人，都是殷遺民。

「伯适」的「适」，「季騧」的「騧」，都讀「瓜」。

「周有八士」，《國語・晉語四》說周文王「詢於八虞，而諮以二虢」，韋昭注引賈、唐說，謂「八虞」就是這裡的「八士」，皆在虞官。《逸周書》的〈和寤〉〈武寤〉說武王克商，有「尹氏八士」，前人認爲「尹氏八士」也是指這八個人。

這裡的「伯達」「仲突」，前人認爲就是《逸周書・克殷》的「南公百達」和「南宮忽」；「伯适」，前人認爲就是《墨子・尚賢》《尚書大傳》卷一，以及《史記・周本紀》等古書中的「南宮括」或「南宮适」。【泰伯8・20】提到「武王曰『予有亂臣十人』」，據馬融注和鄭玄注，其中也有南宮适。這些人都是周初的名臣，尤其是南宮适。

這八個人，兩個伯字輩，兩個仲字輩，兩個叔字輩，兩個季字輩，如果說他們是出於兩支，分別有伯、仲、叔、季各二，還可理解，但包注卻說，他們是四對雙胞胎（說本《春秋繁露・郊祭》），完全不可信。

以尹氏八士稱之，一種可能是作冊尹氏，爲史官之長；一種可能是周世族，即西周金文中的姞姓尹氏（如尹叔鼎）。南宮氏，是以所居宮室爲名，西周銅器中的盂鼎就出於南宮氏。有學者認爲，南宮氏是姬姓。（本章重點：周有八士）

第④講 干祿

魯定公問孔子，據說只要一段話就足以使國家毀滅（一言而可以喪邦），有這種事嗎？孔子說，若非要這麼談，那麼「我當國君沒有其他樂趣，最大樂趣就是我說的話沒人敢違抗」就是了。如果國君說得對，沒人敢違抗，不也很好嗎？但如果說得不對，也沒人敢違抗，這不就等著滅亡嗎？

孔子對干祿的看法

綜論

孔子是個熱中政治的人。他之所以培養學生，目標很明確，就是讓他們找官做、有干祿，藉由做官實現自己的政治主張。在《論語》中，當官叫「從政」，實行政治主張叫「為政」。

關於從政。文革批孔，批「讀書做官」論，倒並不冤枉。孔子認為，種地只會餓肚子，當官才能脫貧致富，學習就是為了干祿（當然，前提是國家有道的局面），如果學了半天，沒官做，是終生遺憾。孔子說美玉應待價而沽，他自己可不想當匏瓜，無不在表達這類想法。他在民間混過，多能鄙事，但看不起這類本事，尤其是種地。他嚮往的是貴族生活，不是武士精神和打打殺殺，而是前人留下來的古代文化、古老道德和君子風度。對他說來，文德重於武功。

關於為政。他主張以德治國，以家治天下，以小道理管大道理。孝道，以及從孝道發展出的倫常綱紀，是他施政的基礎。他的施政綱領是「君君、臣臣、父父、子子」。他對農戰不感興趣，和戰國的法家相反，但主張愚民這一點則同。要知道，孔子辦學並非為了開啟民智，而是想培養一批苦孩子，讓他們繩繼貴族文化。

從政：讀書為了做官

《論語》曾提到子張學干祿（【爲政2．18】）、子使漆彫開仕（【公冶長5．6】）。孔子派學生當官，除了子路、仲弓、冉求和子貢，還有很多人。

子曰：「道（導）千乘之國，敬事而信，節用而愛人，使民以時。」【學而1．5】

「道」，領導也。

「千乘之國」，是大國。春秋時代的大國，一般都有上千輛戰車，魯國不太大，但也是「千乘之國」。「國」，是避漢高祖諱改字，本來應作「邦」。

「敬事」，猶今語敬業，是恪盡職守之意。東周以來，大家特別愛講這兩個字。古書中的「人」和「民」，含義接近，但有區別。楊伯峻、趙紀彬①說，古書中的「人」有廣狹二義，廣義的「人」指一切人，狹義的「人」只指士大夫以上各階層的人，「民」指下層大眾，也叫「百姓」。最後兩句，「愛人」與「使民」相對，「愛人」的「人」是用狹義。看來，孔子講節約，是心疼有錢有勢有身分的人。沒有身分的人，僅使喚之時要掌握好季節節令。（本章重點：如何治大國）

① 即：趙紀彬，《論語新探》，北京：人民出版社，一九七六年。此為《論語》的考證類書籍。

子張學干祿。子曰：「多聞闕疑，愼言其餘，則寡尤；多見闕殆，愼行其餘，則寡悔。言寡尤，行寡悔，祿在其中矣。」【爲政2．18】

「子張學干祿」的「子張」，是顓孫師的字，他是孔門第三期的學生。孔門十哲無子張，但古人卻說他是孔子「四友」之一，「自吾得師也，前有光，後有輝」，和顏回、仲由、端木賜並稱（《尚書大傳．殷傳》）。「干祿」，是謀求官職，掙俸祿。子張性格外向，爲人豪爽，是個小子路，但這種性格和官場不合。他向孔子請教吃官飯，孔子勸他愼言愼行，多看多聽，少做少說，說話做事都要留有餘地。這是針對子張的性格而提撥，要他別冒冒失失。現在在官場上打滾，孔子的話也靈，可惜他老人家自己倒沒能混出什麼名堂。

「多聞闕疑，愼言其餘，則寡尤」的「闕疑」是留下疑問，「尤」是過失。

「多見闕殆，愼行其餘，則寡悔」的「闕殆」是留下困惑，「悔」是後悔。【爲政2．17】的「知之爲知之，不知爲不知」，就是這裡的「多聞闕疑，愼言其餘」和「多見闕殆，愼行其餘」。孔子在【子路13．3】裡罵子路，也是說「君子於其所不知，蓋闕如也」。

有趣的是，孔子教學生拿干祿的辦法，後來也被當做治學方法。王國維替容庚的《金文編》作序，說古文字考釋，用的就是孔氏「多聞闕疑」之法。宋明講義理，動言錯簡，妄改古書，有思而不學、思之過甚的毛病。清學矯之，提倡闕疑，非常必要，但矯枉過正，也有學而不思、過於保守的一面。過去，容庚先生說銅器眞僞或在疑似之間，一時半刻分不清，最好保留，因爲假的東西被當做眞的東西留下來，以後還可容疑，但如果把眞的東西當假的東西淘汰，要再往回找可就麻煩了。但清以來的辨僞，卻是繼承宋學，目的只在廢書不讀，反而缺乏闕疑存異的精神。這個道理，對輯佚也適用，這是學風的一種。另一種是強調思考、假設和推測，如郭沫若，他提到古人的另一種說法，「思之思之，又重思之，思之而不通，鬼神將通之」（《管子・內業》）。然而，「思、學」都有明白和糊塗之分，可能通神，可能見鬼。有人說，越是不知道，才越要想，不能丟在一邊不管，這也有一定的道理。（本章重點：做學問、行事保留空間）

子使漆彫開仕。對曰：「吾斯之未能信。」子說（悅）。【公冶長5・6】

「漆彫開」，是以漆彫爲氏，名啓，字子開，是孔門第一期的學生。「彫」同雕，指在漆器上刻畫。戰國齊陶文有「桼（漆）彫里」，是製作漆器的工匠聚居的里名。此人是魯人，魯國也有這類居住區。孔門弟子中，以漆雕爲氏的，還有漆雕哆和漆雕徒父，也是魯人，當與之同里。古代的製造業經常使用罪犯，此人受過刑，是殘障人士（《墨子・非儒下》）。

孔門弟子裡有手工業者、罪犯和殘障人士。古代歧視工商，工商不能做官，孔子讓漆彫開做官，比較値得注意。漆彫開說「吾斯之未能信」，大概仍有自卑感，信心不足，孔子覺得他謙虛自抑，很高興。（本章重點：匠人做官去）

子曰：「雍也可使南面。」【雍也6・1】

冉雍是政事之材，也是道德先生。這裡是誇他有人君氣度。

「南面」，是所謂「人君聽治之位」。古代人君臨朝，一般都是端坐在宮室正北的廟堂之上，臉朝南；臣民朝見，則立於堂下的中庭，臉朝北。帝王御下，叫「南面之術」。臣事於君，叫「北面事之」。古代官長治民也是如此。阜陽雙古堆出土的西漢式盤，其中的九宮盤，天盤把「君」標在北面，「相」標在東面，「將」標在西面，「百姓」標在「南面」，就是按照這種理解排列。

前人對「雍也可使南面」有三種解釋，一說其才可任天子（劉向），一說其才可任諸侯（包咸、鄭玄），一說其才可任卿大夫（後世儒者）。一般都認爲，這是孔子誇冉雍有人君氣度和治世之才。但孔子的政治抱負在當時仍是待價而沽，不像堯、舜端坐在人君之位。孔子把兩者分得很清楚，有德有才也有位，可以兼濟天下，才叫「聖人」；只有德才沒有位，撐死了也就是個「仁人」。（本章重點：冉雍有人君氣度）

子謂仲弓，曰：「犁牛之子騂且角，雖欲勿用，山川其舍諸？」【雍也6·6】

「子謂仲弓曰」，有兩種斷句，兩種理解。一種斷句是「子謂仲弓曰」如何如何，下面是孔子講給仲弓聽的話；一種是「子謂仲弓，曰」如何如何，下面是孔子評論仲弓的話。第二種斷句更好。

「犁牛之子騂且角」的「犁牛」，是指黑色的牛或耕地的牛，《集解》說是「雜文」的牛，總之是比較難看、也比較普通的牛；「騂且角」的「騂」是紅色，本指馬是紅色的，但實際用法比較彈性，指牛也可以。這裡是說，犁牛的皮毛是紅色的，角很端正。古人認爲，這樣的牛，做犧牲最好。

「用」，祭祀術語，指殺牲爲祭，包括殺人牲。

「諸」，相當「之乎」，這樣的例子在《論語》中很多。

這段話是說，普通的母牛也可以產下高貴的牛犢，就算祭祀的人不肯拿牠當犧牲，山川會棄而不用嗎？這和血統論，和「龍生龍，鳳生鳳，老鼠的兒子會打洞」，正好相反。前人講這段話或以爲是評論仲弓（即冉雍），他們說冉耕字伯牛，便說這裡的「犁牛」是喻冉耕，仲弓是冉耕的兒子，即「犁牛之子」。但司馬遷只說仲弓是「伯牛之宗族」，沒說他就是伯牛之子。這種解釋不一定可靠。我理解，它是孔子評論仲弓的話，即採取第二種斷句更好，但含義是說，仲弓雖出身貧賤，卻是難得的人才；他是個窮孩子，這一點沒錯。

這話也許跟孔子派冉雍接替仲由任季氏宰有關。孔子派出任季氏宰的學生包括仲由、冉雍和冉求，仲由和冉求都挨過孔子罵，罵他們阻止不了季氏做壞事；只有冉雍，一共在《論語》中出現過七次，全是誇。他有政治才能，但被列入德行科。德行科的學生，都是符合孔子道德標準的人；像冉雍不愛說話，就是擁有好德行的標誌之一，他在孔門弟子中是德才兼備的典型。（本章重點：仲弓是可用之材）

子游爲武城宰。子曰：「女（汝）得人焉耳乎？」曰：「有澹臺滅明者，行不由徑，非公事，未嘗至於偃之室也。」【雍也6·14】

「武城」，是魯國的公邑，在今山東費縣東南。子游爲武城宰，當在孔子晚年，可參看【陽貨17·4】。

「澹臺滅明」，澹臺是複姓，字子羽，據說是個相貌醜陋的人。他是子游任武城宰時所發現的人才，是孔子最晚的學生，後來到楚國發展，有弟子三百人。孔子死後，他非常有名。

「行不由徑」的「徑」是旁行的小路。《老子》第五十三章：「大道甚夷，民甚好徑。」《周禮·秋官》有野廬氏「掌道禁」「禁野之橫行徑踰者」。

此章是講，子游爲武城宰，孔子問他，你發現什麼人才了嗎？子游說，我發現了一個叫澹臺滅明的人，是個人才。他的特點是走路走大路，不抄小道；對待子游，非有公事不去拜見，可見是個規規矩矩的人。（本章重點：子游發現的人才）

子曰：「三年學，不至於穀，不易得也。」【泰伯8·12】

「三年學」，《周禮》有「三年大比」之說（〈小司徒〉〈鄉大夫〉等），每三年要大考州里一次，選賢舉能。後世稱「鄉試」爲大比。

「不至於穀」，孔注訓穀爲善，不對，鄭玄訓祿；穀是俸祿，可參看【憲問14·1】。古代的工資是按小米計算，叫祿米。龔自珍說「著書都爲稻粱謀」（《詠史》），「稻粱」就是

「穀」。

前人解釋此章都說，學習應專心致志，不要太功利，一邊讀書，一邊想祿米，朱熹甚至把「至」改成「志」。這樣講當然很清高，但從下文看，孔子並不以求仕干祿爲恥，相反地，他覺得遇上好政府，不當官才虧。我想，這裡的意思也許是說，學了三年，還不考慮仕途，是很難得的。學習三年，還沒干祿（或不想干祿），這種人可不容易找呀！現在的研究生，有誰學習三年不想找工作做，沒有吧？（本章重點：抓緊時間找工作）

子貢曰：「有美玉於斯，韞櫝而藏諸？求善賈（價）而沽（賈）諸？」子曰：「沽（賈）之哉！沽（賈）之哉！我待賈（價）者也。」【子罕9．13】

「韞櫝而藏諸」的「韞」，是裡藏之意。

「櫝」是藏寶的木匣，字亦作匵，金屬製品則作「鐀」。匵，常與匣、匱互訓，古人盛放珠寶首飾時，尤其是放玉器的盒子一般叫櫝或匵，偶爾也作匱。但匱往往是大箱，匵則比較小，古人更多以櫝或匵稱之，如「買櫝還珠」的「櫝」就是這種器物。這類器物的銅製品，考古發現了很多，多半從女性的墓出土，學者或稱鼎，或稱鬲，或稱盒，或稱奩，或稱匱，其實就是匵。

孔子一直不能忘情於政治，他這是「玉在櫝中求善價，釵於奩內待時飛」（《紅樓夢》第一回）。「待價而沽」，出典於此章。子貢說，假如有美玉在這裡，我是應該把它藏在匣子裡呢，還是討個好價錢把它賣了？孔子說，賣了吧，賣了吧，我就是個待價而沽的人。（本章重點：孔子

待價而沽）

德行：顏淵、閔子騫、冉伯牛、仲弓。言語：宰我、子貢。政事：冉有、季路。文學：子游、子夏。【先進11．3】

這段話很有名，是講「四科十哲」。王莽以四科取士（《後漢書．景丹傳》），唐開元八年（七二〇年）定祭孔之制，以此十人配享，號稱「十哲」（《舊唐書．禮儀志四》）。曾有人說，孔門是個多層級的組織系統，下設四個部門，就像幫會，下設堂口，各有掌門人。

十哲，是孔門的十個代表人物。但今存各本俱無「子曰」，這段話是不是孔子說的，前人有爭論。《史記．仲尼弟子列傳》《新序．雜事》《後漢書．文苑傳》都說此章出自孔子，可見漢代就有這種說法。《皇疏》也說，這是孔子認可的紀錄。但清翟灝說，漢人是以此章與【先進11．2】連讀，遂誤指爲孔子語（《四書考異》）。其實從文意看，此章應與【先進11．2】分開讀，因爲十哲都以字稱，可見不是孔子說的話，而且唐代已有人注意到這一點（韓愈、李翺《論語筆解》引說者云）。

「德行」是個人修養，主要標誌是安貧樂道，沉默寡言，埋頭苦幹，而且是大孝子。顏淵（顏回）、閔子騫（閔損）、冉伯牛（冉耕）、仲弓（冉雍），都是苦出身，爲代表人物。其中冉伯牛年齡最大（比孔子小七歲），閔子騫次之（比孔子小十五歲），仲弓又次之（比孔子小廿九歲），顏淵最小（比孔子小卅歲），但顏淵是孔子最喜歡的，這裡排第一。

「言語」是口才和外交才能。宰我（宰予）比顏淵大一歲，子貢（端木賜）比他小一歲。

「政事」是管理才能。冉有（冉求）嘗爲季氏宰，擅長理財；季路（仲由，即子路）嘗爲季氏宰和衛國的蒲大夫，有治國用兵的才能。季路年齡比較大（比孔子小九歲），冉有和宰我則一樣大。

「文學」，不是今天說的文學，文學是針對方術而言，方術是古代的自然科學（也包括各種迷信），因此文學是指古代的人文學術。子游（言偃）、子夏（卜商）是孔門中年齡最小的一批（子游比孔子小四十五歲，子夏比孔子小四十四歲），他們對儒家經典的傳授貢獻最大。

這便是孔門四科中的十個代表人物，但並非全部，例如有若、曾參、顓孫師就不在其中。

古代取仕，選舉方法不斷改變，但大體不出這四科的範圍。孔子行勝於言，他最重視的是德行，其次是政事；德行、政事都是行。他討厭能說會道的人，但言語好，會背詩，至少可以應對賓客，使於四方，還是和政治有關，至少比文學重要。文學和言語不一樣，言語是嘴巴講的，文學是寫下來的。魏晉時期流行品評人物，如《世說新語》的前四篇，即以四科爲題。

孔子最得意的門生顏淵，是四大道德先生之一，死後默默無聞，有聞也是虛名，不如子路無論是性格或政績，都帶給大家深刻的印象。就像看電影，好人我們總是記不住，記住的都是壞人和有毛病的人。孔子死後有大名，主要是靠言語科的宰我和子貢、文學科的子游和子夏，還有十分偏激的子張，他老人家萬萬想不到。

再往下，歷代取仕，和孔子反其道而行之。早先還舉孝廉、策問賢良，推薦加面試，考考道

德、政治，後來便完全靠文章，靠考試成績。孔子地下有知，當作何感想？（本章重點：認識孔門四科十哲）

季子然問：「仲由、冉求，可謂大臣與（歟）？」子曰：「吾以子爲異之問，曾由與求之問。所謂大臣者，以道事君，不可則止。今由與求也，可謂具臣矣。」曰：「然則從之者與（歟）？」子曰：「弒父與君，亦不從也。」【先進11·24】

「季子然」，《論語》僅見於此章，孔注以爲季氏子弟，《史記·仲尼弟子列傳》作「季孫」。他問孔子，仲由、冉求算不算大臣？孔子對季氏沒好感，故意說我還以爲你要問什麼怪問題，原來是問他們兩個呀。眞正的大臣是什麼？就是以道事君，如果不合於道，寧可辭職不幹。他們倆只能算「具臣」，即辦事幹練的臣，言下之意還稱不上「大臣」。季子然又問，那他們對季氏言聽計從嗎？孔子說，要殺父弒君，他們可不會照辦。此章，季子然提到子路、冉求都是稱名，和孔子一樣。

子路和冉求都是政事之材，並先後任季氏宰。孔子對他們的評價是，兩人都有才幹，在大是大非的問題上也都有原則。【雍也6·8】記季康子問，或與此有關。（本章重點：仲由、冉求都是當官的料）

子路、曾皙、冉有、公西華侍坐。子曰：「以吾一日長乎爾，毋吾以也。居則曰：『不吾知也！』如或知爾，則何以哉？」子路率爾而對曰：「千乘之國，攝乎大國之間，加之以師旅，因之以饑饉。由也爲之，比及三年，可使有勇，且知方也。」夫子哂之。「求！爾何如？」對曰：「方六七十如五六十，求也爲之，比及三年，可使足民。如其禮樂，以俟君子。」「赤！爾何如？」對曰：「非曰能之，願學焉。宗廟之事如會同，端章甫，願爲小相焉。」「點！爾何如？」鼓瑟希（稀），鏗爾，舍瑟而作，對曰：「異乎三子者之撰。」子曰：「何傷乎？亦各言其志也。」曰：「莫（暮）春者，春服既成，冠者五六人，童子六七人，浴乎沂，風乎舞雩，詠而歸。」夫子喟然歎曰：「吾與點也。」三子者出，曾皙後。曾皙曰：「夫三子者之言何如？」子曰：「亦各言其志也已矣。」曰：「夫子何哂由也？」曰：「爲國以禮，其言不讓，是故哂之。」「唯求則非邦也與（歟）？」「安見方六七十如五六十而非邦也者？」「唯赤則非邦也與（歟）？」「宗廟會同，非諸侯而何？赤也爲之小，孰能爲之大？」【先進11．26】

「子路、曾皙、冉有、公西華侍坐」，這四個人都是孔子的弟子。「侍坐」，是弟子陪孔子坐，所有的人都坐著。

曾皙，名點，字子皙，是曾參的父親，生卒不詳，但從曾參的年齡推斷，他的爸爸曾皙應比孔子小廿多歲，《論語》中僅見於此章。孟子說他是「狂士」，喜歡吃羊棗，即一種小柿子（《孟子．盡心下》）。我們往下看，會發現他是個比較瀟灑的人，和他兒子好像不一樣。他們四人中，子路年齡最大（比孔子小九歲），曾皙可能次之（比孔子小廿多歲），冉有又次之（比孔子小廿九歲），公西華最小（比孔子小四十二歲）。四子，見於敍述，皆以字稱，但孔子直呼其名，曾皙提到子路、冉有、公西華時也是呼名。朱熹說，他們的坐次是「以齒爲序」（《集注》），很對。

「毋吾以也」是「毋以吾也」的倒裝，正如下文「不吾知也」其實是「不知吾也」的倒裝，承上文爲讀，這裡是說：不要拿我比你們年長當一回事。

「居則曰」的「居」，是時常、動不動的意思。

「率爾」，《皇疏》本作「卒爾」，劉寶楠說，《莊子·人間世》《孟子·梁惠王》都有把「率」寫成「卒」的例子。這裡，還是以作「率」爲是。「率爾而對」，是不假思索、脫口而出的回答。

「攝乎大國之間」的「攝」，是夾處之意。

「加之」、「因之」兩句，各家都翻成外有敵兵，內有饑饉，意思是對的，但原文的「加」是指舉兵加臨，「因」是指繼之以饑荒，本身並無內外之意。古人說「軍旅之後，必有凶年」（《文子·自然》），打仗和饑荒、瘟疫確實有關。

「方六七十如五六十」，是指長寬各六十至七十里，或五十至六十里。「如」是或的意思。古代大國一般都在方百里以上，這裡指小國。

「宗廟之事如會同」的「宗廟之事」是指祭祀，「會同」是和其他國家舉行盟會，「如」字，也是或的意思。

「端章甫」的「端」是禮服，「章甫」是禮帽。

「撰」，孔注訓具，鄭玄讀詮訓善，疑讀爲選，指志向的選擇。

「舞雩」的「雩」是祈雨的祭祀，舞雩是用跳舞的方式祈雨。魯都曲阜有舞雩臺，見《水經注・沂水》記載。今曲阜南門外，沂河北岸有一高土堆，有明嘉靖四十五年（一五六六年）刻立的「舞雩壇」碑。

「爲國以禮」，同上「千乘之國」，「國」字都是爲避漢高祖諱而改字，本來作「邦」，底下作「邦」才是本來面貌。

我們從公西華的年齡推斷，這番談話至少應在孔子六十歲後，一種可能是他仕衛出公的那四年期間（前四八八～前四八五年間），一種可能是他返回魯國的四年間（前四八四～前四八一年）。因爲前四八二年，子路就死了。

值得注意的是，孔子和學生談話，曾皙在旁鼓瑟。看來，孔子談話時喜歡有人伴奏。但伴奏是伴奏，不能太吵，【先進11・15】的子路鼓瑟，被孔子訓斥，大概就是因爲太吵。這次的談話，孔子說，我比你們虛長幾歲，大家千萬別當一回事，別不敢在我面前說話。平常你們老是說，才能沒法被別人發現。假如眞有人看中了你們，請你們做官，你們打算做點什麼？

子路第一個發言，他脫口就說，我志在治理大國，而且最好是夾處於大國之間，既有強敵壓境，又有饑荒困擾，三年之內教民習戰，使他們勇敢，知道怎麼對付敵人。孔子嘲笑他，接著又問冉有。冉有說，我只配治理小國，三年之內使百姓豐衣足食，但禮樂之事，我不行，還得另請高明。然後孔子又問公西赤。公西赤年齡最小，說話更謙虛。他說，我可不敢說自己能幹什麼，只敢說自己想學什麼，我想把禮樂學好，將來在宗廟祭祀和諸侯會同的場合，穿戴整齊，當個「小相」，意即地位較低的司儀（現在叫主持人）。曾點在旁伴奏，輪到問他，鏗的一聲停下，把琴一推，站起來回答，我和前面幾位的高見都不一樣。我想的是，暮春時節春暖花開，換上單衣邀約五、六個廿歲的小夥子，六、七個十幾歲的孩子，十幾個人一塊兒到城西的沂水中洗澡，洗完澡，再到城裡的舞雩臺吹風，在和煦的春風中唱歌，興盡而歸。孔子說，他最欣賞曾皙的想法。

子路、冉有、公西華走後，曾皙留在後面。他問孔子剛才這幾位的話怎麼樣？孔子說，人各有志，各講各的道理罷了。曾皙問，那您爲什麼要笑仲由呢？孔子說，治國靠的是禮，禮講的是讓，他說話太不謙讓，所以笑他。曾皙問，那冉求講的不也是國家嗎？孔子說，是呀，他說他要治小國，小國難道不是國嗎？曾皙問，那公西赤講的不也是國家嗎？孔子說，宗廟會同，不是諸侯之事是什麼？當然是國家。公西赤學了半天的禮，只想當個小相，那大相誰來當？

這段話很有意思。第一，孔子問大家，照古代禮貌規定，回答者應左右觀望，看看有沒有人發言。但子路卻「率爾而對」，旁若無人，毫不謙讓，脫口即出，說話很衝。孔子一撇嘴，露出嘲笑之意，學生都看在眼裡，所以一個開始比一個謙虛，先從大國變小國，再從小國變小相，一直到什麼官也不當。第二，子路講的是「不挨打」，屬於「強兵」，是最大最大的硬道理；冉有講的是「不挨餓」，屬於「富國」，也是硬道理。但他們都沒提到「禮」。公西華講的是「禮」，而且是富起來才有的「禮」。古人說「倉廩實則知禮節，衣食足則知榮辱」（《管子・

牧民》）。解決溫飽，才能講禮貌。建構道德文明可說是軟道理。但曾皙的道理更軟，乾脆享受生活：享受和平、富裕、文明，而這得建構在前三位的理想之上：和平得靠子路之志，富裕是靠冉有之志，文明要靠公西華之志。沒有和平、富裕、文明，曾皙就逍遙不起來。

曾皙的回答本來只是隨口一說，但孔子聽了，另有想法。他把四子之志看成互相補充。他欣賞曾皙之志，主要是因爲前面三位講治國，最後自然要落實到個人幸福上，這是目標性；但他欣賞曾皙之志不代表否定子路等人，因爲過程也很重要。他笑子路不謙虛，但對冉有和公西華也有所保留。因爲他們再怎麼謙虛，也都以治國安邦爲己任，大國是國，小國也是國，大官是官，小官也是官，過分謙虛和不謙虛都無改於事實。

曾皙爲什麼請問孔子，是因爲他並不明白孔子爲什麼誇自己。其實，他們每個人都只抓住了問題的一面，都對也都不對。從前，朱熹以爲此章是誇曾皙，貶子路、冉有、公西華，因而把曾皙說得神乎其神。晚年他很後悔，說是「留爲後學病根」（明楊愼《丹鉛錄》）。但清張履祥說，四子之志是講治道先後（《備忘錄》），卻値得注意。李澤厚認爲，張說的想法「非常牽強但有意思」。我覺得，張說不但有意思，也很有道理，這裡以此進一步發揮。（本章重點：各言其志，治國的層次）

子曰：「如有王者，必世而後仁。」【子路13·12】

「王者」，孔注說是「受命王者」，《皇疏》說是「革命之王」，不管是「受命之王」還是

「革命之王」，反正都是「王」，它比「善人」要高一等。

「世」是一代，古人以卅年爲一世。

此章意思是說，如果由王者推行仁政，雖然用不了百年，也要用三十年，即花上一代的時間。（本章重點：仁政難施）

子曰：「孟公綽爲趙、魏老則優，不可以爲滕、薛大夫。」【憲問14・11】

「孟公綽」，是魯大夫，出孟氏一族，據《史記・仲尼弟子列傳》，是「孔子之所嚴事」，屬於孔子稱道的前賢。此人見於《左傳》襄公二十五年，即前五四八年，當時孔子才四歲。

孔子說，孟公綽爲晉國的趙氏和魏氏當「老」（家臣），那是綽綽有餘。但不能到滕國和薛國當大夫。畢竟晉國是大國，滕、薛不過是魯國附近的小國。

孔子爲什麼這麼說，孔注的解釋是：「公綽性寡欲，趙、魏貪賢，家老無職，故優。滕、薛小國，大夫政煩，故不可爲。」意思是說，孟公綽是個清心寡欲的人，他在大國當小官比較輕鬆，勝任有餘，但不適合在小國當大官，那樣他會很累。（本章重點：到適合自己的地方工作）

佛肸召，子欲往。子路曰：「昔者由也聞諸夫子曰：『親於其身爲不善者，君子不入也。』佛肸以中牟畔（叛），子之往也，如之何？」子曰：「然，有是言也。不曰堅乎，磨而不磷；不曰白乎，涅而不緇。吾豈匏瓜也哉？焉能繫而不食？」【陽貨17・7】

「佛肸」讀作「必細」，《漢書・古今人表》作「茀肸」，此人是晉卿趙簡子的家臣。

「親於其身爲不善者」，就是出爾反爾，自己叛自己，如《史記・孔子世家》就是用「今佛肸親以中牟畔」解釋這句話。

「中牟」，是趙簡子的封邑，在今河南鶴壁市西。

「磨而不磷」的「磷」是薄的意思。這裡是說：磨而不薄。

「涅而不緇」的「涅」即礬石，是種黑色染料；「緇」是黑色的帛。這裡是說：染而不黑。

「匏瓜」，即葫蘆。

佛肸爲趙氏的中牟宰，卻以中牟叛趙。這次叛亂，和【陽貨17・5】的公山弗擾之叛一樣，也屬於陪臣叛卿大夫。佛肸召孔子，孔子也動過心。子路說，您不是教導我們「親於其身爲不善者」，君子絕不能參加，現在佛肸叛亂，您要去，這算怎麼一回事？孔子說，眞正堅硬的東西磨也磨不薄，眞正潔白的東西染也染不黑。他說，我總不能像掛在牆上的葫蘆，只中看不中吃吧？

這兩次的孔子動心，引發人們對孔子完美形象的爭議，前人曲爲辯解，護其偉大，很可笑。一種說法是，夫子哪裡眞的是應公山弗擾、佛肸之召，他只是想借此試探學生的想法罷了（《皇疏》引江熙說）。一種說法是，夫子動心，是因爲他爲人厚道心腸好，認爲天下無不可變之人，無不可爲之事，但凡有一線希望，也要想方設法試一試，應召是爲了勸他們改正（《集注》引張栻說）。還有一種說法是，夫子對公山弗擾、佛肸之召，只是不拒絕，並沒眞的去，子路淺見薄識，哪裡曉得夫子深意——這兩個傢伙雖然不是好東西，但所叛者大夫，所張者公室，於存魯、存晉有功，自有大快人心之處（清刁包《四書翼注》）。

佛肸以中牟叛，見於《史記・孔子世家》《說苑・立節》《新序・義勇》等書，此事發生在前四九〇年，與《左傳》哀公五年記趙鞅圍中牟爲同一事。佛肸以中牟叛，召孔子前往，孔子動心，想動身。子路說，我曾聽老師說，背叛自己的事，君子不該參加，但現在他卻這麼做，但您想去，算怎麼一回事？孔子說，是的，我說過這樣的話，但不是有這種話嗎？眞正堅硬的東西磨也磨不薄，眞正潔白的東西染也染不黑。我難道是掛在牆上的匏瓜，只中看不中吃嗎？（本章重點：孔子動心想做官）

孟氏使陽膚爲士師，問於曾子。曾子曰：「上失其道，民散久矣。如得其情，則哀矜而勿喜。」【子張19・19】

「孟氏使陽膚爲士師」，這裡的「孟氏」是孟敬子，馬融注：「孟敬子，魯大夫仲孫捷。」此人比孔子小四十六歲，和曾子一樣大。《禮記・檀弓下》也提到他，鄭玄注：「敬子，武伯之子，名捷。」他推薦陽膚當士師。當時，曾子已開門授徒，陽膚是曾門七弟子之一。孟敬子，還可見於【泰伯8・4】，作「曾子有疾，孟敬子問之」。孟敬子使陽膚爲士師，問於曾子。此事當在問病之後，即前四八〇年後。

孟氏推薦陽膚當士師，士師是典獄之官。曾子告誡陽膚，現在上失其道，民心渙散已經很久了，你審問案情若發現犯罪事實，應感到悲哀和可憐，絕非該高興。（本章重點：天下無道，哀矜

勿喜）

為政：施政的精神

子曰：「爲政以德，譬如北辰，居其所而衆星共（拱）之。」【爲政2·1】

對政治家而言，「德行」重要還是「能力」重要，歷來有爭論。一般認爲，最好是德才兼備，不行，寧可捨才棄能——從沒人說「缺德但有本事」，也可以爲政。千百年來，大家一直相信當政者必爲有德之人。

「爲政以德」，是靠道德施政。孔子是個熱中政治的人，《論語》經常提到「從政」和「爲政」。從政是當官，爲政是施政。這裡要注意，從政、爲政之人不一定是君主，也可以是官員，像是【爲政2·21】的「子奚不爲政」，【顏淵12·19】的「子爲政」，【子路13·3】的「衛君待子而爲政」，都是講孔子爲政。

「北辰」，《爾雅·釋天》把北辰列入星名，說「北極謂之北辰」。《春秋繁露·奉本》也說「星莫大於北辰」。或說北辰只是北極，有位無星，不對。因爲下一句「居其所而衆星共（拱）之」的「居其所」，「所」才是北極，「居」的主語是北辰，因此一定是北極附近的星。如果說北辰不是星，而是北極，那等於說北極位於北極，完全是廢話。

「居其所而衆星共（拱）之」，是說北辰位於宇宙的中心，天上的星星都環繞著它。北斗，斗勺前端有兩顆星，是大熊座的α、β二星，這兩顆星連線，再向上延伸五倍，就是現在的北極星，即小熊座的α星，但古代的北極星是小熊座的β星，極星可變，位置不變，古人是以北極星代表北極。「共」，同拱，像兩手合圍，這裡所指拱衛，是環繞北極星而朝向北極星。

孔子提倡以德治國，他希望當政者都是道德模範，以身作則，爲全民樹榜樣，「大河向東流，天上的星星參北斗」。這個願望當然很好，但當時行不通，後來也沒多大用處。

好人政治還是能人政治，曹操的看法和孔子相反，曹操也生逢亂世，但他看重的卻是能。他才不管出身高不高貴，品德高不高尚，只要有本事就行。他說，哪怕「負汙辱之名，見笑之行，或不仁不孝而有治國用兵之術」，也是舉薦的對象（〈求賢令〉〈舉賢勿拘品行令〉）。

當代的政治家，西方的政治家，很多都是利益團體的代言人，很多都是學政治、經濟、法律什麼的，不是人文，不是理工。一九八〇年代末，知識分子翻身，開始流行起知識分子治國論，尤其是技術專家治國論，至今依然有人迷信。其實政治家就是政治家，不是道德楷模，不是智慧化身，再好的願望也是願望，大家要想清楚。西方最早的烏托邦是以柏拉圖當哲人王，我國最早的烏托邦是以孔子當道德王，但它們全是幻想，是人類最古老的人文幻想。（本章重點：政治家的德與能，哪個重要）

哀公問曰：「何爲則民服？」孔子對曰：「舉直錯（措）諸枉，則民服；舉枉錯（措）諸直，則民不服。」【爲政2·19】

「哀公」，魯哀公是前四九四年即位，孔子是前四八四年返魯，他們的對話應發生在前四八四～前四七九年之間。

這一章是講用人之道，好人不能放在壞人之下，還可參看【顏淵12·22】的「舉直錯諸枉，能使枉者直」，「直」是正直的人，「枉」是不正直的人，「諸」等於「之於」，後面有賓語。這樣的例子在《論語》中很多。（本章重點：用人要用正直的人）

或謂孔子曰：「子奚不爲政？」子曰：「《書》云：『孝乎惟孝，友于兄弟，施於有政。』是亦爲政，奚其爲爲政？」【爲政2·21】

有人對孔子說，您爲什麼不出來當官爲政？孔子說，《尚書》講「孝乎惟孝，友于兄弟，施於有政」，這也是爲政呀，誰說非得當官，才叫爲政。

這是孔子還沒當官時的事。當時有人勸他出來做官，孔子說，《尚書》上都講了，孝友就是爲政，我在推行孝友，這也是爲政，何必非得當官才叫爲政。這也是推親情爲政治的想法。古人不僅講「孝弟」，也講「孝友」。如《詩·小雅·六月》的「張仲孝友」，《爾雅·釋訓》解釋成「善父母爲孝，善兄弟爲友」，「孝友」就是「孝弟」。朱注說，此章所記是定公初年孔子還沒出來做官時的事，有道理。我們估計此番對話約在前五〇九～前五〇二年之間。

孔子引《書》，見《書·君陳》。〈君陳〉作「惟孝友于兄弟，克施有政」。《君陳》屬於古文《尚書》，大家不敢信，所以稱之爲《逸書》。（本章重點：推廣孝道，也是爲政）

季康子問：「仲由可使從政也與（歟）？」子曰：「由也果，於從政乎何有？」曰：「賜也可使從政也與（歟）？」曰：「賜也達，於從政乎何有？」曰：「求也可使從政也與（歟）？」曰：「求也藝，於從政乎何有？」【雍也6・8】

季康子向孔子打聽，他的學生之中有誰適合出來當官。他特別問起三個人：仲由、端木賜和冉求。孔子說：這三個人都合適。

仲由的特點是「果」，果是果敢、果毅，說做就做，不達目的絕不甘休。端木賜的特點是「達」，通情達理，善與人交。冉求的特點是「藝」，多才多藝，本事大。這些特點，對從政很合適。孔子說，當官算什麼？對他們來說一點問題也沒有。「何有」，意思是「這算什麼呢」。

孔子的學生，最有政治才能的有四位，除了仲由、端木賜和冉求，還有冉雍。爲什麼這裡沒問起冉雍？前四九二年，季康子爲魯國的執政大臣。我猜，這裡講的事是季康子上臺後的事。季康子上臺前，冉雍爲季桓子宰，已經當了五年。季康子上臺後孔子仍流亡在外，季康子大概是派人向孔子徵求意見，打算換個新人代替冉雍，孔子因而有前述答覆。結果，我們都知道，季康子選的是冉求。（本章重點：孔門的政事之材有四）

子曰：「民可使由之，不可使知之。」【泰伯8・9】

「民可使由之，不可使知之」，意即只能讓他們照著做，不能讓他們知道爲什麼要這麼做。

郭店楚簡〈尊德義〉：「民可使道之，而不可使知之。」與此相近。

「由之」，一般以爲是用之的意思。這個詞也見於【學而1．12】，該章提到「先王之道，斯爲美。小大由之」，「由之」是指順道而行，但在這一章則是指按統治者的意志做事。

統治者的要求，不平等但合理，論點主要是著眼於人與人之間本就不平等，如出身、財富、權勢和道德，還有健康、智力和性別差異（尤其是智力）。當父母的也往往認爲小孩懂什麼，用不著跟他講大道理。古代統治者對自己的子民，也往往作如是想——畢竟，誰叫這些平民百姓沒頭腦。

孔子認爲老百姓是「中人以下」的糊塗人，只能聽喝，聽上等的聰明人（即貴族統治者）擺佈，而不明白爲什麼要這樣那樣做，意即「小人學道則易使」（【陽貨17．4】），孟子也說「終身由之而不知其道者，眾也」（《孟子．盡心下》）。這話很難聽但很坦白，而且在古代世界是公認的常識。大家讀法家的書也能讀到類似的話，如《商君書．更法》的名言「民不可與慮始，而可與樂成」，就是這類看法的體現；《孫子．九地》有「愚兵投險」之術，把帶領士兵到敵國作戰比作趕羊，「如登高而去梯，驅而往，驅而來，莫知所之」也是出於同樣的看法。講愚民政策，何只秦始皇，還包括很多我們稱爲知識分子的聰明人。

「批林批孔」時期，這番話自然成了批判對象，他們批別的冤枉，批這話沒錯。魯迅也討論過愚民政策，他說古往今來的統治者都希望民盡其力而沒頭腦，但老百姓若眞的把大腦去掉，也就沒法盡力。你要馬兒跑，馬兒要吃草；你要人出力，不能沒頭腦。

專制好像一次性抵押的包辦婚姻，「妾擬將身嫁與，一生休，縱被無情棄，不能羞」（韋莊〈思帝鄉〉）；民主好像兩廂情願的自由戀愛，不合適，隨時分手。但即使在現代，民意也是操控在最有勢力的利益集團手上，愚民陰影仍揮之不去。專制是古代的愚民政策，民主的名義下也有愚民政策，受騙的總是老百姓。（本章重點：愚民政策歷來有之）

子曰：「不在其位，不謀其政。」【泰伯8・14】

中國讀書人有官癮、政治癖，對從政、議政特別有熱情，心思全在政治。讀書一定要當官，當不了官或當官退下來，也無法忘情政治，身在江湖之上，心存魏闕之下意淫政治，「偷著不如偷不著」。孔子是政治迷，但他懂得「不在其位，不謀其政」。

這一章的話早已成名言。孔子說「謀政」的前提是要有位子，沒有位子就別進入實務狀態。就像我不是校長，校長的事我管不了，我若要關心校務，只能從一般教員的角度關心一下。沒有「位」，就不從「位」的角度考慮，也不受「位」的約束。

說到這裡我們該明白了，爲什麼孔子不承認自己是聖人。道理很簡單，聖人不是「素王」，不是柏拉圖的「哲人王」，不是「唯我獨尊」的佛陀，不是「萬王之王」的耶穌。聖人一定要有位子，有實權可安世濟民；沒有位子，當不了聖人。（本章重點：等待從政）

齊景公問政於孔子。孔子對曰：「君君臣臣、父父子子。」公曰：「善哉！信如君不君、臣

不臣、父不父、子不子，雖有粟，吾得而食諸？」【顏淵12．11】

孔子適齊，是在齊景公三十年，即前五二二年時，當時孔子只有卅歲。「君君臣臣，父父子子」不是孔子的發明，而是成語。如《國語．晉語四》提到晉勃鞮語「君君臣臣，是謂明訓」就是這類說法。漢代有所謂「三綱五常」和「三綱六紀」，「三綱」的頭兩條就是出自於此，缺的只是「夫婦」之綱。（本章重點：齊景公問政）

季康子問政於孔子。孔子對曰：「政者，正也。子帥以正，孰敢不正？」【顏淵12．17】

季康子問政。孔子說，為政的關鍵就是，為政者自己首先要正派。「政」與「正」在古代往往通用，這裡是用音訓。

季氏為魯國權臣，孔子對季氏一直感到不滿。他說，你帶頭正派，誰敢不正派？這話是話中有話。（本章重點：季康子不正派）

季康子問政於孔子曰：「如殺無道，以就有道，何如？」孔子對曰：「子為政，焉用殺？子欲善而民善矣。君子之德風，小人之德草。草上之風，必偃。」【顏淵12．19】

季康子問政，說殺壞人，親好人，怎麼樣？孔子說，你為何非得靠殺人來維持統治呢？您追求善，老百姓就會跟著學好，有如風從草偃，關鍵依然是榜樣的力量。

以上兩章都是答季康子問，年代應在前四八四～前四七九年之間。《禮記》等書，還有上博

楚簡都有他們之間的談話。（本章重點：季康子應以身作榜樣）

仲弓爲季氏宰，問政。子曰：「先有司，赦小過，舉賢才。」曰：「焉知賢才而舉之？」曰：「舉爾所知，爾所不知，人其舍諸？」【子路13．2】

孔子有三個學生當過季氏宰。

「子路」當季氏宰，是在前四九八年，期間很短，只有這一年，後來他就跟老師出國了。「冉有」當季氏宰，是在季康子執政之後，即前四九二年之後，時間很長，孔子活著的時候，他大概一直都在季康子家做事。因此，「仲弓」當季氏宰，應是在子路和冉有他們兩個當季氏宰的中間，即前四九八～前四九二年。他當季氏宰是代替子路。也就是說，季桓子時是子路、仲弓爲宰；季康子時，是冉有爲宰。上博楚簡〈仲弓〉篇，有相同的內容，而且比此章更詳細，簡文一開頭就說「季桓子使仲弓爲宰」，可以證明這一點。

仲弓爲季氏宰，也向孔子問政，他問如何爲政。孔子說「先有司，赦小過，舉賢才」，孔子說了三條，意思是：當下屬官員的表率，原諒他們的小過失，提拔優秀人才。仲弓說，那我怎麼知道誰是賢才呢？孔子回答「舉爾所知，爾所不知，人其舍諸」，最後這三句，所有舊注都分兩截來讀：第一句是祈使句，意思是說，推薦你熟悉的人，點句號；後兩句是反詰句，意思是說，至於你不熟悉的人嘛，難道別人會捨棄他？點問號。漢魏以來大家一直這麼理解，如《世說新語．賢媛》講許允爲吏部郎，他舉用的都是自己的老鄉，魏明帝把他抓起來，他的辯護辭就是這段話。他說，孔子都講過了，我這叫「舉爾所知」，您別問我是不是用人唯親，關鍵要看他們是不是稱職。

上博楚簡的〈仲弓〉篇也記這件事。仲弓問怎樣舉賢才，孔子的回答不一樣，作「夫賢才不可掩也。舉爾所知，爾所不知，人其舍之者」，從語法結構看，後三句話是連讀，後面兩句不是反詰的口吻，而是並列關係。看來，簡本和今本正好相反，它是說：只要是優秀人才，一個都不能埋沒，你應舉薦你熟悉的人，也應舉薦你不熟悉的人，以及被別人忽略的人。這裡的「知」，是「雅不相知」的「知」，即認識和熟悉，而不是聽說和沒聽說。像是司馬遷講李將軍「恂恂如鄙人，口不能道辭。及死之日，天下知與不知，皆爲盡哀」（《史記・李將軍列傳》），「天下知與不知」就是說天下的人無論認不認識李將軍，都爲他傷心。

依我看簡本和今本，簡本的講法才順理成章。今本「舍諸」，是把「者」讀爲「諸」，再去掉「之」字。這兩千多年的誤讀，實在發人深省。（本章重點：如何找到賢能之人）

子路曰：「衛君待子而爲政，子將奚先？」子曰：「必也正名乎！」子路曰：「有是哉，子之迂也！奚其正？」子曰：「野哉由也！君子於其所不知，蓋闕如也。名不正，則言不順；言不順，則事不成；事不成，則禮樂不興；禮樂不興，則刑罰不中；刑罰不中，則民無所錯手足。故君子名之必可言也，言之必可行也。君子於其言，無所苟而已矣。」【子路13・3】

孔子曾兩次出仕於衛：第一次是前四九五～前四九三年，事衛靈公；第二次是前四八八～前四八五年，事衛出公。這裡的「衛君」，一般認爲是衛出公，如此說可靠，則講話時間應在前四八八年，否則就是在前四九五年。

孔子到衛國找工作，子路說：衛君正等您爲他主事，一旦上任，您打算先做點什麼呢？孔子說：如果讓我選擇，肯定就是「正名」。子路說：您眞這麼想嗎？那也太迂了吧！爲何非得正名？他公然頂撞老師。孔子大怒，罵他：你這個傢伙，也太放肆了吧！君子對自己不懂的東西，應擱置不論，以此要子路閉嘴。底下的話則是孔子的施政綱領，強調禮樂刑罰必以正名爲前提。「名不正，則言不順」，可說是孔子的名言。（本章重點：孔子的施政綱領）

子適衛，冉有僕。子曰：「庶矣哉！」冉有曰：「既庶矣，又何加焉？」曰：「富之。」曰：「既富矣，又何加焉？」曰：「教之。」【子路13．9】

「僕」，是駕車。孔子到衛國去，冉有替他趕車。一路上，孔子看見衛國人口眾多，非常驚訝，說人好多呀！冉有說：人口多了，該做什麼？孔子說：「富之」，讓他們變有錢。冉有說：富了以後該做什麼？孔子說：「教之」，教育他們。

古代社會，以人力資源和土地資源最重要，人尤其重要，所以不興什麼計畫生育。古人說「倉廩實則知禮節，衣食足則知榮辱」（《管子．牧民》），孔子主張「先富後教」。

冉有從孔子遊，是在前四九七～前四九二年之間。但前四九三年，冉有開始當季氏宰，這才離開孔子回魯國，所以這應是前四九七年孔子剛到衛國的情形。（本章重點：對人民，先富後教）

定公問：「一言而可以興邦，有諸？」孔子對曰：「言不可以若是。其幾也，人之言曰：『為君難，為臣不易。』如知為君之難也，不幾乎一言而興邦乎？」曰：「一言而喪邦，有諸？」孔子對曰：「言不可以若是。其幾也，人之言曰：『予無樂乎為君，唯其言而莫予違也。』如其善而莫之違也，不亦善乎？如不善而莫之違也，不幾乎一言而喪邦乎？」【子路13．15】

這裡的「一言」，不是一個字，也不是一句話，而是一小段話。

魯定公問孔子，「一言而可以興邦」（一段話就可以讓一個國家興旺），有這種事嗎？孔子說，恐怕不能這麼講，非說不可，只有一段話，也就是大家說的「為君難，為臣不易」（當國君難，當臣子也不易）。如果知道當國君的難處，這不就是「一言可以興邦」嗎？魯定公又問，「一言而可以喪邦」（一段話就可以讓一個國家毀滅），有這種事嗎？孔子說，恐怕不能這麼講，非說不可，只有一段話，也就是大家說的「予無樂乎為君，唯其言而莫予違也」（我當國君沒有其他樂趣，最大樂趣就是我說的話沒人敢違抗）。如果他說得對，沒人敢違抗，不也很好嗎？但如果他說得不對，也沒人敢違抗，這不就是「一言而可以喪邦」嗎？

孔子仕魯定公，在前五〇一～前四九八年，這段談話應在這四年期間。（本章重點：一言興邦，一言喪邦）

葉公問政。子曰：「近者説（悦），遠者來。」【子路13．16】

「葉公」的「葉」讀「設」，他在《論語》中只出現過三次。一次見於【述而7・19】，兩次見於〈子路〉篇。

「近者說（悅），遠者來」，就是《詩》《書》常講的「柔遠能邇」。西周金文也有這個詞。（本章重點：葉公問政）

子夏爲莒父宰，問政。子曰：「無欲速，無見小利。欲速則不達，見小利則大事不成。」【子路13・17】

「莒父宰」，莒爲魯邑，在今山東高密縣東南。魯國除了稱家臣之長爲宰，邑長也叫宰。

「欲速則不達」，後世變成成語。

「見小利則大事不成」，只圖眼前小利，就做不成大事。《三國演義》第二十一回，曹操說袁紹是「幹大事而惜身，見小利而忘命，非英雄也」。（本章重點：子夏問政）

子曰：「爲命，裨諶草創之，世叔討論之，行人子羽修飾之，東里子產潤色之。」【憲問14・8】

這是講鄭國如何起草政令。子產的寫作班一共有四人——

「裨諶」讀作「必晨」，他是鄭大夫，也叫裨灶。諶，從下文看，估計是字。此人對鄭都以外的農村非常瞭解，是個善於謀畫的人。裨諶負責文件起草，先寫初稿，叫「草創之」。

「世叔」，即游吉，字子大叔。世叔是子大叔的另一種叫法。他很有文采，負責初稿的審閱和加工，叫「討論之」。

「行人子羽」，即公孫揮，子羽是他的字。行人，負責外交，這是他的官職。他善爲辭令，負責二稿的審閱和加工，特別是辭令的修飾，叫「修飾之」。

「東里子產」，即公孫僑，他住在東里，屬於鄭國七大貴族（七穆）之一的國氏。上述文件要三易其稿，是由他進行最後審閱和加工，叫「潤色之」。

子產當政時有四臣襄助：一是馮簡子，名、字不詳，特點是能爲大事拿主意，這裡未提；二是子大叔，即這裡的世叔；三是公孫揮，即這裡的行人子羽；四是這裡的裨諶（《左傳》襄公三十一年）。孔子稱讚的是，鄭國發佈政令，一定要由後面這三位和子產共同起草，裨諶瞭解基層，先寫草稿，後交世叔討論，再交子羽修飾，最後由子產定稿。四人各有所長，配合得很好。

子產是鄭國最有名的執政大臣，始見於《左傳》襄公八年（前五六五年）。前五五四年，子展當國，子產任少政，始立爲卿。前五四四年，子皮當國。次年，子皮授政子產，他當政期間較長，直到前五二二年才死。子產當政時，孔子才八歲；死時，孔子才卅歲。這批人對孔子來說是上一代人。但此章的年代卻不易判定，估計是在子產死後，即孔子卅歲以後。（本章重點：子產的政令班底）

子言衛靈公之無道也，康子曰：「夫如是，奚而不喪？」孔子曰：「仲叔圉治賓客，祝鮀治

宗廟，王孫賈治軍旅。夫如是，奚其喪？」【憲問14・19】

孔子和季康子議論衛靈公。孔子說衛靈公無道，季康子問那他爲什麼不垮臺？孔子說，因爲衛國有三位賢臣：仲叔圉，即孔文子，擅長接待賓客，有外交才能；祝鮀，字子魚，衛靈公的太祝，擅長宗廟祭祀；王孫賈則擅長軍事。【雍也6・16】，孔子以「佞」評祝鮀，說他是個能說會道的人。

此三人比吳季札盛讚六君子（蘧瑗、史狗、史鰌、公子荊、公叔發、公子朝），年代似乎要晚。孔子和季康子的這段談話，估計在前四八四年孔子返魯之後。（本章重點：賢臣輔佐的重要）

子曰：「不在其位，不謀其政。」曾子曰：「君子思不出其位。」【憲問14・26】

「不在其位，不謀其政」，已見【泰伯8・14】，現在是成語。曾子在這一章的話也是說，人不能超出自己的本分職責來考慮政事該怎麼做。（本章重點：你在對的位子上嗎）

衛靈公問陳於孔子。孔子對曰：「俎豆之事，則嘗聞之矣；軍旅之事，未之學也。」明日遂行。【衛靈公15・1】

「陳」，同陣。陳是古體，陣是後起的俗體。隋唐時期，行陳之陳多作陣，但先秦兩漢皆作陳。衛靈公問陳，是請教軍事，不限陣法。如上博楚簡〈曹沫之陳〉，就是魯莊公向曹沫問陳的兵書，內容也是泛論軍事。

「俎豆」，俎是切肉的砧板，豆是盛羹醬的器物。兩者都有銅製材質，也有木製的，這裡代指祭器。

「軍旅」，古代軍隊編制分很多級，古人是以「卒伍」代指低層的編制，「軍旅」代指高層的編制（參看《孫子・謀攻》），這裡指軍隊。

《左傳》哀公十一年，孔文子將攻大叔疾，向孔子請教。孔子說「胡簋之事，則嘗學之矣。甲兵之事，未之聞也」，「胡」即瑚，瑚、簋都是盛穀類食物的祭器，兩段話如出一轍。孔子以知禮著稱。蘇轍說，夾谷之會，齊臣犁彌言於齊侯曰：「孔丘知禮而無勇，若使萊人以兵劫魯侯，必得志焉」（《左傳》定公十年），衛靈公對孔子也有這種印象，他認爲孔子擅長的是禮，不是軍事，他問陳是故意刁難孔子，孔子明白他的用意，所以第二天便離開衛國（《古史》）。

孔子仕衛靈公，是衛靈公在位的最後三年，即前四九五～前四九三年。他離開衛國是前四九三年的事，這裡所記是孔子離開衛國的前一天，時間精確到「天」的推斷。（本章重點：孔子不愛談軍事）

季氏將伐顓臾。冉有、季路見於孔子曰：「季氏將有事於顓臾。」

孔子曰：「求，無乃爾是過與（歟）？夫顓臾，昔者先王以爲東蒙主，且在邦域之中矣，是社稷之臣也，何以伐爲？」

冉有曰：「夫子欲之，吾二臣者皆不欲也。」

孔子曰：「求，周任有言曰：『陳力就列，不能者止。』危而不持，顛而不扶，則將焉用彼相矣？且爾言過矣，虎兕出於柙，龜玉毀於櫝中，是誰之過與（歟）？」

冉有曰：「今夫顓臾，固而近於費。今不取，後世必爲子孫憂。」

孔子曰：「求，君子疾夫舍曰欲之而必爲之辭。丘也聞有國有家者，不患寡而患不均，不患貧而患不安。蓋均無貧，和無寡，安無傾。夫如是，故遠人不服，則修文德以來之；既來之，則安之。今由與求也，相夫子，遠人不服，而不能來也；邦分崩離析，而不能守也；而謀動干戈於邦內。吾恐季孫之憂，不在顓臾，而在蕭牆之內也。」【季氏16・1】

此章是記冉有、季路共仕季氏時發生的事。文中的「季氏」和「季孫氏」，是指季康子。

「顓臾」，在今山東平邑縣東，是個風姓古國。齊、魯，可說是古國博物館。山東古國多出東夷系統，尤其是風、嬴二姓；風姓古國傳出太昊，嬴姓古國傳出少昊。《左傳》僖公二十一年：「任、宿、須句、顓臾，風姓也，實司大皞與有濟之司，以服事諸夏。」這四個小國都在魯故城附近，任在西南，宿、須句在西北，顓臾在東而偏南。孟子說，方不足五十里（長寬不足五十里）的小國不能上達天子，只能附屬於鄰近的大國，叫做「附庸」（《孟子・萬章下》）。這些小國都是魯國的附庸。此時，三桓四分公室，季氏有其二，勢力最大。顓臾在季氏封邑費的西北，離費（今山東費縣西北）只有八十里，季氏謀伐顓臾而吞併之，冉有、季路向孔子報告此事，孔子大發脾氣，把他倆訓了一頓。

「無乃爾是過與（歟）」，意思是，你們這麼做也未免太過分了。句中的「是」字，俞樾認爲，應讀「寔」或「實」（《群經平議》），是實在的意思。

「夫顓臾，昔者先王以爲東蒙主」，「先王」是指周天子；「東蒙」即蒙山，因在魯東，故稱東蒙。《漢書·地理志》說，泰山郡有蒙陰縣（今山東蒙陰縣西南），縣西南有蒙山，蒙山有祠。該祠是後世祭祀此山的祠廟，早先由顓臾負責祭祀，是爲「東蒙主」。

「邦域之中」的「邦」，《釋文》引或本作「封」，「邦」「封」同源。這裡是說，顓臾在魯國的國土或封土範圍之中。

「社稷之臣」，是說顓臾以附庸的身分臣事於魯。

「周任」，見《左傳》隱公六年，馬融注說是「古之良史」，年代不可考。

「陳力就列，不能者止」，原來的說話背景已不太清楚，這裡的意思大概是指爲臣者就任某種官職，先要考慮自己能不能勝任，不能勝任趁早放下。

「危而不持，顚而不扶，則將焉用彼相矣」，意思是如果你的上司有從高處摔下去的危險，你都不拉他一把；或他有跌倒的危險，你都不扶他一下，還要你幫他做什麼？

「虎兕」的「虎」是老虎，「兕」讀「似」，古人的說法不一。歸納諸說，特點是：似牛，色青，一角，皮革可作鎧甲，顯然就是今天說的犀牛。但古書另有犀字，犀、兕還有所不同。《爾雅·釋獸》分兕、犀爲二，兕的特點是「似牛」，犀的特點是「似豕」，同屬今之犀牛，仍有兩種。動物學家考證，甲骨文和古書中的「兕」是印度犀，體型較大，而「犀」是爪哇犀，體型較小。

「柙」，是獸籠，《釋文》引舊本或作「匣」。這兩個字，古書常用爲通假字，本指關押老虎或關押老虎的籠子。

「龜」，這裡指占卜的龜殼、龜版，是古時從遠方貢輸而來的東西，在古代是寶物。出土發現，紅山玉器和商周玉器，都有玉製的仿品。

「櫝」，可參看前面談過的【子罕9・13】。我們說過，這類器物的銅製品於考古發現很多，多半是出土於女性墓中。過去，晉侯墓地63號墓出土過一件「銅鼎形方盒」，內盛玉器，其中就有玉龜殼。這種盒，林梅村教授考爲「匵」，其實叫「匵」更合適。匵就是「櫝」。

「君子疾夫舍曰欲之而必爲之辭」，「疾」是討厭，「舍曰欲之」是故意不說自己想幹什麼，「必爲之辭」是非要找個說法當藉口。

「有國有家」，本來應作「有邦有家」，「國」是避漢高祖諱而改字。

「不患寡而患不均，不患貧而患不安」，前一句在《春秋繁露・度制》《魏書・張普惠傳》都引作「不患貧而患不均」，清俞樾據《春秋繁露》，把它改爲「不患貧而患不均，不患寡而患不安」，認爲「寡」「貧」二字應倒過來，然後底下的「均無貧」便是承「不患貧而患不均」，「和無寡」「安無傾」便是承「不患寡而患不安」（《群經平議》）。這樣改動似乎很有道理，但「貧」與「寡」是同樣意思，即使調換位置，也不影響文意；而且底下三句，「均」固對「貧」，但「寡」卻並不對「安」，而是作「和無寡」「安無傾」，其實不改也讀得通。

這幾句話很重要，到今天仍有意義。「寡」和「貧」是財富少，屬於經濟發展問題，「均」

是貧富差距小，屬於社會公平問題。「和」是和諧，「安」是安定，屬於國家安全問題。發展當然是硬道理，但先使一部分人富起來容易，共同富裕難，普降甘露，成本太高。所以說「不患寡而患不均」。但「不患貧而患不安」也是難題，富人的最大問題是缺乏安全感，像是做爲世界第一富國的美國，窮兵黷武，成天反恐，就是缺乏安全感。窮光蛋怕什麼！

「蓋」字以下的三句，是插入解釋的部分。「夫如是」，指這三句前面的「患不均」和「患不安」。懷柔遠人，是中國古代的政治理想。孔子認爲，一個國家如果無法解決公平問題和安全問題，遠人就會不服。不服怎麼辦？只能自修文德，而不是自修武德，一通亂打，不服也得服。

「既來之，則安之」，意思是既然把他們吸引來了，就要好好安撫他們，讓他們安心住下去。現在的用法有點變：您既然來了，就好好待著吧。我國古代，邊疆地區特別愛用威、化、鎭、撫、安、寧、懷、歸一類字眼作地名，如遼寧的寧遠，北京的懷柔，河北的懷來和宣化，內蒙的綏遠，陝西的定邊、靖邊，甘肅的安化、靖遠等等。所謂「來之」，所謂「安之」，都是軟硬兼施。現代的懷柔遠人之道也是如此。遠人來服，主要看移民局，世界各國的人都往哪兒跑。移民局也叫歸化局，就是專管遠人來服的。歐洲各國和日本，都害怕遠人來服。美國有立國原則，表面上歡迎移民，骨子裡也害怕移民。全世界的難民都投奔「自由世界」，那自由世界會嚇得發瘋。

「蕭牆之內」，指魯君所在。蕭牆是一種遮蔽來人視線的短牆。古代宮室，常於入口處設屏帷，如同後世的影壁和屏風。天子在門外設屏，叫外屏；諸侯於門內設屏，叫內屏。大夫有簾，士有帷，也是類似的東西。這種屏，就叫蕭牆。

孔子的意思是，季孫氏擔心的根本不是顓臾，而是魯君。他是怕魯君收拾自己，怕顓臾爲其內應。當時，孔子之所以生氣，主要是生冉有的氣。因爲二子都仕季孫，冉有是季氏宰，責任比子路大。他認爲，季氏伐顓臾，目的是削弱公室，冉有、子路明知他不對，卻不加勸阻，還要辯解這不是他倆的主意，是季氏自己要這麼做的，甚至說顓臾的城池堅固，離費這麼近，不吞併它，將來必定是季氏的後患，這是助紂爲虐。

此事，史書毫無記載，《論語》是唯一的線索。冉有當季氏宰是在前四九二年，即季康子執政後，他任此職，時間很長。子路爲季氏宰則在仲弓和冉有之前，即前四九八年，一年後旋辭職，隨孔子周遊列國；他隨孔子返回魯國是在前四八四年，再事季康子當在此年之後。而子路死於衛是在前四八〇年。由此我們估計，季氏謀伐顓臾，當在前四八四～前四八〇之間。（本章重點：季孫之憂）

政治理想

堯曰：「咨！爾舜！天之曆數在爾躬，允執其中。四海困窮，天祿永終。」舜亦以命禹。曰：「予小子履，敢用玄牡，敢昭告于皇皇后帝：有罪不敢赦。帝臣不蔽，簡在帝心。朕躬有罪，無以萬方；萬方有罪，罪在朕躬。」

「周有大賚，善人是富。雖有周親，不如仁人。百姓有過，在予一人。」謹權量，審法度，修廢官，四方之政行焉。興滅國，繼絕世，舉逸民，天下之民歸心焉。所重民食、喪、祭。寬則得眾，信則民任焉，敏則有功，公則說（悅）。【堯曰20・1】

此章可分爲七節，其實相當於七章。

第一節是抄古書，內容是堯命舜之辭。此節顯然與《尚書》有關，和今本《舜典》的內容大致對應，屬古《尚書・虞書》之類。「允執厥中」，他書未見，但宋代出土的戰國鳥書箴銘帶鉤上有這句話，肯定不是後人僞造。

第二節也是抄古書。「曰」上有缺文，說話的人是湯。「予小子履」，是湯自呼其名。《世本》說湯名天乙，前人猜測，湯本名履，後改名天乙，不對。其實，商代取名之法不同於周，據甲骨卜辭，天乙是湯的日名。履和湯，可能是名、字關係或一人二名，就像受亦稱紂，日名爲帝辛一樣。這段話，孔注說「履，殷湯名」是對的。

第三節也是抄古書。「周有大賚，善人是富」，「賚」讀「賴」，今本《尚書・武成》的「大賚於四海，而萬姓悅服」是類似句子。「雖有周親，不如仁人。百姓有過，在予一人」，今本《尚書・泰誓》有「雖有周親，不如仁人。天視自我民視，天聽自我民聽。百姓有過，在予一人」也是類似的句子。前面三節是抄古本《尚書》，共同點是講罪己。堯命舜，舜命禹，湯、武告天，都是如此。

第四節，「權量」，是指度量衡制度。「法度」，是指法律和規章制度。「修廢官」，是恢復已經荒廢的官制。這些都屬於古人所說的「政」。

第五節，句型結構與第四節相同。這段話可說是中國最寶貴的政治遺產。古代征服各方，最頭疼的事是種族不同，信仰不同，語言不同，文化不同。歷史上，最簡單也最普遍的辦法爲滅種族，滅宗教，滅語言，滅文化。但這些都是笨方法。中國的政治傳統是「大一統」，即偏愛所謂「大地域國家」。大地域國家，何以成其大？主要靠相容並包，「得人心者得天下，失人心者失天下」。因此，我們的政治傳統是「五族共和」，戰國秦漢流行的五帝並祀就是早期的五族共和。我們的辦法是種族共存，宗教共存，語言共存，文化共存，尤其是「殺小留大」，優待被征服民族的貴族和其後裔，以夷制夷。這是最聰明的辦法。「興滅國」，是恢復被滅亡的國家。「繼絕世」，是接續它的祭統。「舉逸民」，是重用它的遺臣。像是孔子做夢都想恢復的西周，周滅商，雖然砍了商紂的頭，但仍封紂子祿父，優待殷遺民，下車之始即表商容之閭，封比干之墓，甚至連商朝的軍隊（即所謂殷八師）也全盤接收。神農、黃帝、堯、舜、禹，他們的後代也各有封地。這是從收拾人心上解決問題，所以說「天下之民歸心焉」。孔子推崇西周，對西周的「柔遠能邇」很欣賞，這一直都是政治家的發明，不是孔子的發明，他只是推崇文、武、周公的方法而已。

第六節，「所重民食、喪、祭」，過去有兩種讀法：一種是民、食、喪、祭並列，孔注是這種讀法；一種是以食、喪、祭並列，爲民之三事，朱注是這種讀法。朱注是據今本〈武成〉的「重民五教，惟食、喪、祭」，〈武成〉是古文，大家不敢信，但如果我們不像辨僞學家那樣先入爲主，非把〈武成〉說成是抄《論語》，則這未嘗不是一種理解，而且是更順暢的理解。

第七節，【陽貨17．6】有類似的話，是作「子張問仁於孔子。孔子曰：『能行五者於天下爲仁矣。』請問之。曰：『恭、寬、信、敏、惠。恭則不侮，寬則得眾，信則人任焉，敏則有功，惠則足以使人。』」但這一節卻沒有「恭則不侮」「惠則足以使人」，而是多出了「公則說（悅）」。這一節的四句話，「信則民任焉」，漢石經等古本多無此句，前人懷疑此句是後人根據【陽貨17．6】加進去的（清陳鱣《論語古訓》），兩處對比著看，可見這段話是講「何謂仁政」。

這一章是孔子引《書》，不是孔子說的話，但可以反映孔子的思想。叢談瑣語，雜輯成編，這便是歷來古書的原始面貌。古書往往多有重複，原因有二，一是記錄出自眾手，又非成於一時，二是整理兼存異說，並不強求一致。（本章重點：古本《尚書》及其他）

子張問於孔子曰：「何如斯可以從政矣？」子曰：「尊五美，屏四惡，斯可以從政矣。」子張曰：「何謂五美？」子曰：「君子惠而不費，勞而不怨，欲而不貪，泰而不驕，威而不猛。」子張曰：「何謂惠而不費？」子曰：「因民之所利而利之，斯不亦惠而不費乎？擇可勞而勞之，又誰怨？欲仁而得仁，又焉貪？君子無眾寡，無小大，無敢慢，斯不亦泰而不驕乎？君子正其衣冠，尊其瞻視，儼然人望而畏之，斯不亦威而不猛乎？」

子張曰：「何謂四惡？」子曰：「不教而殺，謂之虐。不戒視成，謂之暴。慢令致期，謂之賊。猶之與人也，出納之吝，謂之有司。」【堯曰20．2】

「尊五美，屏四惡」，《後漢書·祭遵傳》作「遵美屏惡」，《漢平都相蔣君碑》作「遵五迸（屏）四」。「遵」是遵循，「屏」是去除，用法略同於古書常說的「釋某任某」，「釋」是放棄，「任」是依賴。子張問從政的道理，孔子告之以「尊五美」「屏四惡」，意即有五條應當遵循的東西，有四條應當去除的東西。

「五美」是什麼？

「惠而不費」，是看什麼對人民有利，才給他們什麼好處，施惠於民卻無須破費。

「勞而不怨」，是選擇人民可以勝任的事而役使之，民竭其力卻毫無怨言。

「欲而不貪」，是儘量滿足人民的正常需求，讓他們覺得求仁得仁，又不至於引起他們的貪欲，民遂其願卻並不貪心。

「泰而不驕」，是無論人多人少、事大事小都不敢怠慢，很有自尊卻並無驕態。

「威而不猛」，是衣冠整齊，儀態端莊，讓人看上去肅然起敬，威風凜凜卻並不可怕。這五條，是講仁政。前三條是「政」，後兩條是「正」。「勞而不怨」還可見【里仁4．18】；「泰而不驕」還可見【子路13．26】；「威而不猛」還可見【述而7．38】。

「四惡」是什麼？

「不教而殺」，是棄民不教，而以殺人爲禁。

「不戒視成」，是不提要求，只問結果。

「慢令致期」，是督辦不力，刻期以求。

「猶之與人也，出納之吝，謂之有司」，這三句是「以吝喻苛」，意思是：前面三條的要求過於苛刻，就像一個管財物的官員，給人東西，卻又捨不得，認爲不摳門不叫負責。這四條是講苛政。前三條叫「虐」「暴」「賊」；「虐」是殘忍，「暴」是暴躁，「賊」是害人，都是壞詞。第四條和前面三條不同，是對它們的總結。（本章重點：爲政就靠五美四惡）

自我推薦

葉公問孔子於子路，子路不對。子曰：「女（汝）奚不曰，其爲人也，發憤忘食，樂以忘憂，不知老之將至云爾。」【述而7·19】

孔子不以聰明自誇，只以用功自許。他誇顏回，也是誇他用功。

「葉公」的「葉」讀「設」，是楚國葉縣的首長。楚國，大縣的縣長叫公，小縣的縣長叫尹。大縣多是滅國而設，派有重臣鎮守的軍事要地。孔子見過的葉公是沈諸梁，字子高。孔子見葉公子高是在前四八九年，當時孔子已六十三歲。

葉公問子路，孔子是什麼樣的人，子路沒回答。孔子說，你爲什麼不跟他講，我是個「發憤忘食，樂以忘憂，不知老之將至云爾」的人呢——意即告訴他，我還不算老。【述而7．16】的「不義而富且貴，於我如浮雲」，還有這裡的最後一句話「不知老之將至」，都是名言。杜甫在〈丹青引贈曹將軍霸〉一詩中說「丹青不知老將至，富貴於我如浮雲」，就是以此典入詩。（本章重點：六十歲的孔子說自己不算老）

牢曰：「子云：『吾不試，故藝。』」【子罕9．7】

孔子的本事從哪兒來？是因爲沒做官，當老百姓的緣故。

「牢」，是指琴牢，字子開或子張，很多古書都說他是孔子的弟子，但清代學者卻表示懷疑。但這些懷疑只是推測，並無證據。

「吾不試，故藝」的「試」指考察、舉用、出仕做官，即後世所謂「考試」的試。「藝」是技能，即【子罕9．6】中「多能」的「能」。孔子出身卑賤，五十一歲以前沒機會做官，有很多時間可以學習，所以本事很多。（本章重點：養成自己的時間很多）

子曰：「苟有用我者，期月而已可也，三年有成。」【子路13．10】

這是孔子的政治廣告。

「期月」，「期」讀「基」，是從今年某月到明年某月，整整一年。楚占卜簡常使用這種計算方法，像是「自某某之月以就某某之月……盡卒歲（或集歲）」如何如何，就是這裡的「期月」。孔子的意思是，如果有人用我，我敢保證一年之內就初見成效，三年之內就大獲成功。

（本章重點：孔子的政治廣告）

第5講
理想

孔子一輩子都把周公放在心底，夜裡做夢，老是夢見周公。前四八四年，孔子回到魯國。這時他已六十八歲，離死不遠，復興周禮的希望已經渺茫。他說，我已經老得不行了，很久都夢不見周公了，好傷心呀。

孔子的理想是什麼？

綜論

孔子的理想是聖人。他讚美的古代，是聖人生活的時代；他討厭的現代，是沒有聖人的時代。聖人生活的時代主要是唐、虞，以及夏、商、周三代。唐、虞不是兩個朝代，堯、舜禪讓只是兩個人之間的關係，舜、禹也是。

他誇堯、舜，兩言「巍巍乎」（【泰伯8．18／8．19】），意思是高得不得了。

誇堯，主要是誇「唯天為大，唯堯則之」（【泰伯8．19】）。這是根據古本的《書．堯典》。今本《堯典》說，堯命羲、和，「欽若昊天，曆象日月星辰，敬授民時」，就是講這一點。

誇舜，是誇他有五大賢臣，而得無為而治（【泰伯8．20】【顏淵12．22】【衛靈公15．5】）。這也是根據古本的《書．舜典》。

其次，孔子推崇三代。夏的大聖人是禹，禹是分界線，禹以前是禪讓，禹以後是世襲和革命。孔子誇禹，主要是誇他的治水業績和勤苦儉樸（【泰伯8．21】），這也是根據古本的

《書．禹貢》。商的大聖人是湯。周的大聖人是文、武、周公。孔子以為，三代之禮相襲全是榜樣，但他更熱愛的，還是西周。

西周滅亡後，是東周時期。春秋晚期，周天子已無法號令天下。孔子想復興西周，是從挽救東周入手。他說過「如有用我者，吾其為東周乎」（【陽貨17．5】），即不管在哪個國家做事，都是為了挽救東周。他主要是在三個國家找工作：魯、齊、衛。他說「齊一變，至於魯；魯一變，至於道」（【雍也6．24】）、「魯、衛之政，兄弟也」（【子路13．7】）。這是他的改革路線圖。但齊國讓他失望，魯國讓他失望，衛國也讓他失望。他這是對牛彈琴，與虎謀皮，抽刀斷水，向風車開戰。

美好的復古

子曰：「述而不作，信而好古，竊比於我老彭。」【述而7．1】

孔子是個復古主義者。他說自己是「述而不作，信而好古」的人，就像傳說中的彭祖。

「述而不作」，是只繼承延續，不創造發明。今人所謂「發明」，古人叫「作」。《世本》是古代的尋根之作：血緣的根，它講；技術的根，它也講；它有一篇叫〈作〉篇，就是講各種技術發明，如「蚩尤作兵」，是蚩尤發明武器；「倉頡作書」，是倉頡發明文字。

「信而好古」，是既信古，又好古。

「竊比於我老彭」，是心裡自比爲老彭。「老彭」即彭祖，鄭玄說「老彭」是老子和彭祖，不對。《大戴禮・虞戴德》說「昔商老彭及仲虺」，「老彭」和「仲虺」並列，前面還有表示其時代的「商」字，顯然各是一人，與老子無關。包咸說「老彭，殷賢大夫」，才是正確的說法。關於老彭，我想多說幾句。在古代他很有名，後來反而不爲人知，很多學者都不清楚。王夫之的《四書稗疏》說彭祖是「一淫邪之方士」，應當就是指彭祖傳授房中術。他說《漢書・藝文志》有《彭祖御女術》，不對。《漢志》只有一本叫《湯、盤庚陰道》的書。此書可能與彭祖有關，書名不一樣。託名彭祖的房中書，後世叫《彭祖經》，主要是流行於東漢魏晉，屬於「房中七經」。

這彭祖稱「老彭」，這個「老」字，和「老子」的老，或「老萊子」的老一樣，是表示老壽。戰國秦漢時期，他是有名的長壽之人和活神仙。古人說彭祖活了八百歲，漢代取名因而喜歡叫「彭祖」，就像今人喜歡叫「長壽」。古人所謂神仙都很長壽，像是墨子，漢人還在活動，怎麼可能？我們不理解。但他們講的神仙大部分都如此。中國的神仙很特殊，他們不是天地固有的神祇，而是從普通人變成的超人。「仙」的本意是升遷，即修煉後，身體變輕，胳膊上長出長毛，走得很快，飄飄然的，撲撲翅膀就可以慢慢飛起，像滑翔翼那樣飛到天上去。《釋名》對「仙」字的解釋是「老而不死」。彭祖就是這樣的長壽之人和活神仙。古書說，彭祖姓籛名鏗，是顓頊之孫陸終氏的中子，爲「祝融八姓」中彭姓的祖先，所以叫「彭祖」。彭姓是因住在彭城而得名，彭城即今徐州。過去的讀書人都不太知道彭祖，現在馬王堆帛書提到他，張家山漢簡提到他，上博楚簡也提到他，可見在戰國秦漢時期他是名人。

孔子在這一章提到彭祖，這很重要，因爲年代更早，比上博楚簡還早。孔子以彭祖自況，不是因爲他長壽，而是因爲他「信而好古」。彭祖所信所好的古是什麼，不清楚。也許有些養生家比他資格更老，像是容成氏，據說也傳房中術，彭祖是祖述這些前輩。我以前開過一個玩笑。我說飲食男女，人之大欲，爲滿足後一大欲，人類在黑暗中長期摸索，反覆操作達幾百萬年，房中術在哪兒都是一門古學問，就像炒菜，不一定非有現代理論才能炒出來。當然，孔子喜歡彭祖，不一定是欣賞他的房中術。

在孔子心目中，彭祖他特別老，思想特別老，而且述而不作，大概沒有問題，否則他不會拿彭祖比自己。古代思想家批判現實，一般都愛拿古代說事。我們要設身處地理解他們的想法。現代文明有很明顯的二元化傾向，五百年前畫一道線，前面是傳統，後面是現代，但這樣考慮問題其實不合理。上個世紀九〇年代有人寫過一本書，叫《被發明的傳統》（The Invention of Tradition），它告訴我們很多傳統都很現代，其實是「被發明的傳統」，尤其是「復古」，很多都是這樣的發明。同樣地，很多現代的東西，其實也很傳統。（本章重點：孔子遙想彭祖）

子曰：「吾之於人也，誰毀誰譽。如有所譽者，其有所試矣。斯民也，三代之所以直道而行也。」【衛靈公15·25】

「試」，同【子罕9．7】中「吾不試，故藝」的「試」，這裡指考察。孔子自問自答：我罵過誰？我誇過誰？罵誰，他沒講，怎麼罵，不知道。誇誰，他說都是「有所試」，即經過親自檢驗，有根有據，並非虛譽。他是誇必有據。

孔子是復古主義者，他認爲上古三代就是靠這種人推行直道。（本章重點：三代的直道）

稱讚唐虞

子曰：「巍巍乎，舜、禹之有天下也而不與焉！」【泰伯8．18】

這是讚美舜、禹。「巍巍乎」，是形容其崇高。

「舜、禹之有天下也而不與焉」，舜是虞君，禹是夏的第一個國王。這裡是說，舜、禹有能臣輔弼，不親臨其政，無爲而治。古代傳說，堯、舜是行禪讓，禹始傳子，但他們都是無爲而治，不過這裡沒說堯（堯在下一章）。儒家讚美這樣的統治，墨家和道家也讚美，只不過墨家讚美的是禹，道家讚美的是黃帝。

禪讓、無爲而治，是上古共同的政治理想。（本章重點：禪讓、無爲而治）

子曰：「大哉堯之爲君也！巍巍乎！唯天爲大，唯堯則之，蕩蕩乎，民無能名焉。巍巍乎其有成功也，煥乎其有文章！」【泰伯8．19】

這是讚美堯。「大哉」是偉大，「巍巍乎」是崇高，「蕩蕩乎」是浩蕩，「煥乎」是光輝燦爛。孔子讚美堯，一連用了四組形容詞。

「唯天爲大，唯堯則之」，堯遵天道，而天道最大。《書・堯典》：「乃命羲和，欽若昊天，曆象日月星辰，敬授人時。」古代傳說，堯的美德主要是敬天。

「民無能名焉」，即【泰伯8・1】的「民無得而稱焉」。

「文章」，指禮樂法度。（本章重點：孔子大力讚堯）

子曰：「無爲而治者，其舜也與（歟）？夫何爲哉？恭己正南面而已矣。」【衛靈公15・5】

「無爲而治」，是道家推崇的治術。道家講無爲而治、黃老之術，是以黃帝爲榜樣。這種說法，道家講得最多，但別人也不是不講。這種理想，大家都講，儒家也講，他們對早期傳說中的無爲而治，也是抱欣賞態度。只不過，孔子強調的是聖王立身端正，先從自己做起，他的榜樣是堯、舜。

黃帝垂衣裳而天下治，主要是借重「七輔」「六相」「四史」，也就是專家治國。戰國秦漢流行的黃帝書就是依託這類故事。

《尚書》有〈堯典〉〈舜典〉，也講群臣分工，各司其職，這是儒家所本。司馬遷在《史記・五帝本紀》講舜臣廿二人，也指出這是個強有力的領導班底。

道家也好，儒家也好，所謂無爲，其實是無不爲。領頭的不是專家內行，但他會選、會管、

會用專家內行——「一個大笨蛋管一堆聰明人」，當然省心省力。（本章重點：無爲而治的眞義）

推崇三代

子曰：「周監於二代，郁郁乎文哉！吾從周。」【八佾3．14】

孔子熱愛三代，更熱愛其中的周。

他認爲周禮是沿襲夏、殷，多少有些程度上的升降起落，夏、殷之禮比較簡陋、樸實，但周禮不一樣，特點是「文」，文化發達，文明程度高。（本章重點：孔子更愛周）

子曰：「甚矣吾衰也！久矣吾不復夢見周公！」【述而7．5】

這是孔子晚年的哀歎。

孔子一輩子都把周公放在心底，夜裡做夢，老是夢見周公。前四八四年，孔子回到魯國。這時他已六十八歲，離死不遠，復興周禮的希望已經渺茫。他說，我已經老得不行了，很久都夢不見周公了，好傷心呀。

孔子生於魯國，長於魯國，魯國是周公的封國。他愛周公是愛魯國，愛魯國所保存的周禮，這是當時的愛國主義。後來的儒家都喜歡講周公，周公攝政傳爲美談；要篡天下的也喜歡講周公，像是王莽、曹操都自比爲周公。周公的象徵意義是——做天子的事，沒天子的名。（本章重

點：孔子夢周公）

子曰：「如有周公之才之美，使驕且吝，其餘不足觀也已。」【泰伯8．11】

這裡的「周公」是指周公旦。孔子說，縱有周公的才華，但若有驕傲和吝嗇的毛病，優點再多也不足觀。周公出名的是他的忍辱負重。

驕奢淫逸，爲富不仁，最爲孔子所痛恨。孔子少時貧且賤，貴族的傲慢與偏見，讓他刻骨銘心。在《論語》中，他總是批評這種傲慢與偏見，爲什麼？現在我明白了，他的話是來自心理創傷。孔子想做眞君子，他忍辱負重，有周公的才美；無陽貨之傲慢、仗勢欺人，很不容易。（本章重點：戒驕戒吝）

舜有臣五人而天下治。武王曰：「予有亂臣十人。」孔子曰：「才難，不其然乎？唐虞之際，於斯爲盛。有婦人焉，九人而已。三分天下有其二，以服事殷。周之德，其可謂至德也已矣。」【泰伯8．20】

「舜有臣五人」，據孔注，即《書．舜典》等書所說舜的五個大臣：禹（司工）、棄（後稷）、契（司徒）、皋陶（李）、伯益（虞）。

「予有亂臣十人」的「亂」，古訓「治」，因此「亂臣」是治世之能臣。「十人」，馬融說是文母（即文王妻太姒）、周公、召公、太公、畢公、榮公、大顚、閎夭、散宜生、南宮适。

舊本無「臣」字，唐石經始於「亂」字下旁注「臣」字，後闌入正文。這十個人，除了文母是女性，其他都是男性。古書常以女禍貶低婦女，但各朝的開國之君往往都得益於妻族或母族。北方少數民族的崛起尤其如此。

「才難，不其然乎」，人才難得，不是嗎？

「唐虞之際」，是指唐虞以下，不是唐虞之間。

「三分天下有其二，以服事殷」，三代時，夏人起於晉南和豫西，占有三分之一天下；商人起於其東，核心地區在冀南、豫東，也占有三分之一天下，崛起後又占有夏的勢力範圍；周人起於其西，核心地區在陝西西部，也占有三分之一天下。周人崛起後，先從陝西西部擴展到陝西中部，再奪取夏的故地，等於以三分之二的天下包圍商的核心，這就是所謂「三分天下有其二」。前人說是九州之地先取六州之地（鄭玄），並不正確。這裡是說，周取了三分之二的天下，仍臣事殷王，這樣的道德高尚到極點。（本章重點：賢臣與知禮）

子曰：「禹，吾無間然矣。菲飲食而致孝乎鬼神，惡衣服而致美乎黻冕，卑宮室而盡力乎溝洫。禹，吾無間然矣。」【泰伯8．21】

「間」，指異議，與【先進11．5】中「人不間於其父母昆弟之言」的「間」，意思相同。

「菲飲食」，指飲食非常簡單。「菲」是薄的意思。

「黻冕」，「黻」讀「服」，是禮服；「冕」，禮帽。

「溝洫」，是田間的水渠。大禹治水，劃分九州，是禹故事的主體，見《書．禹貢》。

禹的美德主要是「儉」：一是他的吃喝很簡單，好吃好喝的都用來孝敬鬼神；二是他的穿戴也很差，但行禮時衣帽很華麗；三是他的房子很矮，但注重興修水利。孔子認爲，這樣的作爲眞是無可挑剔。墨子尊禹，也是愛其勤苦和節約。（本章重點：禹之德無可挑剔）

子曰：「鳳鳥不至，河不出圖，吾已矣夫！」【子罕9．9】

「鳳鳥」，可參看【微子18．5】，楚狂接輿曾以鳳比孔子。

「河圖」，《尙書．顧命》講西周宮室中的寶物，其中便有河圖。這種河圖是什麼模樣？孔子說的河圖又是什麼樣？不知道。它們未必就是後世易家講的河圖。

一般的解釋是，「鳳鳥」和「河圖」都是祥瑞。此話與【述而7．5】的「不復夢見周公」類似，也是孔子臨終前的哀歎，時在前四七九年。（本章重點：孔子的美夢不再）

南宮适問於孔子曰：「羿善射，奡盪舟，俱不得其死然。禹、稷躬稼而有天下。」夫子不答。南宮适出，子曰：「君子哉若人！尚德哉若人！」【憲問14．5】

「南宮适問於孔子曰」的「南宮适」，字子容，即【公冶長5．2】的南容，這裡稱名，未必有什麼深意。他是個謹小愼微的人，當然不喜歡逞能的人。「問」，古代所謂問，不一定是問句，像是這裡的問，就不是問句。所謂問，只是把自己的判斷說出來，徵求一下孔子的意見，聽聽孔子對他說的這四人有什麼看法。這是問題，不是問句。

「羿善射，奡盪舟」，南宮适所議者都是夏史上傳說的人物。「羿」是窮國（有窮氏）的國君，以善射名；「奡」讀「奧」，是過國的國君，字亦作「澆」，據說孔武有力，能陸地行舟（在陸地上拖泥橇或冰橇）。顧炎武《日知錄》卷七，據今本《竹書紀年》和《楚辭・天問》所記澆伐斟，覆其舟而滅之事，以爲「盪舟」即覆舟。他們聯手篡夏，被少康消滅。「禹」是夏代的開國之君，「稷」是禹的農官。南宮适的判斷是，羿、奡都是強梁不得好死，不像禹、稷默默耕耘，反而得到天下。

對於南宮适的問題，孔子並未回答，等到南宮适走了，反而讚美他，誇他是君子，道德高尚。這是爲什麼？我想，他對南宮适的話並不一定完全贊同。南宮适謹小慎微，反對逞強好勝，孔子很欣賞，說禹、稷是古昔聖賢他也不反對，但「禹、稷耕稼而有天下」這話畢竟有點樊遲的味道，孔子不愛聽。孔子欣賞南宮适的人生態度，所以讚美他，但對他的話又有所保留。因爲話不好講，所以乾脆不說話。（本章重點：南宮适道德高尚）

顏淵問爲邦。子曰：「行夏之時，乘殷之輅，服周之冕，樂則《韶》、《舞（武）》。放鄭聲，遠佞人。鄭聲淫，佞人殆。」【衛靈公15・11】

顏淵問如何治理國家，孔子答了以下四種作法——

「行夏之時」，意思是實行夏代的時令。古有「三正」之說，夏正建寅（孟春正月），殷正建丑（季冬十二月），周正建子（仲冬十一月）。春秋之世，晉用夏正，魯用周正。今《大戴禮》有〈夏小正〉篇，原本別行，傳說是夏代的月令。

「乘殷之輅」的「輅」，古書亦作「路」，是一種比較高級的馬車。馴馬和發明馬車，中亞和西亞都比中國早。《世本》說「奚仲作車」，似乎夏代已有馬車。但中國最早的馬車，從考古發現來看，目前只有商代晚期的例證。

「服周之冕」，周人講究穿戴，冠冕堂皇，帽子做得特別好。

「樂則《韶》、《舞（武）》」，古人說的「樂」，包括聲樂、器樂、舞蹈，這是合三者而言之。俞樾考證，這裡的「舞」當讀爲「武」（《群經平議》）。司馬遷在《史記・孔子世家》說「三百五篇，孔子皆弦歌之，以求合《韶》、《武》、《雅》、《頌》之音」，也是《韶》《武》並言。孔子喜歡古典音樂。西人常以「古典」稱美希臘、羅馬，但他們的古典音樂其實並不古老，只是十八世紀末、十九世紀初的音樂。孔子時代最有名的古典音樂有六種：一曰〈雲門〉，爲黃帝的音樂；二曰〈咸池〉，爲唐堯的音樂；三曰〈大韶〉，爲虞舜的音樂；四曰〈大夏〉，爲夏禹的音樂；五曰〈大濩〉，爲商湯的音樂；六曰〈大武〉，爲周武王的音樂。六種音樂中，孔子最喜歡《韶》，其次是《武》（【八佾3・25】）；他在齊國聽《韶》樂，曾說「三月不知肉味」（【述而7・14】）。以上這四種作法，都屬於制禮作樂。

另外，孔子還補充說明，有些壞東西必須清除——

一是「放鄭聲」。「放」是驅逐，這裡指清除；「鄭聲」是流行音樂，和雅樂相反。當時的流行音樂主要是鄭、宋、衛、齊等國的通俗音樂，特別是與男歡女愛有關的音樂（《禮記．樂記》），孔子對這類音樂的評價是「淫」。「淫」是淫蕩。概念是，古典音樂太高雅，老百姓聽不懂也聽不見，即使談及男歡女愛也不是「淫」，因爲君子聽見的都是道德之音。流行音樂卻不一樣，任誰都能心領神會，孔子很討厭，說這些都是「淫」，不滅不行。

二是「遠佞人」。「遠」是躲避，「佞人」是能說會道、花言巧語的人，孔子也討厭，他對這樣的人評價是「殆」，「殆」是危險。

孔子說，曆法是夏代的好，車子是商代的好，帽子是周代的好，音樂是古典的好，最好把不同時期的好聚在一塊兒。過去有四句俏皮話：住美國房，開德國車，娶日本老婆，吃中國菜（異說多，不備舉），可是時至今日，中國的曆法、車子、帽子已經全盤西化，音樂也被打得落花流水，中國自己的寶貝（或日國粹），只剩中醫、京劇、方術、武術、中國菜等不多幾種了，還有就是中國話、中國字和中國人，但就連這些也都是變了味的東西。（本章重點：顏淵問治國）

周公謂魯公曰：「君子不施（弛）其親，不使大臣怨乎不以。故舊無大故，則不棄也。無求備於一人。」【微子18．10】

「周公謂魯公曰」的「周公」是指周公旦，「魯公」是指魯公伯禽，即周公旦的長子。這裡是記周公封伯禽於魯的命辭。

「施」通「弛」，古本或作「弛」。

「故舊無大故，則不棄也」，「故舊」一般以爲是老朋友、老交情。但此篇所述，全與棄官不做有關，因此我懷疑這裡的「故舊」不一定指老朋友，而是指伯禽封魯所接收的殷民六族，尤其是前朝的舊官員，也就是這裡所述即【堯曰20．1】的「舉逸民」。「大故」，是指惡逆，孔注：「大故，謂惡逆之事也。」《禮記．檀弓上》說「是故君子非有大故」，鄭玄注：「大故謂惡逆之事。」惡逆則是古代所謂「十惡不赦」的「十惡」之一，指毆打或謀殺親人如爺爺、奶奶、爸爸、媽媽等。可參看《唐律疏議》卷一「十惡」條。

命辭講了四條：第一，不要放著自己的同宗不用，先用周人；第二，不要讓大臣埋怨得不到重用；第三，前朝官員只要沒有惡逆之罪，也不要棄而不用；第四，不要責備個人，要求人家什麼本事都得有。這四條，都和組建魯國的政府有關。（本章重點：周公提醒兒子治國之道）

挽救東周

子曰：「齊一變，至於魯；魯一變，至於道。」【雍也6．24】

這是從復古的觀點看問題。

魯是周公之後，齊是太公之後，都是西周分封，但魯是周的同姓，齊是周的姻戚。齊比魯國力強盛，但保存舊典、舊法、舊道德上卻不如魯；魯比齊更近於周道。孔子認爲，齊一旦朝好的方向變，可以跟上魯；魯一旦朝好的方向變，可以達到道。「道」是指周道，即西周的立國原則，孔子這是倒著看問題。後來的發展證明，齊比魯在推行新制方面走得遠，離孔子的目標越來越遠。孔子改制是以西周爲理想，但他的理想完全行不通。（本章重點：孔子的改革路線圖）

子曰：「魯、衛之政，兄弟也。」【子路13・7】

魯、衛兩國都是姬姓國。魯國是周公旦之後，衛國是衛康叔之後，周公旦和衛康叔是兄弟，所以說「魯、衛之政，兄弟也」。

孔子周遊列國（前四九七～前四八五年），主要是到衛國做官，這段話當與之有關。（本章重點：魯、衛之政）

孔子曰：「祿之去公室五世矣，政逮於大夫四世矣，故夫三桓之子孫微矣。」【季氏16・3】

這是講季專魯政。

「祿之去公室五世矣，政逮於大夫四世矣」，國君喪失爵祿的控制權已經五代之久了，政令落在大夫的手裡已經四代之久了。鄭注說，「五世」是魯國的宣、成、襄、昭、定五公；「四世」是季氏的武子、平子、桓子、康子。

「故夫三桓之子孫微矣」，是說照這種態勢發展下去，可以預言三桓的後代一定會衰亡。（本章重點：天下無道將亡）

陽貨欲見孔子，孔子不見，歸（饋）孔子豚。孔子時（待）其亡也，而往拜之。遇諸塗（途）。謂孔子曰：「來！予與爾言。」曰：「懷其寶而迷其邦，可謂仁乎？」曰：「不可。」「好從事而亟失時，可謂知（智）乎？」曰：「不可。」「日月逝矣，歲不我與。」孔子曰：「諾，吾將仕矣。」【陽貨17．1】

「陽貨」，即陽虎，虎和貨，哪個是名，哪個是字，還不太清楚。此人在《論語》中僅見於此。他是季氏的家臣，曾歷事季平子、季桓子，主要活動於前五一五～前四八六年。他是個吃上位，喝上位，又叛上位的小人。前五〇二年，他勾結三桓的家臣，欲除三桓，不克。前五〇一年，先奔齊，後奔晉，最後投靠趙簡子。《史記．孔子世家》說，孔子喪母（孔子那時還不到十七歲），季氏享士，孔子要經而往，遭陽虎呵斥。這事有爭論，但他的年齡可能比孔子大。

「歸（饋）孔子豚」的「歸」，《魯論》作歸，《古論》和鄭注本作饋。

「時（待）其亡也」，「時」讀「待」。

「懷其寶」，清胡紹勳以為「寶」是身體，如《老子》第七十一章「無敵近喪吾寶矣」（今本第六十九章）、《呂氏春秋．先己》「嗇其大寶」（《四書拾義》）。但解「懷其寶」為懷其身，不通。《皇疏》以為「寶」指「道」，這是對的。「寶」訓道，見《廣雅．釋詁三》，這裡指孔子身懷的本領。

此章是講陽貨召孔子出仕。陽貨想見孔子，孔子不見，這名訪客留下了一隻小豬當禮物。按當時的禮節，孔子應該到陽貨家回拜，但他故意找陽貨不在的時候拜會他，沒想到在路上撞個正著。陽貨知道孔子喜歡講仁講智，故意問他，你一身本事卻不肯出仕，看著國家混亂也不管，能算仁嗎？不能；你想做官，卻老是錯過機會，能算智嗎？不能；時光飛逝，年齡不饒人呀。孔子只好說：好、好，我會出來做官的。

這裡的三個「曰」字，後面的話都是陽貨所說，不是孔子的話。孔子說的話只有「孔子曰」後面那五個字。明郝敬已指出，陽貨的話是自問自答，形式和《史記·留侯世家》張良講的「八不可」一樣（毛奇齡《論語稽求篇》引）。郝氏之後，清王引之《經傳釋詞》卷二也說，古書「有一人之言而自爲問答，則加曰字以別之」的條例，所舉即有此例。

這段對話發生時間應在前五〇五年。前五〇九年，魯定公即位。前五〇五年，季桓子執政，陽貨執季桓子。這一年，他往見孔子，欲其出仕，但孔子出仕是在前五〇一年陽貨奔晉後。孔子只說會出來當官，並沒說馬上出來當官。（本章重點：孔子動心了）

公山弗擾以費畔（叛），召，子欲往。子路不說（悅），曰：「末（蔑）之也已，何必公山氏之之也？」子曰：「夫召我者，而豈徒哉？如有用我者，吾其爲東周乎！」【陽貨17·5】

孔子於東周時代，最關注的是周，其次是魯，第三是魯國的鄰國齊和衛。

「公山弗擾以費畔（叛）」的「公山弗擾」，《皇疏》本作「公山不擾」，即《左傳》的公山不狃。這是魯國的第二號大壞蛋。前五〇五年，公山弗擾已是季氏的費邑宰，他曾參與陽虎廢黜三桓的政變。但陽虎奔晉後，他仍留在魯國，此事在《史記·孔子世家》是於定公九年，當前五〇一年，即陽虎奔晉的同一年，但《左傳》不載，只提到前四九八年孔子派仲由爲季氏宰，奉命墮三都，公山不狃、叔孫輒率費人襲魯，阻止墮費。當時，魯定公退守季氏之宮的武子之臺，孔子保護他，命申句須、樂頎下臺反擊，打敗公山不狃、叔孫輒，二子奔齊，後奔吳。

「末（蔑）之也已」，「末」通蔑，「之」是往的意思。

這裡值得注意的是，公山弗擾召孔子，孔子動過心。孔子之所以動心，原因是當時時局很亂，卿大夫陵諸侯，陪臣陵卿大夫，彼此是三角關係，很微妙，這些諸侯、卿大夫和陪臣都不是好東西，但三種壞蛋一物降一物。當時，公室弱，問題不在君而在臣。孔子的原則是維護公室。他要出來做事只有兩個選擇：一種是自上而下，支持權臣，打擊陪臣，維護公室；一種是自下而上，支持陪臣，打擊權臣，維護公室，他曾考慮後一選擇，但最終還是選擇了前者。孔子動心，子路反對，他說您什麼地方不好去，非去公山氏那裡做事？但公山弗擾之召，崔述《洙泗考信錄》、趙翼《陔余叢考》皆以爲斷無此事，程樹德以爲還是存疑更好。

說句題外話。孔子的猶豫，對我很有啓發。壞蛋有大、中、小，策略有支、聯、反，排列組合，有六種可能。大壞蛋當然可以聯合或反對中壞蛋、小壞蛋，中壞蛋和小壞蛋也可以聯合或反對其他兩種。你不能因爲反對其中一種壞蛋，就說其他壞蛋肯定是好人。尤其是政治家，他們的敵友成天都在變。昨天的壞蛋，說不定是今天的好蛋；反過來也一樣，海珊和賓拉登都曾受美國支持，敵友關係變得太快。

在一個沒有好人的世界裡，我們總想挑一個壞蛋當好人。就像一個無路可走的人，會拿任何

一條路當出路。孔子的苦惱在這裡。（本章重點：孔子的變通）

齊景公待孔子曰：「若季氏則吾不能，以季、孟之間待之。」曰：「吾老矣，不能用也。」孔子行。【微子18·3】

這是講「去」，不是「去父母之邦」，而是從外國回到本國。

「待」，古代訓詁有「留止」之意，也有「待遇」之意。這裡有兩個「待」字，《史記·孔子世家》轉述此節，前一個「待」字，司馬遷換作「止」字，意思是留止；後一個「待」字，司馬遷換作「奉」字，指付給孔子的俸祿待遇。這是他的白話轉述。其實從文意來看，這兩個「待」字還是統一的好，都是講付給孔子薪酬。

這段話是齊景公跟孔子講，用他做官，待遇有多高。他說，你若想像季氏一樣，在我這兒當上卿，恐怕不行，太高；像孟氏一樣，在我這兒當下卿，又委屈你；最好，還是介於兩者吧。這是最初的說法。但後來他又說，我太老了，無法安排你。孔子只好走人。這裡，兩個「曰」字後面的話，都是齊景公說的，因此第二段話並不是孔子講的。

孔子到底爲什麼不受重用？據說是受晏嬰排擠，晏嬰嫉賢。像是《墨子·非儒下》就有這種講法；書裡說，齊景公問，孔子爲人如何？晏嬰不答，再問，則說孔子參與白公之亂，和白公是同一種人。齊景公封孔子於尼溪，他也反對。但這只是故事。孔子適齊在前五一七年，齊景公之卒在前四九〇年，晏嬰之卒在前五〇六年前，孔子適楚在前四八九年，白公之亂在前四七九年，孔子不可能參與白公之亂，齊景公也不可能聽晏嬰講這個事件。

孔子離開齊國是在齊景公三十一年，當前五一七年，當時孔子才卅五歲，不能說老，景公比他大上廿多歲，說老的只能是景公。景公那時五十五歲，按古代的標準可以說老，但景公說自己老不老，說支付的薪酬高不高，都是藉口。（本章重點：孔子枉遇齊景公）

齊人歸女樂，季桓子受之，三日不朝，孔子行。【微子18·4】

這也是講「去」，即孔子離開魯國的原因。孔子周遊列國，不是消極躲避，而是到外國遊說，找官做。

「齊人歸女樂」的「歸」，和【陽貨17·1】的「歸」字一樣，也讀「饋」或「遺」，是贈送的意思。「女樂」，是指歌舞伎。當時，齊國送歌舞伎給魯定公，季桓子受之，三日不朝，孔子大爲不滿，因此離開魯國。

孔子去魯在魯定公十四年，當前四九七年，即孔子五十五歲時。（本章重點：孔子去魯）

第6講

聞達／富貴／天命

孔子敬畏天命，但並不關心天本身，他關心的不是天而是「命」，即天對人事的影響。孔子說的命分兩種：一種是死生壽夭，即「性命」之命；一種是窮達禍福，即「命運」之命。「死生有命，富貴在天」，就是講這兩種命，他認為這兩種命都是窮人力，竭智巧，最終亦無法控馭。

孔子對聞達／富貴／天命的看法

綜論

關於聞達。「聞」和「達」，都是出名的意思，但「名」有俗名和真名，俗名是聞，真名是達；聞是虛名在外，達是名至實歸。生前出名和身後出名也不一樣，俗話說，人活臉，樹活皮；雁過留聲，人過留名。知識分子比誰都好名，孔子也不例外。孔子看重的當然是真名，他最怕死後不出名。

關於富貴。孔子想做官，不肯隱逸逃遁，終老林下，但沒有機會怎麼辦？隱者為了活命，還會躬耕壟畝，但他老人家卻反對種地，因此如果沒有外快或積蓄，便只能高高興興餓肚子，富貴於他當然是浮雲了。這叫安貧樂道；而且只要是孔子的學生，也都必須有此心理準備。

關於天命。孔子說「唯天為大」（【泰伯8．19】），人事是根據天道。但子貢說，他很少聽老師說起天道（【公冶長5．13】），過去，大家有個印象，孔子是不講天道的。郭店楚簡〈窮達以時〉發表後，大家反過來說：不，孔子很關心天道，不然，他何必講「天人之分」呢？要注意，「天人之分」並不是天人合一，反而是指天人的界限。天人關係是宗教問題，也是哲學問題，所有思想家都關心。商周時期，天子以天命為合法性，誰敢懷疑？大家都承認這個大前提。

孔子敬畏天命與鬼神，這在古代社會很正常，不敬反而不正常。他的使命感很強，別人說「天下之無道也久矣，天將以夫子為木鐸」（【八佾3．24】），他自己也這麼認為。難怪一碰上倒楣事，他就呼天吁命。孔子逃過司馬桓魋之難、匡之難，他說老天不要我死，他們能拿我怎麼樣（【述而7．23】【子罕9．5】）。冉耕病，他歎命；顏淵死，他呼天。他對天命很重視。「不知命，無以為君子也」（【堯曰20．3】），孔子晚而學《易》，韋編三絕，就是為了知天命。孔子雖重天命，對天地、鬼神卻敬而遠之，寧可先人後鬼，重視活人的程度超過死人（【先進11．12】），他不像當時的人那麼迷信，「怪、力、亂、神」他不講。孔子重天命，敬畏天命，但並不關心天本身，他關心的不是天而是「命」，即天對人事的影響。天是什麼，天道是怎麼回事，他很少談到。

孔子說的命分兩種：一種是死生壽夭，即「性命」之命；一種是窮達禍福，即「命運」之命。孔子說「死生有命，富貴在天」（【顏淵12．5】），就是講這兩種命，他認為這兩種命都是窮人力，竭智巧，最終亦無法控馭。文革批孔，說孔子是宿命論，一點沒錯。死生壽夭，怎麼改變？即使醫學發達的今天也無法改變（至少是無法徹底改變），不宿命怎麼辦？窮達禍福，貴族身分也是一生下來就命中注定，讓人無可奈何。當然，「命運」之命這一條，在孔子的時代已有所鬆動，當時的知識分子（即所謂士），畢竟可以自由流動找工作。但孔子的態度很古板，他強調讀書、干祿，靠本事吃飯，雖可以致富貴，但富貴不可求（【述而7．12】），沒有官做仍要耐得住貧餓和寂寞，保持君子風度。這和孔子強調貴族血統論的態度有關。

但《墨子》對此很不滿，書中的〈非命〉篇專門批判這種臣服「命運」之命的態度；〈非命〉說，老百姓憑什麼要認這個命，他認為富貴並非天定，誰說從此無法改變。還有〈明鬼〉，這是講鬼神的重要性，古往今來，老百姓對宗教的需求一直很強烈，沒有宗教管不了人民。他更認同下層，和孔子不一樣，而且在這個問題上他也唱反調。《老子》和孔子也不同，它才不講以人為本，它強調的是「人法天，天法道，道法自然」（第二十五章），人後面還有本。對天道本身，它比《論語》要關心，老子比孔子更關心。

聞達

什麼是聞？什麼是達？

子張問：「士何如斯可謂之達矣？」子曰：「何哉，爾所謂達者？」子張對曰：「在邦必聞，在家必聞。」子曰：「是聞也，非達也。夫達也者，質直而好義，察言而觀色，慮以下人。在邦必達，在家必達。夫聞也者，色取仁而行違，居之不疑。在邦必聞，在家必聞。」【顏淵12．20】

這裡的聞達就是我們平常說的「不求聞達」的聞、達。「聞」是出名，這裡指徒有虛名；「達」是練達，這裡指名至實歸。

子張問：士，也就是我們這類人，怎麼樣才能叫「達」？孔子說：你說的達是什麼意思？子張好名，他將「聞」「達」混爲一談，以爲只要有政聲，或以事君出名，或以事卿大夫出名，就是「達」。孔子告訴他：你說的都只是聞，還不是達。「達」是立身端正，內心好義，一言一行很謙虛，爲人行事很練達。聞是屬於大奸似忠一類，表面上看起來很仁義，實際作爲正好相反，還以名人自居，自以爲是，不以爲非。

聞與達，兩者的內涵是不一樣的。（本章重點：聞與達本質不同）

渴望出名

子曰：「富與貴是人之所欲也，不以其道得之，不處也。貧與賤是人之所惡也，（不）以其道得之，不去也。君子去仁，惡乎成名？君子無終食之間違仁，造次必於是，顚沛必於是。」【里仁4．5】

富人常拿自己的富裕、文明和秩序做窮人的榜樣。榜樣的力量是無窮的。但他們卻一直不明白，窮人愛錢，愛他們擁有的一切，但爲什麼不愛他們這些有錢人。這是因爲除了榜樣，富人們什麼也不給，就連「以其道得之」的「道」也無法回答。

孔子說君子和小人不一樣，小人恨貧賤，不安於貧賤，除了「彼可取而代之」，不知還有什麼「道」。孔子說，道就是仁。君子所安者，只是仁，要安仁守素。不合於仁，雖富貴不處；合於仁，雖貧賤不去。這個立場叫仁。沒有仁，君子就無法成名；有了仁，才有名。

「終食」是一頓飯的工夫，形容時間很短；「造次」是急急忙忙；「顚沛」是困頓挫折。孔子的意思是，不管怎麼忙，怎麼焦頭爛額，都不可離開仁，哪怕是一時一刻。離開仁，君子就沒法出名了。（本章重點：君子棄仁，無法成名）

達巷黨人曰：「大哉孔子，博學而無所成名。」子聞之，謂門弟子曰：「吾何執？執御乎，執射乎？吾執御矣。」【子罕9．2】

「達巷黨人」的「達巷」是街巷之名，「黨人」即鄉黨之人。《周禮．地官．大司徒》以五百家爲一黨，「黨」是州、鄉以下，閭、里以上的單位。這裡指住在達巷的居民。《史記．孔子世家》提到達巷黨人時，是作達巷黨人童子，底下多出「童子」。《漢書．董仲舒傳》提到「達巷黨人」，孟康注更說「達巷黨人」就是項橐。錢穆寫過〈項橐考〉，他說「達巷」和「大項」古音同，「黨」和「橐」字形近，「達巷黨人」就是古書提到的「大項」或「大項橐」。

項橐是個有趣的小孩，在戰國秦漢傳說中是個「不學而自知」的神童，據說「七歲爲孔子師」，與顏淵並稱。但孔門弟子中根本沒這個人，這是古代民間傳說的人物。漢畫像石的孔子見老子圖，孔子和老子中間經常有個小孩，就是項橐。項楚著的《敦煌變文選注》也有〈孔子項相問書〉，是以小兒難孔子的形式寫成。項橐在漢代很有名，但我們並不知道司馬遷和孟康的根據到底是什麼。古代，與孔子有關的傳說經常出現這種小孩，大家覺得孔子學問這麼高，若找個小孩把他難倒，多好玩；像是《列子・湯問》中，小兒辯日的故事就屬這一類。事實上，談到「天才論」，孔子確有這類血統論天才論的想法，但他沒說自己就是天才。我們讀《論語》不難發現，他對自己評價並不高，他只承認自己比別人好學，並不認爲自己有多聰明。

這一章裡，達巷黨人的話是什麼意思，孔子的回答又是什麼意思，似乎值得重新考慮。過去都說，達巷黨人的話是誇孔子，說孔子太博大，六藝都懂，無法以一藝名之，而射、御，御賤於射，孔子謙虛，反而說如果讓他兩選一，他寧選更低賤的御（如鄭玄、朱熹）。

我的理解不一樣，我覺得達巷黨人的話，明明是譏刺，它是說：孔子這麼博學，卻無法專精成一家之名，豈不是白學了。孔子的回答很巧妙，他拿射、御打比方。古代的戰車，射手和御手相互配合，分工不一樣，射手是瞄著固定的目標射，盯著的是一個點；御不是這樣，它是拉著射箭的人到處跑，只有到處跑，才能找到合適的目標。博和精，最好兩全，但博與精若兩選一，他寧可選博。他這是替博辯護。

孔子是通人，而不是蔽於一曲的專家。我喜歡這樣的學者。（本章重點：要當射箭的，還是當駕車的）

不被瞭解

子曰：「不患人之不己知，患不知人也。」【學而1．16】

【學而1．1】說「人不知而不慍，不亦君子乎」的意思，和這一章相同。《論語》還有三處也是講這類想法：「不患莫己知，求爲可知也」（【里仁4．14】）、「不患人之不己知，患其不能也」（【憲問14．30】）、「君子病無能焉，不病人之不己知也」（【衛靈公15．19】），這些都是孔子說過的話。知識分子最好名，尤其是虛名。能夠看破名的，幾乎沒有。孔子強調，他不怕別人不瞭解他，怕的是自己不瞭解別人；他不怕別人不瞭解他，就怕自己沒有實學本事。他若眞不在乎，確實了不起。

不過，我們千萬別以爲他老人家眞不在乎別人怎麼看。他的話，有掩飾心理，越說自己不在乎，其實就是越在乎。孔子也曾說「君子去仁，惡乎成名」（【里仁4．5】）、「君子疾沒世而名不稱焉」（【衛靈公15．20】）；對名，他還是非常在乎的。他若不在乎，又何必在【憲問14．35】中感歎「莫我知也夫」「知我者其天乎」，他的意思是除了老天，沒人瞭解他。此外，孔子在衛擊磬時，荷蕢而過孔氏之門的人也聽出來了，說他這是爲「莫己知也」發愁（【憲問14．39】）。

孔子的內心，其實很孤獨。（本章重點：孔子眞的不在乎名嗎）

子曰：「不患無位，患所以立。不患莫己知，求爲可知也。」【里仁4・14】

「位」和「立」是同源字，位是所立之處。

孔子相信自求多福，凡事不求人，一切反求諸己。所以他說，先求自己有道德、有本事，再去做求祿位；先求自己有值得別人賞識的地方，再求別人賞識。孔子曾多次講述這類道理。（本章重點：不怕沒人知，就怕沒本事）

子曰：「不患人之不己知，患其不能也。」【憲問14・30】

類似的表達在《論語》中多次出現，可參見前面【學而1・16】的講解。孔子總是說，他不怕人家不瞭解他。他這麼說，如果是給自己打氣，還可以理解，但總是念念叨叨，就讓人有點懷疑。因爲至愛就是不自知其爲愛，至高就是不自知其爲高，忘者得之，好像生物本能一樣。動物行爲學家說，動物比人更眞誠，對人的報答也超過人，主要就是牠們的感情是發自本能。

一個人若眞的不在乎名，就不必老掛在嘴邊；掛在嘴邊，就還是放不下。其實若從內心世界觀點看，孔子對生前身後之名（尤其是身後的名），還是非常看重。別人不瞭解他，令他備感孤獨，相關內容還可參看【憲問14・35】【衛靈公15・20】。（本章重點：孔子很在意聲名）

子擊磬於衛，有荷蕢而過孔氏之門者，曰：「有心哉，擊磬乎！」既而曰：「鄙哉，硜硜乎！莫己知也，斯已而已矣。深則厲，淺則揭。」子曰：「果哉！末（蔑）之難矣。」【憲問

14·39】

「磬」，孔子學音樂的老師是魯國的樂官「擊磬襄」，即師襄子。《孔子家語·辨樂》：「孔子學琴於師襄子，襄子曰：『吾雖以擊磬爲官，然能於琴。』」孔子不僅會鼓瑟，還會擊磬，都是跟他學的。磬是用石板製成，往往像編鐘一樣，編聯成組，懸掛而擊之。

「荷蕢而過孔氏之門者」，按傳統解釋，都說這是一位古隱者。隱者的傳統形象不是老農，就是漁父。「荷」是肩挑手扛，「蕢」讀「饋」，這是草編的筐子。

「鄙哉，硜硜乎」，「鄙」是俗氣，「硜硜」是擊磬的聲音，硜與磬的古音相同。

「深則厲，淺則揭」，出自《詩·邶風·匏有苦葉》，「厲」是穿著衣裳過河，「揭」是撩起衣裳過河；意爲涉世如涉水，當知深淺。

「果哉！末（蔑）之難矣」，「果」是果決；「末（蔑）之」是一個固定的詞，末通蔑，是沒有辦法的意思；「難」是辯難。

這一章是講，孔子仕衛不得意，在家擊磬，有個擔草筐的人從門口經過，一聽就知道孔子有心事。他說，你這麼擊磬，是有心事吧；過一會兒又說，你這麼硜硜作響，也太俗氣了吧，人家不想理解的，不就是你那點心事嘛。《詩經》說，河水深就穿著衣裳過河，河水淺就撩起衣裳過河，你該知道世事的深淺呀。這名隱者的意思是：世道這麼壞，你又不是不知道，何必非要人家理解你。孔子聽了，只好說，您要說得這麼絕，那我也無話可說了。此章足以說明，孔子說不患人不知，其實他還是非常在乎的。（本章重點：孔子擊磬解悶）

子曰：「君子病無能焉，不病人之不己知也。」【衛靈公15・19】

這是孔子反覆強調的思想，意即不怕人不知，就怕己無能。還可參看【憲問14・30】。（本章重點：強調自我養成的重要）

唯恐死後不留名

孔子總是說，他不怕別人不瞭解他，其實他還是有點怕，否則他就不會唉聲歎氣地說：「莫我知也夫」「知我者其天乎」「君子疾沒世而名不稱焉」。至少，對死後的名聲，他還是非常在乎的。

子曰：「莫我知也夫！」子貢曰：「何爲其莫如知子也？」子曰：「不怨天，不尤人，下學而上達，知我者其天乎！」【憲問14・35】

「下學而上達」，孔注說：「下學人事，上達天命。」孔子認爲，他的爲人所知或不被人知，是自己決定不了的。他只能盡人事，聽天命。

請注意，孔子經常說別去在乎別人知不知道自己，但這段話卻透露出，他對自己不爲人知還是非常在乎的，而且感到酸酸的無奈。他雖說「不怨天，不尤人」，但還是慨歎知他者只有老

天。（本章重點：只有老天瞭解孔子）

子曰：「君子疾沒世而名不稱焉。」【衛靈公15．20】

我在前面說過，孔子不是不要名，而且他有點擔心別人不知道他。人有生前之名和身後之名，孔子把「名」看得很重，特別是身後之名。對於「利」，他也不是不要，他對祿也看得很重。我記得傑克．倫敦說過，名和利，兩樣挑一樣，他要利；如果有了利，他要名。虛名和實利，我也寧可選擇利。（本章重點：就怕死無聞）

富貴

古人說「衣食足而知榮辱」（《管子．牧民》），其實衣食足了，也未必知榮辱，就像現代人。學《論語》，從哪兒學？【鄉黨10．6】的「食不厭精，膾不厭細」，恐怕不用學也會。整部《論語》，我曾說【子罕9．26】的「三軍可奪帥也，匹夫不可奪志也」（教人擇善固執堅守正道）這一條最難學。但其實還有一條也不好學，那就是——「貧而樂」「不義而富且貴，於我如浮雲」。在這衣食富足的時代裡，學《論語》，不妨先學這兩條，試試看！

子曰：「富而可求也，雖執鞭之士，吾亦為之。如不可求，從吾所好。」【述而7．12】

「富而可求」，《史記．伯夷叔齊列傳》引作「富貴而可求」，「富」是祿，現在叫「收入」和「薪資」；「貴」是位，現在叫「頭銜」和「地位」。商周時期，富貴是由出身、由血統決定，生下來就定了，無法選擇，只能聽天由命。到了孔子的時代，血統論自下而上受到衝擊，但他還是認爲富貴是不可求的，叫學生不要爲之動心。

中國的大學，教授拿薪資，依的是聘雇制度，貴族制度早就沒有了，但矛盾依然存在。西方的大學，英美情況卻不大相同；英國比較「死生有命，富貴在天」，香港學英國，也是如此。美國則比較市場化，但美國也有tenure（終身職），有鐵飯碗。以前，我在考古所，文革之後第一次評職稱，夏所長（夏鼐）說：第一，你們不要爭，這班公共汽車走了，還有下一班，總能上得來的；第二，你們別嫌位置低，我們所上的副研究員等於其他研究所的研究員。他是從英國學考古回來的，這是論資排輩時代的一個小故事。

這一章，用我的體會來讀似乎仍是「死生有命，富貴在天」：如果富貴可求，就是地位再低，我也可以試一下；如果這是做夢，根本不可能，那你還是像我一樣，安貧樂道好了。補充說明，「執鞭之士」是指地位很低的小官。（本章重點：富不可求）

子曰：「飯疏食，飲水，曲肱而枕之，樂亦在其中矣。不義而富且貴，於我如浮雲。」【述而7・16】

「飯疏食」，是指吃粗糧。前人對「疏食」有不同理解。石磨發明以前，古代沒有麵食，所有的穀物如穀子、糜子、麥子、稻子都是粒食，所謂精、粗之分，是看米舂得精不精。這是一種理解。另一種，是以好吃不好吃來分，但好吃不好吃，標準很難定。過去，我們是以大米、白麵爲細糧，穀子、玉米、高粱、豆子算粗糧。此外，《釋文》引或本又作「蔬食」。「蔬食」的意思是「菜食」，大概是吃瓜果蔬菜。

「飲水」，是指喝涼水。熱水叫「湯」，涼水叫「水」。

「曲肱而枕之」的「肱」是上臂，指彎著胳膊，把頭枕在上面，用胳膊代替枕頭。（本章重點：安貧樂道）

子謂衛公子荊善居室，始有，曰苟合矣；少有，曰苟完矣；富有，曰苟美矣。【子路13・8】

「衛公子荊」，即吳季札所稱衛國六君子中的公子荊。此人是衛獻公的兒子，字南楚（《春秋世族譜》），前面要加「衛」字，是爲了與魯哀公的兒子區別，即魯國的公子荊。

這段話，可能是孔子仕衛時所講。

「苟」，朱注說是「聊且粗略之意」，很對。清人俞樾說「苟」可訓「誠」，以爲這個字是相當誠然之誠（《群經平議》），不對。「苟」訓「誠」的誠是表示假設，意思是假如，但放在這裡完全講不通。

「居室」，是居家過日子。

孔子這段話是讚美衛公子荊知足常樂。此人對生活起居，能湊合就湊合，一點不挑剔。開始，剛有點東西，他說這也湊合了；後來，再多一點，他說這也足夠了；最後，東西眞的多起

來，他說這也太華麗了。（本章重點：有地方可住就夠了）

子曰：「貧而無怨難，富而無驕易。」【憲問14・10】

人生有很多難過的關，「窮」是一大關。

古人說「由儉入奢易，由奢入儉難」（宋王素《世範》卷中引），但這個「易」也恰恰埋伏著「難」。窮人，窮則思變，急於致富，當然有強烈動機。要富家子弟看破金錢，還容易一點；要苦孩子看破金錢，就難了，畢竟他從沒見過錢，沒享受過。（本章重點：窮與富之間）

在陳絕糧，從者病，莫能興。子路慍見曰：「君子亦有窮乎？」子曰：「君子固窮，小人窮斯濫矣。」【衛靈公15・2】

古代的僧侶很多都是苦行僧，沒有工作，沒有收入，到處流浪，靠乞討爲生。聖人也是如此，他們和乞丐有不解之緣。知識分子，原來也是自由工作者，自由工作的特點就是靠人施捨，有人養。聖人的故事總少不了蒙難，唐僧取經歷九九八十一難，餓肚子是家常便飯。

孔子周遊列國主要有三次大難：一次是過匡被圍（前四九六年），見【子罕9・5】；一次是宋司馬桓魋要殺他（前四九二年），見【述而7・23】；一次是在陳斷糧（前四八九年），即這一章所述，這是第三次大難。

「在陳絕糧」的「糧」，《釋文》引鄭注本作「粻」，字不同，意思一樣。孟子說「君子之厄于陳、蔡之間，無上下之交也」（《孟子・盡心下》），他把斷糧地點說成陳、蔡之間。《荀子・宥坐》也提到此事，說「七日不火食，藜藿不糂，弟子皆有饑色」，即七天沒起火做飯，光吃野菜，粒米未進，餓得夠嗆。當時，子路想不通，孔子講了很多大道理給他聽，提到：你怎麼知道我不會從「桑落之下」發跡呢？楊倞注：「桑落，九月時也，孔子當時蓋暴露，居此樹之下。」這下畫面更具體了，他們是在一棵樹葉飄零的桑樹底下餓肚子。

這次餓肚子，可把大家餓慘了，因爲「從者病，莫能興」，大家都餓得爬不起來了。子路氣得直跳腳，說「君子亦有窮乎」，意即君子也該這麼餓肚子嗎？孔子說「君子固窮，小人窮斯濫矣」，即君子當然會受窮，但不像小人那樣耐不住窮，一窮就歇斯底里。這裡，概念同樣是「君子」，但每個人理解不一樣。

子路認爲，君子是體面人，不但一定有飯吃，而且還吃得很好。他說的是「身分君子」，那是貴族。但孔子說的不是這種君子，他說的是「道德君子」。「道德君子」有君子風度，但不一定有錢有勢，弄不好難免餓肚子。但君子窮，也要窮得有風度。他曾在前一章【憲問14・10】說過「貧而無怨難，富而無驕易」，小人的特點就是受不了窮，窮了就會發牢騷，甚至大發脾氣。孔子的意思是：像你這樣，就是屬於「窮斯濫矣」。

「君子固窮」的「固」，舊注都以爲是「固然」之意，包括朱注，但朱注引程子說，卻把「固窮」解釋爲「固守其窮」，這後說不可取。（本章重點：當一個道德君子，免不了餓肚子）

天命

敬畏天命

曾子有疾，召門弟子曰：「啓予足！啓予手！《詩》云：『戰戰兢兢，如臨深淵，如履薄冰。』而今而後，吾知免夫！小子！」【泰伯8．3】

這是曾子講大病一場，死裡逃生的感覺，描寫很生動。

「啓予足，啓予手」，抬抬我的腳，抬抬我的手，其實也就是動動我的手，動動我的腳。他這麼說是叫學生過來看，我這手、我這腳，不都好好長在身上嗎？這是死裡逃生的心情。像是動完大手術，剛從麻醉中甦醒的病人，周圍的世界好像煥然一新，自己好似新生兒。你會覺得，我的眼睛能看，我的耳朵能聽，我的手腳能動，多好呀，此時此刻，就連拉屎撒尿放屁都充滿幸福感。失而復得，方知一切可貴。

「戰戰兢兢，如臨深淵，如履薄冰」，出於《詩・小雅・小旻》，曾子引之，是形容生命懸於一線之感，這正是他剛從死亡線上逃脫的眞實感受。

「而今而後，吾知免夫」，是說從今以後，我才知道什麼叫撿了一條命。

這種體會，沒有生過大病的人根本不知道。生老病死，老、病在生死之間。大病，一腳在生，一腳在死，來得很突然，和老之將死不太一樣，沒有足夠的心理準備，因而若病癒感覺特別好。古人勸人向道，主要就是兩個方法——算命和看病。重病是死亡的門口，人不知死，哪裡懂得生。很多人都是大病一場，才算活明白什麼名呀利呀，全都是身外之物。當然也有人，病的時候明白了，才痊癒沒幾天又變糊塗，忘了。

曾子是有名的大孝子。今《大戴禮》有〈曾子本孝〉〈曾子立孝〉〈曾子大孝〉篇章，都是講孝。樂正子春說，他的老師曾子聽孔子說，「天之所生，地之所養，人爲大矣。父母全而生之，子全而歸之，可謂孝矣；不虧其體，可謂全矣」（〈曾子大孝〉）。傳爲曾子作的《孝經》也說「身體髮膚，受之父母，不敢毀傷」，儒家重生，認爲生命是父母給予的禮物，只有把身體保護好才對得起父母。（本章重點：曾子大病一場如獲新生）

子罕言利，與命與仁。【子罕9・1】

這段話該怎麼理解、怎麼讀，歷來有爭論。一種是把「利、命、仁」都當成是孔子正面肯定的東西，認爲「與」是連接詞，相當於「和」或「以及」（出於何晏），因此作八字連讀，意思是孔子很少談「利、命、仁」這三個字。還有一種是把「利」當成是孔子否定的東西，認爲「與」是贊同或說與之意（出於皇侃），故把「子罕言利」和「與命與仁」分開讀，意思是孔子不愛講「利」，但喜歡講「命」和「仁」。兩種說法哪一種好，我們來討論一下。

討論之前，我們不妨講一下「利、命、仁」這三個字在《論語》中出現的頻率，簡單提供大家一些概念——

講「利」確實講得比較少，只有六章（【里仁4．12／4．16】【子罕9．1】【子路13．17】【憲問14．12】【堯曰20．2】），而且多半把「利」當負面的東西講，或是在「義」的限定底下講。可見孔子不是不講利，只是反對見利忘義，取之不以其道。

孔子講「命」也講得少，一共只有七章（【爲政2．4】【雍也6．10】【子罕9．1】【顏淵12．5】【憲問14．36】【季氏16．8】【堯曰20．3】）。孔子說的「命」是天命，帶有神祕感，他很少提及，提到也多半是以敬畏的口氣或感歎的口氣，一般來說是正面的。

孔子講「仁」講得很多，一共有五十九章，畢竟仁是他最推崇的道德，他很少以仁許人，因此他對仁的觀感絕對正面。《論語》的字頻，只是個參考，我們並不知道孔子說話時的全貌。傳世古書還有很多孔子的話（如大小戴《記》等書所述），但即便加上這些，也不是全貌。孔子講「仁」講得多，講「利」講「命」講得少，這些只是大致估計。

孔子講利講得少，是因爲他重義輕利；講命也講得少，是因爲天命難言；講仁講得很多，是因爲他推崇仁。《後漢書．方術列傳》說孔子「不語怪神，罕言性命」，後人因此以爲孔子從不關心天道、性命，但郭店楚簡告訴我們，孔子對這類問題還是頗爲關心，只不過，他更關心的是天命之命、人性之性，而不是天道運行、死生壽夭。

這一章，如果以講多講少來論，那麼孔子罕言的可不只是利，還應該有命，這樣一來就應該說：子罕言利言命，若是這樣就不該把命和仁放在一起，與利對照，或把三者視爲一類。如果以肯定不肯定的觀點來論，應該是說：子罕言利，但贊同命和仁，和講得多或少沒太大關係。兩相

比較，我覺得後一說法好一點。（本章重點：子罕不重利）

子疾病，子路使門人爲臣。病間，曰：「久矣哉，由之行詐也！無臣而爲有臣。吾誰欺？欺天乎？且予與其死於臣之手也，無寧死於二三子之手乎？且予縱不得大葬，予死於道路乎？」

【子罕9．12】

子路對孔子一片忠誠，特別有感情，但經常挨孔子罵，爲什麼？原因是，他急脾氣，熱心腸，經常添油加醋，好心幫倒忙。

以這一章的事爲例。孔子患病，大概病得不輕，孔子還沒死，子路就「使門人爲臣」，弄了個治喪委員會。古代辦喪事的「臣」，可能不只是擔負治喪委員會的工作，他們還要置辦棺椁衣衾，替死者剪頭髮、剃鬍鬚等等。

組織「門人」，子路估計是找比自己輩分低的學生當操辦喪事的「臣」，替孔子料理後事。這讓我想起一個眞實的故事。某先生病，消息傳到某地，訛爲死，大家說趕緊發唁電，幸虧有人打了個電話，差點鬧笑話。子路這事也確實荒唐，他忙了半天，萬萬沒料到老師的病突然好了。孔子聽說這件事，氣得不得了，他罵子路：好你個由，你一直不老實，老愛弄虛作假！我明明不該有這種待遇（諸侯才配有這種「臣」），你偏要自作聰明搞這一套。你想讓我騙誰？騙老天嗎（讓我在老天面前裝死）？況且，我就是死，也不能這麼死。我與其死在你派來的這些臣手裡，還不如直接死在「二三子」（指孔門最核心的弟子）的手裡。況且，我就算得不到隆重的葬禮

（因爲沒有專職的「臣」治喪），也不至於死在路上吧！死在路上也比這強。子路是好心辦壞事，孔子卻對他破口大罵，他一定非常傷心。（本章重點：子路急躁過了頭）

子曰：「予欲無言。」子貢曰：「子如不言，則小子何述焉？」子曰：「天何言哉？四時行焉，百物生焉，天何言哉？」【陽貨17・19】

孔子在生氣，說實在不想說話了，大概是因爲他對政治很絕望吧。子貢說，您不說話，我們這些當學生的還有什麼用？當學生的就是要往下傳述老師的道。孔子便以天自況，說老天不說話，四時照樣運轉，萬物照樣生長。（本章重點：孔子不想說話）

孔子曰：「不知命，無以爲君子也；不知禮，無以立也；不知言，無以知人也。」【堯曰20・3】

孔子強調君子應有「三知」——知命、知禮、知言。

「知命」，命是天命，在人事之上，最不可測。郭店楚簡〈性自命出〉篇：「性自命出，命自天降。」（簡2—3）。命有兩種：一是死生壽夭，即「性命」之命，死生有命的「命」；二是窮達禍福，即「命運」之命，富貴在天的「命」（可參看【顏淵12・5】）。雖然古代的術家和醫家，以及現在的科學家都相信，人對命多少還是有一點影響力，可以加以預測或改變。像是現代，人的平均壽命提高了，就連颳不颳風下不下雨，也可以預報了，但歸根結柢這兩種命，都是窮人力，竭智巧，最終無法操控的東西。孔子敬畏天命，他認爲不知命，不能做君子。

「知禮」，禮是社會性的倫常綱紀、行爲規範。孔子認爲，立身做人要合乎禮；要做君子，這一條也不能少。

「知言」，「言」是人類交往的工具，不管是寫下來還是說出來，人和人的交流，捨言而莫從。要做君子，這一條也不能少。

後面這兩條：「不知禮，無以立也」，「立」是自立；「不知言，無以知人也」，「知人」是瞭解他人，理解他人。在人際的範圍裡，這兩條一樣不能少。（本章重點：君子有三知）

吁天呼命

伯牛有疾，子問之，自牖執其手，曰：「亡之命矣夫！斯人也而有斯疾也！斯人也而有斯疾也！」【雍也6・10】

「伯牛有疾」的「伯牛」，是冉耕，字子牛，行輩排行爲伯，這裡以字稱。他是孔門第一期的學生，也以德行著稱。司馬遷說冉耕「有惡疾」，他患的是什麼病？漢儒說是「癩」，也就是痲瘋病，這時的冉耕已經病重垂危。

「牖」，是窗戶。

「亡之」，簡本作「末之」，唐寫本《論語鄭氏注》和《新序》，引《論語》亦作「末之」，《漢書・楚元王傳》引作「蔑之」，《禮記・檀弓上》有「末之卜也」。【憲問14・39】有「末之難矣」，這個詞的含義還值得研究，這裡看來似乎是指毫無辦法、無可奈何。

孔子前去看望冉耕，從窗戶拉拉他的手，難過地說：命運真是無可奈何呀！這麼好的人怎麼會得這種病呀！這麼好的人怎麼會得這種病呀！

痲瘋病在古代是很可怕的病，患病的人會受到歧視，人們會走避不接觸他。傅柯在《瘋顛與文明》說，痲瘋病在歐洲很流行，中世紀末這種病逐漸減弱後，瘋人院便代替了痲瘋病院，歧視瘋子代替了歧視痲瘋病人。中國也有痲瘋病，現在基本上已消滅，馬海德醫生（George Hatem）對消滅中國的痲瘋病有巨大貢獻。切・格瓦拉搞革命之前，也是痲瘋病醫生。

但程樹德說，冉耕患的恐怕不是「癩」，理由有三：第一，癩唯熱帶之地有之，冉耕是北方人，不該得此病；第二，患癩不過殘廢，不一定會死；第三，癩的傳染性很強，孔子斷無與他握手之理。這些說法不對。痲瘋病，北方有之，嚴重者會死；握手不一定傳染，理由並不充分。

孔子為什麼要隔著窗戶拉冉耕的手，是害怕傳染，還是不忍見其臨死面容，或為之把脈定生死……有各種猜測。李敖對這段話有所發揮，他說，我講話為什麼總是自吹自擂，這是我的人生之道，因為臺灣可氣的事太多，沒有這種人生之道，我早就死了。他說，孔子講「斯人也而有斯疾也」，所以像我這種生龍活虎的人怎麼能生悶氣，怎麼能像殷海光那樣得胃癌、胃潰瘍而死呢？知識分子得這種病，就像神父得梅毒而死。受李敖啓發，那我們也可以說，孔子惋惜的是，像伯牛這麼純潔的人，怎麼會患這種手足潰爛的不潔之症呢？（本章重點：冉耕有惡疾）

子見南子，子路不說（悅）。夫子矢之曰：「予所否者，天厭之！天厭之！」【雍也6．28】

「南子」，是宋女，子姓，以南爲氏，她是衛靈公的夫人。南子很漂亮，與美男宋朝通姦（見【雍也6．16】），有惡名。

孔子見衛靈公，當在前四九五年。司馬遷說孔子見靈公之前，南子使人傳話給孔子，說凡是想見衛君的君子，沒有不先拜見她的。孔子見南子，入門，北面稽首，南子坐在帷帳後接見孔子，施禮再拜，環佩之聲相聞。拜見後，孔子知道子路會不滿，特意對子路解釋自己是出於禮貌，不得已而見之，但子路仍不悅，於是孔子指天發誓，而有了這一章的對話（《史記．孔子世家》）。在這裡，「矢」是發誓，「否」指非禮。孔子發誓：如果我有非禮之舉，就讓老天拋棄我吧。（本章重點：孔子見衛靈公的夫人）

子在川上曰：「逝者如斯夫，不舍晝夜！」【子罕9．17】

孔子臨河而歎。這裡的「川」是哪條河，無法確定。魯國境內的河有洙水、泗水和沂水，孔子周遊列國，據說還到過黃河邊（《史記．孔子世家》）。

常言道「光陰似流水」或「似水流年」，孔子可能是在感歎光陰易逝吧？（本章重點：孔子感歎光陰）

子曰：「從我於陳、蔡者，皆不及門也。」【先進11．2】

這句話一定是孔子在晚年講的，也帶有回顧性質。這是感傷的話。「從我於陳、蔡者」，指追隨孔子周遊列國，在陳、蔡蒙難的學生。這些弟子是哪些人明確可考，似乎只有顏回、仲由、端木賜，或說還有宰予、顓孫師。

「皆不及門也」，向來有二說：一說是不及仕進之門（《鄭注》），劉寶楠更引孟子「君子之厄於陳、蔡之間者，無上下之交也」（《孟子．盡心下》），以爲是指孔子沒有學生在陳、蔡做官，找不到打通關節的門路；另一說是不及師門，即這些忠心耿耿的學生都已經不在孔子跟前了，全都離開了師門（《集注》）。我看，還是後說好。這段話是孔子的哀歎，估計是在前四八四年，即孔子六十八歲以後所講，甚至可能是在回死由亡後的最後兩年，即前四八〇年或前四七九年所講。（本章重點：老學生都不在身邊）

顏淵死。子曰：「噫！天喪予！天喪予！」【先進11．9】

顏回之死，對孔子打擊很大。他說：唉！老天要我的命呀！老天要我的命！《公羊傳》哀公十四年：「顏淵死，子曰：『噫！天喪予。』子路死，子曰：『噫！天祝予。』」另外，子路死，孔子也這麼喊。（本章重點：孔子慟顏回）

五十知天命

子曰：「吾十有五而志於學，三十而立，四十而不惑，五十而知天命，六十而耳順，七十而從心所欲，不踰矩。」【爲政2．4】

這段話很有名，誰都拿它講自己，以爲是人生的指導原則。

讀這段話有兩點要注意，第一，這是孔子講自己，頭一個字是「吾」，既然是「吾」，可見是講他自己的人生體驗，不是講別人活到某個年齡該怎樣怎樣，也不是泛泛總結說大家到了某個年齡該如何如何。第二，孔子從十五歲講到七十歲。他這輩子總共活了七十三歲，我們可以斷定，此章的年代是在前四八二～前四七九年。比前四八二年早，不可能；比前四七九年晚，也不可能。他是在七十歲以後回顧自己的一生，說了這幾句話。每句話都是他生命的一個片段，前人說這是孔子的「一生年譜」（明顧憲成《四書講義》），或是「一生學歷」（程樹德《論語集釋》）。確實有道理。

「吾十有五而志於學」，十五歲年紀，古人叫「成童」，是小學畢業該升大學的年齡。我國古代只有小學和大學，沒有中學。孔子少年老成，在這個年齡便立志要做學問。現在的孩子不一樣，十五歲正值躁動的青春期，最會鬧，俗話說「十五六，狗都嫌」。這個年齡在西方叫teenager（一般指十三～十九歲的大男孩、大女孩），他們打架、泡妞、吸毒、聽搖滾，鄰居怕，家裡操心；美國法律規定，十六歲以上可以開車，喝酒，脫離父母，搬出去住，這是他們的「成童」。

「三十而立」，在中國古代，十五歲是一大階段，比它晚的廿歲也是一個階段。廿歲時，古人會爲男孩舉行冠禮（戴帽子禮），即成丁禮，表示他已長大成人，但孔子沒講。他看重的是卅歲。卅歲爲什麼說「而立」，清宋翔鳳說是「壯而有室」（《論語發微》），即我們常說的有了老婆孩子，才會有責任感的年齡。但孔子很早婚（以現在的標準講，是有點早），十九歲娶老婆，廿歲有孩子，照此說該是「二十而立」，可見不對。另一種解釋，是孔子自己的說法，即「不知禮，無以立也」（【堯曰20．3】），明人顧憲成說，立不立，關鍵是知禮，只有知書達理懂人事，才叫成人（《四書講義》）。這種說法更合理。孔子出名得早，廿七歲跟郯子學禮，卅歲便以知禮名；齊景公和晏嬰向他問禮，就在這一年。可見「三十而立」是這個意思。

「四十而不惑」，孔子在魯國出名後，開始出國遊學找工作。卅四歲，他到周都洛陽，向在王室圖書館當差的老子問禮。卅五歲，他到齊國找工作，齊景公說不好安排。這前一事有人懷疑，但後一事毫無問題。孔子短暫出國，回到魯國後沒官可做，只好死心塌地做學問。卅五歲以後、五十歲之前的他一直在家讀書習禮，教書育人。四十來歲這陣子，他全力治學，越學越明白，當然也就「不惑」了。

「五十而知天命」，什麼叫「知天命」？就是知道自己有幾斤幾兩，究竟能做點什麼，命中注定該做什麼。孔子說「不知命，無以爲君子也」（【堯曰20．3】），他認爲學習的目的是造就君子，而君子的使命是做官；讀書一定要做官，沒得商量，但什麼時候出山，在誰手底下做事，全看天命如何。魯昭公時期，機會未到，孔子只能埋頭讀書，自娛自樂。魯定公即位四年後，孔子四十七歲，陽貨請他出山，他沒答應，一直等陽貨出亡，他才肯出山。他出來做官已是五十一歲，正好在他「知天命」後。孔子「知天命」，據說和學《易》有關。司馬遷在《史記．孔子世家》說，「孔子晚而喜《易》，序《彖》、《系》、《象》、《說卦》、《文言》。讀《易》，韋編三絕。曰：『假我數年，若是，我于《易》則彬彬矣』」。但馬王堆帛書〈要〉篇也有「孔子老而好易」的說法，這比《史記》更早。司馬遷說的「晚」是幾歲？他沒直說，但他所引用的孔子語是出自《論語》，因爲孔子曾在【述而7．17】說「加我數年，五十以學《易》，可以無大過矣」；《皇疏》說，這是從四十五或四十六歲，再加上幾年，來到五十歲。《邢疏》說，這是從四十七歲，再加上幾歲，來到五十歲。也就是說，他是因爲學了《易》，知道自己該出來做官，才出來做官。所以第二年，他便出來做官。這是漢代的說法①。

「六十而耳順」，什麼叫「耳順」？比較費解。我說一下我的猜測。第一，要注意，古人所謂聰明，「聰」是聽力好，「明」是視力好，儘管俗話說：眼見爲實，耳聽爲虛，但耳朵比起眼睛所受的時空限制小，因此古人認爲耳朵比眼睛更重要。像是聖人，他們全都絕頂聰明、天生聰明；聖，古文字，與聽字和聲字同源，主要就是指耳朵好，善於傾聽民間疾苦，善於接受賢達勸諫。第二，我們看孔子年表，六十歲前後的他在做什麼？原來，五十五歲～六十八歲他正在周遊列國，到外國找工作。孔子一路顚簸，很不順心，但他很虛心，楚狂接輿、長沮、桀溺、荷蓧丈人這些隱者說的任何挖苦話，他都聽得進去，就連鄭人說他「累累若喪家之狗」，他也點頭稱是（《史記．孔子世家》）。我想，六十來歲的人，閱世既久，毀譽置之度外，這可能就是「耳順」吧？

「七十而從心所欲，不踰矩」，這是最高境界，分寸最難拿捏。小孩當然是從心所欲，但長大了就不許任性胡鬧。孫悟空大鬧天宮也是從心所欲，大鬧，有什麼規矩可言？但他受戒出家後，規矩倒是有了，若不聽話還有緊箍咒，但這麼一來哪裡還有從心所欲可言？兩全其美，太難。人活著，就有規矩管著；死了，才徹底自由。孔子活了七十三歲，和現在一般人的平均壽命比，好像算不了什麼，但按照過去的標準，已經活得夠久了。人之將死，離自由最近，或許近之。豁達的人、活得很明白的人，不只耳順，心也順了，物我兩忘，沒什麼捨不得放不下的，這叫「從心所欲」。「從」有兩種讀法：一種是讀如本字，指隨心所欲，想怎樣就怎樣；還有一種是讀「縱」，什麼都放得開，放膽放言，想做啥就做啥，意思差不多。「不踰矩」，是指無法中有法，怎麼做怎麼對，處處合乎規矩，雖有規矩，但不礙自由。人，只有活到頭才能活得明白，但很多人到死都不明白。

孔子志在天下，但命途多舛。他這輩子從「志於學」到「而立」到「不惑」，主要是學習；從「知天命」到「耳順」，主要是求仕。然而結果怎麼樣？晚境孤獨而淒涼。孔子在六十八歲高齡回到魯國，幾乎每年都有傷心事：六十九歲，兒子死了；七十一歲，絕筆《春秋》，顏回病

①很多有成就的古人，都只活到五十歲左右，王國維的遺書裡也說「五十之年，只欠一死」。他們的感覺是：五十歲，差不多活到頭了，該考慮收攤了，所以生命活得特別緊湊，五十歲時成就已很大。

逝；七十二歲，仲由死於衛。然而最奇怪的是，過了七十歲、即將走完人生旅程的他，卻說自己已達到「從心所欲，不踰矩」。死亡是最大的解放。

大家讀這一章時，不妨對比一下王國維的《人間詞話》。王國維講「三境界」——「昨夜西風凋碧樹，獨上高樓，望盡天涯路」，這是尋找目標；「衣帶漸寬終不悔，爲伊消得人憔悴」，這是窮追不捨；「眾裏尋他千百度，回頭驀見，那人正在燈火闌珊處」，這是如願以償。孔子是齎志而歿，並非如願以償。王國維更慘，五十一歲跳了湖。

前幾年，中華書局出版過一套《人生借鑒譯叢》（作者是普勞澤Gerhard Prause），就是按孔子的話編譯，外國的名人在卅歲、四十歲、五十歲、六十歲、七十歲有什麼感受，大家可以看一下。（本章重點：孔子的一生）

子曰：「後生可畏，焉知來者之不如今也？四十、五十而無聞焉，亦不足畏也已。」【子罕9·23】

這是講學生。現在的風氣是，學生靠老師出名，老師也靠學生出名，互相提攜，共創繁榮。

「後生可畏」，王羲之曾說「後之視今，亦猶今之視昔」（《蘭亭詩序》）。後生可畏，只因爲來日方長，其他有什麼可畏？老又怎麼樣，原來不也年輕過；年輕又怎麼樣，早晚要老。誰都年輕過。我更相信，每個時代都有當時的好人和優秀之人，也都有當時的笨蛋和壞蛋，老少何足掛齒。我認爲就基本的人性和智慧而言，每個人都差不多。

「焉知來者之不如今」，這話在這貴古賤今的時代，很可貴，尤其是從大保守派的孔子口中說出。我們不能一概否定「來者」，也不能一概吹捧「來者」，說將來什麼都比現在強。

「四十、五十而無聞焉，亦不足畏也已」，古人的壽命短，四十、五十歲就已經算年紀很大。孔子說如果活到這把年紀還是沒出息，一點名氣都沒有，這樣的「後生」就用不著怕了。以老賣老可惡，倚小賣小也可惡。後生可畏，後生也有可惡者，那些敗家子都是被慣壞的小孩。（本章重點：後生可畏）

子曰：「年四十而見惡焉，其終也已。」【陽貨17・26】

「見惡」，是指被人罵。

這段話沒有主語，是指別人，還是自嘲，有兩種意見。《集解》和朱注認為是指別人，清俞樾在《諸子平議》中認為是孔子自嘲。

不管是哪一種意思，有一點可以肯定，那就是，孔子認為如果四十歲以後還遭人罵、還是沒出息，這輩子就完蛋了。畢竟古人的壽命短，活到四十、五十歲就算活夠本，活到六十、七十歲已是撿便宜。（本章重點：四十歲有沒有出息）

敬鬼神而遠之

王孫賈問曰：「與其媚於奧，寧媚於灶，何謂也？」子曰：「不然。獲罪於天，無所禱也。」【八佾3·13】

「王孫賈」，鄭玄說，他是「自周出仕於衛」，即他是周王孫。此人名賈，見《左傳》定公五年和七年，是衛靈公的大夫。【憲問14·19】講衛靈公的大臣，其中提到「王孫賈治軍旅」，估計他是衛靈公的大司馬。孔子去魯適衛，是在前四九七年；事衛靈公，在前四九五～前四九三年。我們憑此人名可斷定，此章是記孔子事衛靈公前後的事。

「與其媚於奧，寧媚於灶」，這是當時的成語，意思是與其拍頂頭上司的馬屁，不如替直接管事的燒香。「奧」是室內的西南角，是主人所居，最尊；「灶」是做飯的地方，不如前者。古代祭五祀，戶、灶、門、行、中霤，都是迎尸於奧。奧爲室主，尊於灶，但和人的關係更直接的灶神。王孫賈問：這兩句話是什麼意思？孔子說：這話根本不對，如果得罪了上天，怎麼禱告都沒用。

王孫賈說的「奧」是誰，「灶」是誰？前人有各種猜測：一說王孫賈是暗示孔子，要他巴結自己（舊注都這麼講）；一說王孫賈是請教孔子，問他自己是不是該巴結彌子瑕（清任啓運《四書約旨》）。現在一般的看法都認爲「奧」是衛靈公，「灶」是王孫賈，或南子、彌子瑕。

前四九五年，孔子初到衛，欲透過南子，求仕於靈公。因此我懷疑，「灶」是南子，「奧」是靈公，這就像後世，大臣欲通皇上，要先求娘娘、公公一樣。（本章重點：打通關節）

樊遲問知（智）。子曰：「務民之義，敬鬼神而遠之，可謂知（智）矣。」問仁。曰：「仁者先難而後獲，可謂仁矣。」【雍也6・22】

「務民之義」，是指盡力引導人民趨向「義」。

「敬鬼神而遠之」，是孔子對宗教的態度。當時的統治是靠神道設教。孔子主張，鬼神還是要祭，只不過要「敬而遠之」，把它當做一種儀式化的表演，眞正的目的還是教民向義。同樣地，荀子談占卜也是持類似態度，他說「卜筮然後決大事，非以爲得求也，以文之也。故君子以爲文，而百姓以爲神，以爲文則吉，以爲神則凶也」（《荀子・天論》）。

「先難而後獲」，是指先苦後甜。先致力於耕耘，才談得上收穫。這是「仁」。

孔子認爲，「敬鬼神而遠之」是明智，不這麼做則愚昧。這是一種人文取向，它對中國文化影響至爲深遠。中國的精英文化非宗教，而民間信仰對於各種神，誰都可以拜，誰都不虔誠，是好是壞，大家可以思考。來到近代，中國挨打，有人歸咎於我們沒有西方那樣的宗教，因而要把儒家思想改造成這樣的宗教，我不贊同。（本章重點：怎麼做才明智，才向著仁）

子不語怪、力、亂、神。【述而7・21】

「子不語」，是指孔子不喜歡說的事。孔子不喜歡講「怪、力、亂、神」。

「怪」，是指超自然、反自然的各種奇蹟。古書有所謂搜奇、志怪一類，常記載這類現象。「力」，是指施暴逞強，以力服人。「亂」，是指悖理亂常。「神」，是指鬼神之事。（本章重

點：孔子不愛說的事）

子疾病，子路請禱。子曰：「有諸？」子路對曰：「有之。誄曰：『禱爾於上下神祇。』」子曰：「丘之禱久矣。」【述而7．35】

此章所述與【子罕9．12】爲同一件事，可相互參看。

「誄曰：『禱爾於上下神祇』」，《說文》卷三上引作「曰『禱爾於上下神祇』」，並以爲「禱也」，誄爲「諡也」，前者是爲生者求福，後者是爲死者作諡。劉寶楠認爲，這是《古論》和《魯論》寫法不一樣。

古人生病時，若醫藥針石無效，得靠禱詞乞求神靈，除病消災。出土楚簡有一種占卜簡，就是占卜生病後的禱詞。這一章講的是，孔子患病，子路著急，要替老師禱詞。孔子說：有這樣治病的嗎？子路說：有，誄書上都講「禱爾於上下神祇」。孔子謝絕，說「丘之禱久矣」。

這段話怎麼理解？似乎値得討論。傳統解釋是，孔子信天命，但反對求鬼神，凡禱告鬼神，都是爲了求神釋罪，他認爲無罪可釋，所以拒絕禱神。但他既然表示拒絕，爲什麼又說早就禱告過了呢？我懷疑，孔子說的是諷刺話。誄書，是死後表示哀悼的文辭，它說的禱詞都是死者生前的事，但當時孔子還活著，子路如此引之很不得體，孔子聽了很生氣。他老人家說：是嗎？那你爲我禱病，不就是很久以前的事了嗎——你這是盼我死呀。他這是在挖苦子路。我懷疑，《說文》把誄寫成「讄」，可能是讀不懂原文，乾脆換個假借字，說是講禱告的書上有這種話。（本

章重點：子路爲孔子禱病）

季路問事鬼神。子曰：「未能事人，焉能事鬼？」曰：「敢問死。」曰：「未知生，焉知死？」【先進11．12】

「季路」，即子路，上加行輩字，亦以字稱。子路說的話經常被老師敲打，不是旁敲側擊，就是破口大罵，幾乎沒好話。這一章的情況還算客氣。子路問祭鬼神，孔子不正面回答，只說「未能事人，焉能事鬼」。子路又追問死，孔子也不正面回答，只說「未知生，焉知死」。子路討了個沒趣。

人是活人，鬼是死人，這兩個問題其實有關。孔子對鬼神不是不信，對死亡也非漠然視之，他只是比較超然，重視活人勝過死人，重視生命勝過死亡。李商隱有〈賈生〉一詩：「宣室求賢訪逐臣，賈生才調更無倫。可憐夜半虛前席，不問蒼生問鬼神。」由此可見孔子的態度和漢文帝正好相反。此外，《墨子》的〈明鬼〉篇，宣揚鬼神的重要，這也和孔子的態度不一樣。（本章重點：鬼神和死亡）

使命感

儀封人請見，曰：「君子之至於斯也，吾未嘗不得見也。」從者見之。出曰：「二三子何患

於喪乎？天下之無道也久矣，天將以夫子爲木鐸。」【八佾3・24】

「儀封人」，鄭玄說，儀是衛邑，這個儀在哪裡？不清楚。《續漢書・郡國志》《水經注・渠水》引《西征記》說，儀是漢代的浚儀，漢代的浚儀在今河南開封，這種說法未必可靠。「封人」是管邊界封樹的小官，見《周禮・地官・封人》，此職多見於《左傳》。封樹，是封土植樹，以爲界標。

儀，是衛國邊境上的小城。孔子路過該地，儀封人說，凡到訪此地的君子，沒一個我沒見過，所以他一定要見孔子。在古代，拜見有身分的人，要經人介紹，這裡的「從者」就是指通報孔子，而帶他見孔子的學生，也就是底下的「二三子」。儀封人見了孔子，感到很佩服，便對孔子的學生說，你們別感到失落，天下無道已經很久了，老天將讓你們的老師出來行教佈道，宣傳上天的旨意。「木鐸」，是帶有木舌的金屬鈴鐺，古代使者出行，沿途要搖它，儀封人是以木鐸比喻孔子。

這段話是什麼時候講的？肯定是孔子周遊列國期間。孔子周遊列國，曾先後三次到衛國，一次是前四九七～前四九六年；一次是前四九六年，短暫離開，又返回，事衛靈公；一次是前四八九～前四八四年，事衛出公。這是哪一次，不好確定。（本章重點：孔子受到佩服讚揚）

子曰：「道不行，乘桴浮於海。從我者，其由與（歟）？」子路聞之喜。子曰：「由也好勇過我，無所取材。」【公冶長5・7】

「桴」，是小木筏。

孔子絕望於世，他也不是沒有遠離政治的想法。他歎氣說，我的主張行不通呀，眞想找個小木筏，漂流大海上，跟我走的準是子路吧？子路聽說後，很得意。子路和孔子的關係，還眞像李逵和宋江。孔子上哪兒，他就上哪兒。孔子的話只是在發洩，但子路不解，還以爲老師眞的要航海去。但孔子說，你勇氣可嘉，而且超過了我，但造船的材料可沒地方找。「無所取材」只是遁詞，他內心仍不忍離去。

孔子明白「道不行」，可能在他周遊列國的途中（前四九七～前四八四年），或是他返回魯國之後（前四八四～前四七九年）。在此之前，他是不會說這些話的。（本章重點：孔子生退意）

子曰：「觚不觚？觚哉！觚哉！」【雍也6・25】

這段話最莫名其妙，不知到底是什麼意思。

「觚」，是一種酒器，宋以來的金石學家把中間束腰、上下作喇叭口的器物叫「觚」，這一定名並無自名根據，現在考古學家說的「觚」，仍是沿用宋代的定名。他們說的「觚」，主要流行於商代和周初；西周中期，這種觚已經不流行。另外還有一種說法，是把「觚」讀爲《急就篇》書中「急就奇觚與眾異」的「觚」，這是一種用以學書的多棱木棍。這兩種說法都是以器物爲說，完全不通。

我懷疑，「觚」也許只是「沽」的借字，意即「觚哉！觚哉」就是【子罕9・13】的「沽

（賈）之哉！沽（賈）之哉」，是待價而沽的意思。孔子是說：我要不要把自己賣個好價錢呀？答案是：要呀！要呀！或者也還有一種可能，把「觚」讀「孤」，孔子也是自問自答：我孤獨嗎？孤獨呀！孤獨呀！（本章重點：孔子自問自答）

子曰：「天生德於予，桓魋其如予何？」【述而7·23】

「魋」讀「頹」。

這段話是發生在前四九二年的事，當時孔子已六十歲。他在大樹下講學，司馬桓魋派人來破壞場子，叫人把樹拉倒。孔子一把年紀還受此暴力威脅，這是孔子蒙難記中很有名的一次，另有一次是在距此四年之前，孔子被圍於匡（可參看下一章【子罕9·5】）；但這一次，他說「桓魋其如予何」，那一次，他說「匡人其如予何」，意思都是：我有天命在身，你能拿我怎樣？

這句話很經典。我們都知道，王莽是正經儒家出身，他被漢兵包圍，還念念有詞，說「漢兵其如予何」（《漢書·王莽傳》），便是模仿孔子之言。但他和孔子不同，是死於亂刃之下。

（本章重點：孔子臨危有氣節）

子畏於匡，曰：「文王既沒，文不在茲乎？天之將喪斯文也，後死者不得與於斯文也；天之未喪斯文也，匡人其如予何？」【子罕9·5】

「子畏於匡」，這件事還可見於【先進11·23】。這是孔子周遊列國期間發生的事，年代在前四九六年。《史記・孔子世家》說，孔子在匡「拘焉五日」，原因是孔子長得跟陽貨很像，而陽貨以前曾欺負匡人，匡人把孔子當成了陽貨；這種說法也見於《莊子・秋水》。

「畏」是什麼意思？孫綽、朱熹等人讀如本字，以爲戒、懼之意。但古人提到這個故事，如《荀子・賦》《史記・孔子世家》都以「拘」爲說，《莊子・秋水》也以「圍」爲說。清俞樾引王肅注「犯法獄死謂之畏」，以爲「畏」有拘囚之意（《群經平議》）。

「文王既沒，文不在茲乎」，文王以「文」爲謚，《逸周書・謚法》對「文」字有六條解釋：「經緯天地曰文，道德博厚曰文，勤學好問曰文，慈惠愛民曰文，湣民惠禮曰文，錫民爵位曰文。」文與武相對，主要指仁恩慈愛。西周金文常稱死去的前輩爲「前文人」，略同今天說的慈父、慈母。「沒」，亦作「歿」，指死去。「茲」指孔子自己。

「斯文」的「斯」有點像英文的the，是指這個那個，現在多把「斯文」二字當成一個詞。「後死者」，也是指孔子自己。「匡人其如予何」，可參看前一章【述而7・23】的解說。

孔子認爲，文王死後，傳續「文」的重任全在自己肩上，老天要斷絕這個「文」，我也沒辦法；老天若沒有要斷絕這個「文」，匡人又能拿我怎麼樣？（本章重點：孔子身上背負大任）

微生畝謂孔子曰：「丘何爲是栖栖者與（歟）？無乃爲佞乎？」孔子曰：「非敢爲佞也，疾固也。」【憲問14・32】

「微生畝」，生卒不詳。《漢書・古今人表》作「尾生畮」，《通志・氏族略》云「魯武城人」。孔注謂此人即尾生高，但《古今人表》另有「尾生高」，他是戰國古書盛稱的守信之人。

「栖栖」，即「恓恓遑遑」（遑亦作惶）的「恓恓」，意思是忙碌不安。微生畝對孔子說，你這麼顛沛流離，到處遊說，這不是「佞」嗎？孔子辯解：不是我愛賣弄口舌，而是這些傢伙太頑固。（本章重點：唇焦口燥爲哪般）

公伯寮愬子路於季孫。子服景伯以告，曰：「夫子固有惑志，於公伯寮，吾力猶能肆諸市朝。」子曰：「道之將行也與（歟），命也；道之將廢也與（歟），命也。公伯寮其如命何！」

【憲問14．36】

「公伯寮愬子路於季孫」的「公伯寮」，是魯人，字子周，見《史記．仲尼弟子列傳》，但《孔子家語．七十二弟子解》卻沒有他。「愬」讀「訴」，是誹謗之意。他到季氏那裡說子路的壞話，出賣孔子，前人懷疑他不是孔子的學生，就算是也是個猶大，是賣師求榮的人，所以明朝有個叫程敏政的人，請罷其從祀，最後眞的將公伯寮趕出了孔廟。

「子服景伯」，也是魯人，子服是氏，景是謚，伯是行輩，名爲何。子服氏是仲孫氏的一個分支，從稱呼來看他應當是貴族。《仲尼弟子列傳》和《孔子家語．七十二弟子解》沒有這個學生，但他不僅向孔子通風報信，還要親手殺掉公伯寮，簡直比弟子還弟子。

「夫子固有惑志，於公伯寮，吾力猶能肆諸市朝」，這三句該怎麼斷句？朱注作「夫子固有惑志於公伯寮，吾力猶能肆諸市朝」，但《史記》和《集解》皆於「志」下出注，我在這裡斷爲三句。「夫子」是指季氏。這三句話的意思是，季氏雖有很多糊塗想法，但說到公伯寮這個傢伙，我還有點力氣，足以幹掉他，讓他伏屍街頭；古代殺人，一般要陳屍於市、或陳屍於朝三天，是謂「肆諸市朝」。子服景伯對孔子這麼好，殺人的事都敢做，前人寧願相信他才是孔子的弟子。好在孔子仁慈，制止了這一恐怖活動，他說：我的道行不行得通，還是聽天由命吧，公伯寮又能拿天命怎麼樣；這幾句話是借他人的話爲讖言，說老天要讓孔子佈道於天下。他老人家有這種使命感，所以不怕死。

這一章所講的故事沒頭沒尾，我們並不清楚公伯寮跟季氏說了什麼，也不知道子服景伯爲什麼要殺他。這裡的「季氏」是季桓子還是季康子，無法確定。子路爲季桓子宰，在前四九八年；前四八四年，他隨孔子返回魯國後，也在季氏那裡做過事。前後兩事季氏。但前四八〇年，子路死於衛，因此這段話有可能發生在前四九八年，或前四八四～前四八〇年。（本章重點：公伯寮能拿孔子怎麼樣）

附錄

五四運動時，全盤西化論的代表胡適曾說，我們要廢黜孔子的神聖性，恢復孔子的本來面目，意即他做為先秦諸子一員的身分。這是中國的意識形態第一次受到強有力的挑戰。天風撲面，風從海上來。

——附錄

孔子的本來面目與一生經歷

《論語》是孔門後學編的書，書中有很多人在講話，孔子、孔門弟子，還有其他人。講話的人又會提到一些當時的人或死了的人。誰把這些話記下來、編成書不重要，重要的是誰在書裡講話，他們談的又是誰。我們先要講的是，《論語》中有些什麼人。《論語》中出現的人很多，有一百五十六個，中心人物是孔子。我們先談孔子，再談其他人。

當年，司馬遷寫《史記・孔子世家》，他在讚語裡說：「《詩》有之：『高山仰止，景行行止。』雖不能至，然心鄉（向）往之。余讀孔氏書，想見其爲人。」大家讀了《論語》，也會有這種願望。

我的建議是，要想瞭解孔子本人可讀《史記・孔子世家》；想瞭解他的學生，可讀《史記・仲尼弟子列傳》。孔子是漢武帝大力捧起來的聖人，司馬遷隨侍左右，深受時代影響。他弔過孔子故居，讀過孔壁中書，包括《孔子弟子籍》，即當時流傳、據說是用古文抄寫的孔門弟子花名冊，甚至向孔子的後代孔安國當面請教，只因他的記述最可貴。《孔子家語》《孔叢子》是孔家留下的有關材料，過去不敢用，現在看來也是重要參考。

關於孔子，我想把他的一生概括一下，就像塡履歷表那樣，分幾項來塡入：

孔子像，一個山東大漢的想像

孔子周遊列國，據說有個鄭國人，善於相面，他曾漫畫式地描述孔子。他說，孔子的上半身有聖人之相，但下半身不行，好像垂頭喪氣、沒精打采的喪家狗。子貢把此人的話告訴孔子，孔子並不生氣，反而說，我的形象怎麼樣並不重要，但他說我像喪家狗，很對、很對。這本書的書名就是這麼來的。

孔子是什麼模樣？誰也不知道。我們只能借他晚期的畫像，自由想像一下。這類畫像有好多種，有作豹眼環睜或露齒豁牙者，實在不好看。畫家越想把孔子畫得神乎其神，不同一般人，給人的印象越像妖怪。聖化的結果，往往是妖化。

當然，這類畫像也有比較順眼的。比如孔廟的石刻畫像，有些還可以，這類畫像主要是明清以來的作品。現在印得最多的是所謂〈先師孔子行教像〉，這幅畫像傳出唐吳道子，不知出於何人之手，也不知畫於何時。當然，它不是照孔子本人畫的，但還眞有點山東人的味道，也許就是照哪個山東人畫的。山東人有什麼特點？第一，大個子比較多。司馬遷在《史記·孔子世家》說：「孔子長九尺六寸，人皆謂之『長人』而異之」，孔子是大個子。「九尺六寸」有多高？按西漢尺寸換算是兩百廿一公分，和姚明的個子差不多高，或有誇大。但古代，有些地方的人確實比較高；東北人很多都是山東人的後代，所以大個子也比較多。第二，畫面上的孔子有顆圓圓的大腦袋，也是這一地區的特色。皮膚黑的像紅燒獅子頭，皮膚白的像清蒸獅子頭。另外還有一點大家不要忽略，畫像上的孔子腰間佩劍，兩手當心，哈點腰，身體略向前傾。這種姿勢，古人叫「磬折」，好像奏樂的石磬，有個彎。這種姿勢，在《論語》【鄉黨10．4】中叫做「鞠躬如也」，這和背手、撅肚子趾高氣揚的樣子正好相反，是表示溫良恭儉讓。

我們可以拿這幅畫當孔子的「標準像」，貼在他的履歷表上，當他老人家的照片，彌補一下我們的空白想像。孔子死了兩千多年，沒有照片留下來，所有畫像都是後人的想像，何必當眞？有趣的是，老子像也有這副模樣，而且也題「吳道子」畫，一不留神，還以爲是雙胞胎。另外，漢畫像石上也有不少孔子像，畫孔子和老子見面，他們倆臉對臉，打躬作揖，好像日本人，中間還站了一個小孩，是傳說中的項橐，不像拉斐爾畫的〈雅典學院〉，柏拉圖和亞里斯多德是肩並肩向我們走來。這類畫像，年代倒是很早，但形象太模糊，眉眼不清。

孔子的出身和社會地位

孔子如果塡履歷表，他會寫——祖上是宋國貴族，查三代是魯國武士；本人則是魯國布衣，出身卑賤，血統高貴。孔子以孔爲氏，據《世本》等書記載，是出自孔父嘉。孔父嘉，也就是《左傳》提到的孔父（桓公元年和二年）。這種稱呼，是屬於名、字連稱，名是嘉，字是孔父，不是姓孔名父嘉。孔子以孔爲氏，屬於「以王父字爲氏」，即以爺爺的字做爲族名。他這一支，按照慣例是從睪夷開始立族，用睪夷爺爺的字做族名，從此才稱爲孔氏。

孔父是宋國貴族，追根溯源，是商湯的後代。孔子在魯國被人另眼相待，最初就是沾祖上的光。魯國貴族孟僖子說，孔子是「聖人之後」（古人說的「聖人」是指上古賢君），主要就是指他血統高貴，先祖是商王的後裔。孔父在宋國任大司馬，是宋穆公託孤寄後的顧命大臣，地位很高。他的太太長得很漂亮，有一天在路上，被宋國的太宰華父督撞見，壞了，華父督是個大色狼，「目逆而送之，曰『美而豔』」。當時，宋國跟鄭國連年打仗，十年有十一場戰爭，百姓受不了。華父督煽動，說孔父是罪魁禍首，竟把孔父殺掉，霸占了孔子的祖奶奶。宋國國君不滿，也被殺。孔父死後，家道中衰。

《孔子家語・本姓解》載，孔父的後代（或說木金父，或說孔防叔），「畏華氏之逼而奔魯」，從此定居於魯。孔防叔的長子叫孔伯夏，是孔子的爺爺。他的爸爸叔梁紇，叔梁是字，紇是名，也是名字連稱，和孔父嘉是一樣的叫法。紇可讀「易」，是壯武之意，梁者強梁，與名相應，正如其人。他是魯郰邑宰（郰邑的長官），力氣很大，傳說身高有兩百卌一公分，比孔子還高。孔子是軍人世家，前輩都是赳赳武夫，拜父母之賜，也是大個子，很有遺傳優勢。但孔子本人從小好禮，更愛讀書。宋、魯是鄰國，宋是商人的後代，魯是周人的後代。兩種文化對他都有影響。他生於魯國，長於魯國，魯國的國君是周公之後①。他更愛西周文化，特別是周公之禮，不是武，而是文。他家裡從宋國北上，搬到魯國。宋都在今河南商丘，離曲阜並不遠。張光直教授的中美聯合考古隊在那裡挖掘，尋找「商」，「商」沒挖到，但挖到東周的宋城。

孔子的姓名和家庭

孔子的祖上（孔父嘉）曾是「國防部長」，後來家道中衰，被迫移民魯國，地位大不如前。他這一支更是庶支的庶支。孔子的爸爸叫叔梁紇，只是個「縣級小官」，地位不太高。司馬遷在《史記．孔子世家》說：「紇與顏氏女野合而生孔子」。「野合」是什麼意思？是感生而孕懷了哪位神靈的種子？還是未經明媒正娶非法同居？或找個荒郊野外沒人的地方行其好事？前人吵得不亦樂乎。其實，野合就是野合，並沒這些複雜含義。司馬遷對孔子崇拜得五體投地，他不會故意汙衊聖人。古人講聖人偉大，忍辱負重是必要出身背景，全世界的人都如此。孔子生下來不久就沒了父親，母親也死得早，含辛茹苦，既貧且賤。我理解，「野合」是屬於這類背景，當時肯定有這種傳說，它主要強調的是，孔子從小就受人歧視。

關於孔子的出生還有一種傳說，見於《孔子家語》。叔梁紇身體好，生育力極強，他和施氏（正室）一口氣生了九個閨女，就是沒有男孩，好不容易娶個妾，生個男孩叫孟皮，卻行動不便（可能是患小兒麻痺症）。《孔子家語．本姓解》則記載，孔子的爸爸娶了兩個太太，都沒生下健康的男孩。他不甘心，又改到顏家求婚。顏家有三個女兒，當父親的怕這些年輕女孩嫌叔梁紇太老，特意解釋，孔子他爸是「聖王之裔」，「身長十尺，武力絕倫」，出身和身體都沒問題。老大、老二不願，老三同意。這位三小姐名叫顏徵在，就是孔子的媽媽。

爲了替孔家生個健康的男嬰，顏徵在到附近的尼丘山（在今山東泗水縣西南）禱神求子，所以孔子名丘，字仲尼。仲尼是家族排行輩分加字②，古人稱字，本來是尊稱。孔子死了，魯哀公的悼詞稱他爲「尼父」，尼父就是他的字（古人稱字，男子往往加父字，女子往往加母字）。孔子排行老二，吳虞管他叫「孔二先生」，有戲謔之意。五四運動和文革時期，大家對孔子往往直呼其名如「孔丘」，而最難聽的叫法，是「孔老二」。孔丘的「丘」，在清朝得缺筆畫，不能直呼其名，叫名已經不禮貌，「老二」更是侮辱性的辭彙，在北京，「老二」和「二哥」寓有下流含義。

① 孔子的爸爸是宋人，子姓，他的正室施氏是姬姓，所以孔子的媽媽很可能也是姬姓。如果是這樣，則孔子本人身上流著的正是商、周二族的血液。他熱愛魯國，魯國是他的夢土原鄉。

② 一般說，伯是老大，仲是老二，叔是老三，季是老四。但貴族的配偶往往不只一個，生下的孩子也不一定是四個，嫡子和庶子混在一起怎麼叫我們還不清楚。只知道庶子稱孟，和其他兄弟一起排，也可稱仲，次於嫡長。伯、仲和季之間的「叔」，可能不只一個。

孔子世表歸納整理

父系

孔子前的家族譜系——春秋時期

一、宋國的孔氏：宋湣公（名共，約西周中期）——弗甫何——宋父周——世子勝——正考父——孔父嘉（名嘉，字孔父，前?年~前七一〇年）——木金父——睾夷（字祁父）——孔防叔。

二、魯國的孔氏：孔防叔——孔伯夏——叔梁紇——孔丘（字仲尼）。

孔子後的家族譜系——戰國時期

孔丘（字仲尼，前五五一~前四七九年）——孔鯉（字伯魚，前五三二~前四八三年）——孔伋（字子思，前四八三~前四〇二年）——孔白（或孔帛，字子上）——孔求（字子家）——孔箕（字子京）——孔穿（字子高，前三一二~前二六二年）——孔謙（字子慎或子順，魏相，前二九三~前二三七年）。

案：

孔子子，名鯉，字伯魚，先孔子卒，見《論語》【先進11·8】【季氏16·13】【陽貨17·10】。

孔子女，名不詳，嫁公冶長，見【公冶長5·1】。

子思，不僅是孔子的後代，也是著名學者。

孔子後的家族譜系——秦代～西漢時期

子慎（或子順）的後代：分孔鮒、孔騰、孔彥三支。

一、孔鮒（又名孔甲，字子魚，陳涉博士，前二六四～前二〇八年）的後代：不詳。

二、孔騰（字子襄，惠帝時爲博士、長沙太傅）的後代：孔忠（約文帝時）——孔武（約景帝時）——孔延年（武帝時爲博士）、孔安國（武帝時爲博士）。

・孔延年的後代：孔霸（字次儒，昭帝時爲博士；宣帝時爲太中大夫，遷詹事、高密相，當時的諸侯王相地位在郡守之上；元帝時賜爵關內侯，號褒成君）。

・孔安國的後代：孔卬（約昭帝時）——孔驩（約宣帝時）。

孔霸的後代分四支：

（一）孔福（約成、哀時）——孔房（約成、哀、平時）——孔莽（約成、哀、平和新莽時，王莽居攝後，封褒成侯，避王莽，改名孔均，莽敗失國）——孔志（光武建武十三年／西元三七年，復封褒成侯）——孔損（和帝永元四年／西元九二年，徙封褒亭侯）——孔曜——孔完……（世世相傳，至獻帝初，國絕）。

（二）孔捷（約成、哀和新莽時）——孔君魚（約新莽時和東漢初，爲武都太守、爵關內侯）、孔奇（字子異，家於茂陵）。

（三）孔喜（約成、哀、莽時）。

（四）孔光（字子夏，成帝時舉博士，以高第爲尚書，遷御史大夫、廷尉、左將軍、丞相；哀帝時也當過御史大夫、丞相，以及大司徒、太傅、太師等職，居公輔位前後十七年）——孔放（約哀、莽時）。孔光之兄，有子孔永（平帝時爲中郎將，新莽時爲寧始將軍和大司馬）。孔永似還有兄弟輩孔仁（爲寧始將軍和司命大將軍）。

三、孔彥（又稱孔叢，估計叢是字，約高、惠、文時，官太常，封蓼侯）——孔臧（約景、武時，嗣侯）——孔琳（約昭、宣、元時，嗣侯）。

孔琳的後代：孔黃（約成、哀時，失侯）、孔茂（約成、哀時，爵關內侯）。

孔茂的後代：子國——子卬——仲驩（爲博士、弘農守）——子立——子元——子建（約平、新莽、光武、明帝時）——？——？——孔僖（字仲和，西元？～八七年）——長彥（西元四〇～八六年）、季彥（西元七五～一二四年）。

此外，孔彥這一支的後代還有子豐和仲淵。

母系

叔梁紇三娶，生九女二子：

一、施氏（姬姓），生九女。

二、妾某，生孟皮（孟皮有女，名不詳，嫁南公适，見《論語》【公冶長5・2】【先進11・6】。

三、顏徵在（姬姓或曹姓），生孔丘（字仲尼）。

孔子的出生地和居住地

《論語》【八佾3・15】稱孔子爲「鄹人之子」，「鄹人」的意思並不是鄹邑之人，而是鄹邑的長官。司馬遷說，孔子是生於魯昌平鄉鄹邑。鄹與鄒古音相同，作《水經注》的酈道元以爲是同一個地方，但許慎在《說文・邑部》中以爲是兩個地方。鄒即邾，是魯國附近的小國，在今山東鄒城市南的嶧山腳下，俗稱「紀王城」，現在地面上還有城牆遺跡，磚瓦陶片隨處可見。嶧山是泰山餘脈，山上有很多巨石，秦始皇立過嶧山刻石。秦統一天下，「邾」改稱「騶」，如當地出土的秦陶量，除用十印打出始皇詔書，還有一印記製造地點，字作「騶」，漢代古書也把它寫成「鄒」。

鄒是孟子的老家。鄒、魯是出儒家的地方，古人說「鄒、魯縉紳之士」，就是指這一地區的特產。孔子出生的鄹邑，是魯邑，據說在曲阜東南尼丘山（今稱尼山是避諱）西五里的魯源村，一九二五年康有爲在此立「古昌平鄉」碑。它的位置大概在鄒、魯連線的右面，和鄒、魯成三角之勢。前面提過，孔子的父親是鄹邑的長官，孔子在鄹邑出生是很自然的。相傳孔子生於尼丘山的夫子洞（也叫「坤靈洞」），尼丘山就是鄹邑附近的山。但孔子三歲時，他爸爸就死了。孔母年輕守寡，又沒有名分地位，不久就帶著兒子搬回自己娘家，所以孔子從小住在曲阜闕里，闕里是他的外婆家。

曲阜魯古城，於一九七七至一九七八年挖掘，有挖掘報告。舊曲阜縣城，包括孔廟、孔府，是在魯故城的西南角。這一帶是魯故城的平民區，和過去北京南城的宣武區一樣，是窮人住的地方。孔子是在窮街陋巷長大，知道清貧的滋味，所以老是把「仁」和「貧」捆在一塊兒。他誇學生顏回，「賢哉回也！一簞食，一瓢飲，在陋巷」，所謂陋巷就在孔廟、孔府的東邊。

孔子的外婆家是顏氏。魯國的顏氏，有姬姓之顏和曹姓之顏，她是哪個顏？還不能肯定。顏氏尋根問祖，都說自己是顏回的後代，再往上追，則說出自曹姓。古人最重親戚，第一是血親，第二是姻親，第三是擬親（即乾親）。孔門弟子有八人出自顏氏③，最出名的學生是顏回。孔、顏兩家是親家，這些學生都是他從外婆家帶出來的。

孔子死後葬於城北的泗水之上，後來成為孔家的族墓，即現在的孔林。司馬遷說他到魯國參觀過孔廟和孔墓，流連不忍去。當時的孔子故里已經有點像博物館。孔廟原本是孔子的住宅和他學生的宿舍，後來變成陳放孔子遺物如衣冠、琴瑟、書籍和所乘車輛的地方。孔子塚占地一頃，有不少弟子住在墓地周圍，歲時奉祠，講習禮儀，有如大學城。酈道元也說，孔廟，宅大一頃，有三間房，孔子住西房，孔母住北房，夫人住東房。廟中有孔子的車子，那可是珍貴文物；顏回死，顏回的爸爸求孔子把車賣掉，給顏回買棺材，孔子沒答應，如果是原物，就該是這輛車。這輛車很有名，武梁祠漢畫像石上就有，題曰「孔子車」。《水經注·泗水》也說，屋裡的牆上還掛著孔子像，畫上有兩個弟子（或許是顏回、子路）手執書卷，在旁侍立，可惜也失傳。

孔子的一生

孔子一生，很不得志。他活了七十三歲（或七十四歲），在現代很普通，在過去算是活得很長。春秋十二公，最後四公——襄、昭、定、哀，他都趕上了。十歲以前，襄公還在。十歲以後，是昭、定、哀，正好在春秋晚期這一段。

孔子是個苦孩子，小時候「貧且賤」，傳說孔子出生時，爸爸七十歲，媽媽廿歲，他是老夫少妻所生。有人說這種孩子特別聰明，不知有沒有遺傳學的道理。司馬遷說，小時候的孔子就不同於一般人，他玩遊戲都是表演行禮，「常陳俎豆，設禮容」；父母死了，都是他一人發送，合葬於防山（在今曲阜東），眞是大孝子。

司馬遷講孔子生平，有些細節不太清楚，前人有很多考證，錢穆寫過一本《孔子傳》，大家可以參考。我把孔子的一生粗分爲六段，列其主要事蹟於下——

一～卅四歲，早年居魯

孔子的前半生，從出生（西元前五五一年）到卅三歲，一直待在魯國。這一段，有幾件事比較清楚，即他出生後，三歲喪父，十七歲喪母，十九歲娶妻，廿歲生子孔鯉（伯魚）。他的學

③ 顏無繇、顏回、顏幸、顏高、顏相、顏之僕、顏噲、顏何。

歷不太清楚，孔子說自己「十有五而志於學」，可能是在曲阜闕里的鄉校學習過吧；十五歲是當時小孩上大學的年齡，那時沒有中學，只有小學和大學。但更高的學問從哪裡來？是他自學的結果，還是有名師傳授，大家很想知道。孔子死後，衛公孫朝曾問子貢，你的老師是跟誰學的？子貢說「文武之道」散落民間，老師是跟很多人學的，沒有固定的老師。孔子自己也說「三人行，必有我師焉」，要說老師，可以說一個沒有，也可以說有很多。我們只知道，孔子廿七歲，曾向郯國的國君請教。還有，他學鼓瑟擊磬，據說是跟師襄子學的；師襄子，也就是《論語》【微子18．9】的「擊磬襄」，他是魯國的樂官。其他還有誰，不清楚。

青年時代、廿多歲時期的孔子很坎坷，做過很多社會底層的工作，如看倉庫，管糧草，餵牲口。但卅歲開始有點名氣，齊景公和晏嬰到魯國訪問，曾向孔子問禮，所以後來孔子才會上齊國找工作。孔子說自己是「三十而立」，學者推測，孔子授徒設教可能在此前後。

卅四～卅五歲，短暫出國

據說西元前五一八年，卅四歲的孔子上周朝的圖書館向老子問禮，去了洛陽。今洛陽市瀍河區東關大街有一塊碑，立於清雍正五年（一七二七年），上面刻著「孔子至周問禮樂至此」，就是附會此事。孔子是否見過老子，學者往往懷疑，但前五一七年孔子去了齊國（這是孔子第一次出國），《論語》【微子18．3】曾提到，孔子這是到齊國找工作，但不順利。齊景公不用他，卻不直說，先談待遇，說季氏的工資我不能給，要給，也就是「季、孟之間」；後找齊景公又藉口說「吾老矣，不能用也」。但《墨子·非儒下》《晏子春秋》外篇下第一章和《史記·孔子世家》都說這是晏嬰的主意。

孔子在齊，最大的收穫是聽古典音樂——聞《韶》，三月不知肉味。今山東淄博市臨淄古城東南的韶院村，據說於清嘉慶年間出土過一塊古碑，上面刻著「孔子聞韶處」，同時還出土了石磬數枚，後來這塊碑丟了，又仿刻了一塊，當然，這也是附會。

卅六～五十歲，返魯治學

大約是西元前五一六年，孔子卅六歲，齊景公以老辭他，孔子返魯。他退修詩書禮樂，又教書育人做學問，凡十五年。孔子自稱「四十而不惑」，並在《論語》【子罕9·23】談到，如果四十歲還惹人討厭，一輩子就完蛋了。這一段是他做學問的黃金時代，是他老人家「學而優則仕」的「學」。學問做得好，當然不糊塗。

孔子生活的早期，即廿～四十二歲，魯國的國君是魯昭公，執政大臣是季平子。前五〇九年，魯定公即位。前五〇五年，季桓子執政，陽貨執季桓子。這回是陽貨主動，抱著小豬見孔子，請他出仕。孔子口頭說要出仕，但沒有馬上出來做官。孔子晚年喜《易經》，讀《易》韋編三絕，於【述而7·17】說「加我數年，五十以學《易》，可以無大過矣」，又曾自謂「五十而知天命」，蓋讀《易》而知天命。前五〇二年是他五十歲，「天命」是什麼？就是出來做官。

五十一～五十四歲，短暫仕魯

五十一～五十四歲，孔子出仕，凡四年，這一段是「學而優則仕」的「仕」。西元前五〇一年，孔子五十一歲，陽貨奔齊奔晉，而公山弗擾以費叛。公山弗擾召孔子，孔子欲往而止。接著，孔子出任中都宰。前五〇〇年，孔子出任魯司空，繼任大司寇，夾谷之會，相魯定公。前四九八年，子路爲季桓子宰。孔子墮三都，先墮郈，次墮費，墮成不克。公山弗擾攻魯定公，被孔子打敗，奔齊奔吳。子羔任費、郈宰。孔子以魯大司寇攝行相事，誅少正卯。

後來，孔子失意於魯定公，決定出國，到外國找工作，這是孔子第二次出國，弟子顏淵、子路、冉有、子貢隨行。仲弓代替子路爲季氏宰，留在國內。

五十五～六十八歲，周遊列國

五十五～六十八歲，孔子周遊列國，凡十四年，這是他第二次出國。

西元前四九七年，孔子五十五歲，去魯適衛。前四九六年，孔子去衛西行，過匡被圍，經蒲返衛。前四九五～前四九三年，孔子見衛靈公，出仕於衛。前四九四年，魯哀公即位。前四九三年，衛靈公卒，孔子去衛。

前四九二年，季康子執政，冉有返魯，代替仲弓爲季氏宰。孔子經曹、宋、鄭至陳，途中險遭宋司馬桓魋殺害，換裝逃跑。是年，孔子六十歲，他在【爲政2．4】自稱「六十而耳順」。何謂耳順？不太懂，可能是看透了外界的事，什麼樣的話都聽得進去了吧，比如一路上聽聞各種隱者的批評。

前四九一～前四八九年，孔子仕陳湣公。前四八九年，孔子去陳適蔡，絕糧於陳、蔡之間，復至楚東北邊境上的葉縣，見楚葉公，求用於楚昭王，不成功，自葉返衛。前四八八—前四八五年，孔子仕衛出公。前四八四年，六十八歲的孔子應季康子召，去衛返魯。季康子請他回來，主要是用他的學生，而不是他這個老頭子。他自己，還是無官可做。

這次出遊的十四年間，孔子到過宋、衛、曹、鄭、陳、蔡六國，以及楚的邊境，他除了在衛、陳兩國服務過，哪個國家都不肯用他，我曾於〈喪家狗典故由來〉一文中說過，擅於相面的鄭人說孔子「累累若喪家之狗」，他自己也承認，說「然哉然哉」（《史記・孔子世家》）。不過，孔子出國期間以在衛國待的時間最長。魯是周公之後，衛是康叔之後，孔子曾在【子路13・7】說「魯、衛之政，兄弟也」，顯示他最看重衛國，而陳國也是他待得較長的國家。

孔子這十四年間的周遊路線是：一、衛—匡—蒲—衛；二、衛—曹、宋、鄭—陳；三、陳—蔡—葉；四、葉—陳—衛；五、衛—魯。前面三條路線是從北到南，後面兩條是從南到北。

六十八～七十三歲，晚年居魯

六十八～七十三歲，孔子在魯，凡六年。前四八三年，子孔鯉卒。前四八二年，孔子七十歲，在【爲政2・4】自稱「七十而從心所欲，不踰矩」。當時，孔子已步入生命的最後時刻，「從心所欲，不踰矩」是什麼意思也不太懂，好像是一種更自由的精神境界，想說什麼就說什麼，想做什麼就做什麼，但仍樣樣都合規矩。其實，人活到這把年紀，愛怎麼著怎麼著，什麼都不用在乎，無所謂了。

前四八一年，孔子根據魯國的史記，改編成《春秋》一書，起隱西元年，迄哀公十四年。此年，哀公獲麟，孔子絕筆，顏淵亦卒於此年，讓他傷心欲絕。前四八〇年，孔子七十二歲，子路死於衛，死得很慘，他也深受刺激。前四七九年，孔子卒。

最後這一段日子，孔子重返書齋，自己待在家裡，讓學生出去當官，結果碰上很多傷心事，心情大壞，身體垮臺，告別世界。《禮記·檀弓》說孔子臨死前，唱過一首歌，曰：「泰山其頹乎！梁木其壞乎！哲人其萎乎！」說他夢見自己坐奠於兩楹之間，七天以後就要死了。司馬遷說，孔子唱完歌還哭了，對子貢說「天下無道久矣，莫能宗予」。錢穆說，孔子那麼謙虛，從來不講怪力亂神，他怎麼會唱這種歌？不相信。但他是死而有憾，而不是死而無憾，還是合乎情理。可參看錢穆的《孔子傳》。

孔子宦遊，到過周，到過齊，仕於衛、陳，路過曹、宋、鄭、蔡，訪問過楚的邊邑，說他「幹七十餘君」是誇大之辭，但八、九個國家總還有。古代旅行不易，他到過的國家已經不算少，但足跡卻從未出於今山東、河南二省。失意的時候，他賭氣說想「乘桴浮於海」，想「居九夷」，但周邊大國他只考慮過楚、晉，想去而未能實現，秦、燕根本沒考慮，主要活動範圍還是東周的腹地。

活孔子和死孔子，真孔子和假孔子

孔子到底是什麼模樣的人？美國學者Lionel M. Jesen說，傳教士塑造的儒家和近代人的尊孔，都是「人造儒教」（Manufacturing Confucianism）。我們也可以說，漢以來或宋以來，大家頂禮膜拜的孔子是「人造孔子」。現在的孔子，更是假得不能再假。活孔子和死孔子就是不一樣，前者是眞孔子，後者是假孔子。現在，什麼都能造假，孔子也要打假。我講一下我的基本印象，請大家檢驗一下我的說法對不對。

活孔子

現在人流行說貴族，貴族是遺老遺少。周代有什麼人是遺老遺少？宋人。他們是商王的後代。宋人喜歡講老禮，典型代表是宋襄公，他自稱「亡國之餘」，死守古代軍禮，「不鼓不成列」，結果被擺好陣勢的楚人打敗，傷重不治死了。但文學領域的人喜歡說他是「中國的唐吉訶德」。我說，中國還有一個唐吉訶德，就是孔子。孔子也是宋人的後代，只不過他要講的老禮，不是商人的禮，而是周公的禮，因爲他出生在魯國。

活孔子是典型的復古主義者。西周滅亡，東周衰敗，貴族傳統大崩潰，禮壞樂崩，他看不慣，坐不住。他不是當時的貴族，卻比貴族還貴族，唯恐他們若完蛋，「郁郁乎文哉」的周代文化也將隨之滅亡。他死乞白賴地勸他們，一定要復周公之禮。但魯君不聽，其他國家的國君也不聽。他顛沛流離到處跑，誰都不聽他的話，他活像條無家可歸的喪家狗。一路上，他遇見很多隱者（也就是當時的不合作主義者），他們全都嘲笑他，說他「知其不可而爲之」，但他卻依然一輩子活在周公之夢當中，就像塞萬提斯筆下的唐吉訶德，可笑也可愛。

死孔子

死孔子，實在沒意思，基本上就是老子說的芻狗，今人說的擺設、道具和玩偶。歷代皇帝都捧他，越捧越高，也越捧越假。孔子在世時，不是王不是公，不是侯也不是聖人。孔子心目中的聖人，是堯、舜那樣的聖王，天生聰明，絕頂聰明，有權有位，可以安定天下的百姓。這樣的大救星，全國人民的大救星，孔子曾在【述而7．34】說自己絕不敢當。孔子無權無位，沒辦法救國救民，這是顯而易見的事。

可是他的學生全都心往一處想，力往一處使。別的事好商量，這件「聖人」事一定要替老師做主。孔子活著的時候，曾在【述而7．20】明確講到自己並非「生而知之」的人，他只承認自己好學，勤勉刻苦，持之以恆，並不認爲自己有多聰明。但子貢跟別人說，他的老師是「天縱之將聖」，孔子當即予以否認。孔子當聖人，是孔子死後，是子貢的傑作；宰予和有若也參與了這一活動。老師明明說自己不聰明，弟子們說：怎麼不聰明？自有人類以來，誰都比不上老師。他們堅決不聽孔子的話。

孟子也不聽孔子的話。他在《孟子．萬章下》說孔子是「集大成者」「聖之時者」，聖人、聖人，不絕於口。孔子明明說聖人都是死人，活著根本見不著，他卻偏偏說孔子就是活聖人。還有荀子，他在《荀子・非十二子》說，舜、禹是「聖人之得埶（勢）者」，孔子是「聖人之不得埶（勢）者也」，聖人本來是指有權有勢、可在位子上安世濟民的人，但他說無權無勢也可以當聖人，這是荀子的修正主義。

我想，他們一定認爲老師太謙虛了；他老人家自己當然不好意思說，咱們這些當學生的可不能不說，而他老人家不在，就更得說了。於是，孔子的頭銜越來越多。魯哀公十六年（前四七九年），孔子死，魯哀公爲這位「老警政署署長」致悼詞（誄），還稱他爲「尼父」，稱字不稱名。稱字，在古代是地位低的人、小輩，對地位高的人和長者講的。當時的悼詞，頂多如此。什麼王呀公呀侯呀聖呀師呀，全都沒有。在戰國和秦代，孔子仍是個普通人，名氣雖大，卻只是眾多學者和批評家的其中一個。他做夢都想不到，自己會尊貴起來。

孔子變得尊貴，是在漢代。漢以來，孔子擬於公侯，謚「褒成宣尼公」。北魏以來改謚，曰「文聖尼父」，加了「文」字和「聖」字。隋文帝則贈「先師尼父」，始稱「先師」。唐玄宗更稱之爲「文宣王」。明嘉靖九年（一五三〇年），去王號，只稱「至聖先師孔子」。清代的順治皇帝，初稱他爲「大成至聖文宣先師孔子」，後仍沿明制只叫「至聖先師孔子」。究竟要封孔子爲虛君式的「素王」，還是讀書人的「祖師爺」，當皇帝的考慮再三，還是更傾向於後者——他老人家成了中國的「偉大導師」。

眞孔子，爲人師者的祖師爺

歷代統治者給孔子的封號，全是屬於追封，即現在說的追認。這些顯赫的頭銜幾乎全是假的，王、公、侯、聖通通都是假的，眞的只有一條，就是「師」。孔子在民間辦學，培養新君子，教他們讀古書，習古禮，然後去當官，當他認爲的好官；他的學生當中，很多人也的確當了官。後世的讀書人，不管教人的還是被人教的，不管是準備當官的還是已經當了官的，都奉他爲老師。中國古代的職業神例稱先某，比如耕田要奉先農，養蠶要奉先蠶，當木匠要尊魯班。先師，就是最早的老師。北京孔廟，隔壁是國子監。孔子自然是爲人師者的祖師爺。這是眞的，他活著的時候就是個老師。

假孔子，統治者愛用的意識形態

漢以來尊孔，主要是拿孔子當意識形態，特別是想支配讀書人的意識形態。秦始皇的大一統，想統一學術卻失敗，跟讀書人鬧翻，導致焚書坑儒。漢武帝，罷黜百家，獨尊儒術，對讀書人送溫暖，表關懷，終於從根本上扭轉局面。他獨尊儒術，目的不在復興學術，而在統一思想，令天下英雄盡入彀中。孔子死了，人不在了，但意識形態一直靠他抓，歷朝歷代替皇帝把守思想門、站言論崗，全靠孔子，他等於是耍交部長、教育部長、出版局長。

我喜歡活孔子、眞孔子，不喜歡死孔子、假孔子。

——附錄

孔門弟子（七十七人）

講完孔子，我們還要談談《論語》中出現的其他人物，數量相當可觀，共有一百五十五人。《論語》是對話體，如果說話的人是誰，對話提到的人是誰，你都不清楚，那麼讀起書來就會暈暈糊糊。我想把這些人物做一匯總介紹。前一篇文章〈孔子的本來面目與一生經歷〉，已經介紹了孔子的兒子孔鯉，便不再述，我們只談其餘的一百五十四人，一部分是孔子的學生，一部分是隨口拈來比喻的、叫得出名字的人物。這裡我們先講孔子的學生，他們幾乎都是孔子身邊的人，是離他最近的人。

孔子的學生有多少？司馬遷有兩種說法①。

一種是「弟子蓋三千焉，身通六藝者七十有二人」（《史記·孔子世家》）。也就是說，孔

①本書多次引用的書籍，有時會使用簡稱，簡單說明如下——
•《列傳》是指↓《史記·仲尼弟子列傳》
•《集解》《索隱》《正義》是指↓《史記·仲尼弟子列傳》的三家注
•《弟子解》或今本《家語》是指↓《孔子家語·七十二弟子解》

子的學生有三千多人，其中成績優異者七十二人，但去除重複提及，其實是七十七人，之所以說成七十二弟子，只是爲了配合五行時令的吉祥數，並非實際數字。另一種是「孔子曰：『受業身通者七十有七人』」（《史記・仲尼弟子列傳》），即眞正得到孔子的傳授，不但在籍，而且及門→登堂→入室的有七十七人。這大概是從《孔子弟子籍》中抄來的話。不過，《列傳》則將孔子的學生分成兩類，一類是「顯有年名，以及受業聞見於書傳」的弟子，一類是「無年，以及不見書傳」的弟子。

三千弟子如何受教？

孔子的弟子怎麼這麼多？這是每個人都會提出的問題。我們都知道，中國近代立新式學堂才有了「班級授課制」，班級授課制是由十七世紀的捷克人誇美紐斯（Johann Amos Comenius）所創，可不是幾個學生個別輔導，而是幾十人坐在一間教室裡，老師前面有一堆課桌，後面有塊黑板，大家在一塊兒上課。這是我們都上過的學校，工廠式的學校。

孔子的時代不是這樣，他的身邊一般只有兩、三個學生。我覺得談話效果最好的還是兩個人談，促膝談心，面對面談；三人也行，兩人說，一人聽，插著說或輪著說；三人以上的談話，便有點亂。孔子談話，一般都是「二三子」，頂多四個人，加一個彈琴的（如【先進11・26】）。上課，就是陪老師聊天，或者坐在屋裡東拉西扯，或者在戶外邊走邊聊。我很羨慕那時候的教學。可是，這麼帶學生，他怎麼會有幾千個學生？即便是今天，一個教授帶三千個本科生、七十個研究生，那也不得了。

司馬遷的話是眞是假？我們可以討論一下。他所說的數字，實際人數準不準不敢講，但學生很多，不是不能想像。大家可以讀一下呂思勉的〈講學者不親授〉這篇文章②，作者說「漢世大師，所教授之弟子甚多」，多可以多到什麼程度？《後漢書・儒林傳》說「精廬暫建，贏糧動有千百；其耆名高義，開門授徒者，編牒不下萬人」。我們從有關記載來看，當時的大師，及門弟子上千，編牒弟子上萬，很常見。這是東漢時候的情形，西漢的規模即使沒這麼大，也該八九不離十。這等於說，一個教授，可以教一所大學。

學生這麼多，怎麼教？別擔心，他是把學生分成很多層。「編牒」只是慕名前往、登記在冊的學生，有點像現在上個短期班，討張證書，有個名義。註冊的學生，也叫「著錄」或「在籍」弟子，他們是外圍的學生。一般情況下，根本見不到大師。「及門」則是核心弟子，入了老師門的弟子。這種弟子又分兩種：一種是及門未入室，進過老師的門，沒進老師的屋，未嘗親炙師教，頂多在院子裡溜達；一種是入室弟子，可以進老師的客廳，旁無雜人，眞正聽老師親授。像是西漢的大師董仲舒，「下帷講誦」，坐在簾子後面，「三年不窺園」，院子裡的人自然見不著他的面；東漢的大師馬融，及門弟子四百多人，登堂入室的只有五十多人，鄭玄出其門下，也是

② 呂思勉，《呂思勉讀史札記》，上海：上海古籍出版社，一九八二年，上冊，六七五至六七八頁。

三年都見不到一面。

見不到老師一面的學生怎麼辦？很簡單，讓學生帶學生，受業早的教受業晚的，學哪門的教哪門，轉相傳授，這叫「聞道有先後，術業有專攻」（韓愈《師說》）。讀《論語》我們不難發現，很多情況下都是大徒弟在屋裡和孔子談話，其他學生只能在門外候著，孔子走了，這些學生才追著大徒弟問老師剛才都講些什麼（如【里仁4·15】）。孔子的教學，既然是徒弟帶徒弟，就有可能包括再傳弟子（如陳亢），好像傳銷事業，一傳一大片，學生人數當然很多。

原來大師是這麼帶學生的，所以呂先生說「此等大師，從之何益，居其門下者，得毋皆仰慕虛名，甚或借資聲氣乎」。古代也有很多仰慕虛名、借資聲氣的追隨者（現在叫「粉絲」）遠道前來，建舍賃屋，爲的只是一睹大師風采，他們並不一定見過老師，更不一定受過什麼具體指點。更有意思的是，大師有時會公開演講，這是粉絲唯一可以見到大師的機會。呂先生說，這種風氣自漢以下一直有，「會集者多，則人心易奮」，如宋明大師演講，就有痛哭流涕者。「觀講」是一種表演，不會表演不能當大師。讀呂先生的書我們可以明白，比起漢代，孔子的學生並不算多，完全在合理範圍內。

此外，孔子和學生之間的關係也很特殊。要知道，孔門也好，墨家也好，他們的教學組織或學術團體和今天不一樣，有人說像幫會。老師（墨家叫「鉅子」）是老頭子或大哥，核心弟子則各有所長，彼此分工，好像堂口；弟子帶弟子，形成很多層級。德高望重（顏回等人）的在最上層，其次有外交、財務和學術等若干學科。弟子入門拜師要經人介紹，不能直撲老師的家門。見面要儒冠儒服，帶見面禮（一捆臘肉），進行面試。闊氣的學生還要捐錢給組織，如孔子周遊列國可能就是子貢掏的腰包。此外，學生不聽話，老師可以要其他同學揍他。學生也沒什麼畢業不畢業，而是終生隨侍左右，有些弟子像子路甚至擔任孔子的保鏢。老師呢，也因材施教，推薦他們四處做官。只要沒出去做官、待在家裡的，就得緊跟再緊跟。像是孔子死了，仍有一堆學生住在孔子的墓旁。老師和學生之間的關係好像父子，老師若喜歡他，還能當老師的女婿，娶老師的女兒或姪女。

孔子的受業弟子，也就是最核心的弟子，到底有多少人？前面提到，有的古書說是七十二人，有的說是七十七人。如果我們查對一下這些不同的記載，改正錯字，去除重複者，其實是七十七人。這些弟子有「先進」和「後進」之分。「先進」是早期弟子，「後進」是晚期弟子，因此他們並不全都見於《論語》，實際在《論語》中出現的弟子有廿九人。我將這核心的七十二弟子按照從學先後，大致分爲以下幾期，每一期的每個人都盡可能按年齡排序——

孔門第一期

孔子的第一批學生，這是他早年居魯時（卅五歲以前）招收的學生，共六人。

顏無繇（字季路，前五四五～前？年）。顏回的爸爸，魯人，比孔子小六歲，出身「貧民」。在孔門弟子中，年齡僅次於秦商（介紹見此小節最末）。他的名、字和子路完全一樣（「繇」通「由」，順路而行的意思，與「路」的詞意相關）。顏氏是孔子的外家，和孔子的關係不同尋常，孔門有八顏子，恐怕就是由他帶進門③。※見【11・8】，寫作顏路※

冉耕（字伯牛，生卒不詳）。魯人，出身「賤人」，以德行稱。孔府《聖門志》和《闕里廣志》說他比孔子小七歲，所以暫附於此。孔門弟子中除顏氏以外，冉氏也很重要。孔門五冉子，可能就是由他帶進門。據說冉耕是因痲瘋病而死，孔子探望他時連聲歎息：這麼好的人怎麼患上這種病，覺得非常可惜。※見【6・10】，寫作伯牛／見【11・3】，寫作冉伯牛※

仲由（字子路或季路，前五四二年～前四八〇年）。卞人④，比孔子小九歲，出身「鄙人、野人」，以政事稱。孔子仕魯定公期間，他曾任季桓子宰（前四九八年），爲期甚短，次年即隨孔子周遊列國。孔子周遊列國期間，他追隨左右；回國前，他曾任衛蒲⑤邑宰（疑在前四八八年～前四八〇年）。孔子回到魯國後，仲由與冉有一起爲季康子做事，最後死於衛國的內亂（前四八〇年）。卞，是卞莊子（魯國的著名勇士）的老家，子路亦不怕死，以勇武著稱。他性子急，脾氣爆，口無遮攔，常挨孔子罵，不像顏回那麼讓老師喜歡；按漢魏傳說描寫，他簡直就是張飛、李逵式的人物（《說苑・建本》《孔子家語・子路初見》），但對於老師，他絕對忠誠。他也是孔門中的老前輩。仲由在《論語》中出現的次數最多，達四十二次⑥。

※見【6·8】【11·24】【18·6】，寫作仲由※

※見【2·17】【5·7／5·8】【6·8】【9·12】【9·27】【11·13】【11·15】【11·18】【11·22】【11·24】【11·26】【12·12】【13·3】【15·4】【16·1】【17·7／17·8】，寫作由※

※見【5·7／5·8】【5·14】【5·26】【6·28】【7·11】【7·19】【7·35】【9·12】【9·27】【10·25】【11·13】【11·15】【11·22】【11·25／11·26】【12·12】【13·1】【13·3】【13·28】【14·12】【14·16】【14·22】【14·36】【14·38】【14·42】【15·2】【17·5】【17·7】【17·23】【18·6／18·7】，寫作子路※

※見【5·26】【11·3】【11·12】【16·1】，寫作季路※

漆彫（開）〔啓〕⑦（字子開，前五四〇～前?年）。魯人（或說蔡人），比孔子小十一歲，是個受過刑的殘障人士。漆彫是複姓，齊陶文有「漆彫里」，正作漆彫；漆彫里，是從事漆

---

③ 孔門第三期的學生「言偃」，言這個字在上博楚簡中，和顏回的顏寫法一樣，如果加上他，孔門就有九個以顏為姓氏的人。

④ 卞為魯邑，在今山東泗水東卞橋鎮。

⑤ 蒲為衛大夫孔悝之邑，今河南長垣縣。

⑥ 這裡所指次數，以章為單位，不管同一章內出現幾次，都算一次。

⑦ 凡對《列傳》原文有所改動，均以（）號括注小字，表示原文；〔〕號括注大字，表示改正的字。

雕業的工匠所居住的地方。彫同雕，他與後面會出現的孔門弟子漆雕哆、漆雕徒父一樣，都是以漆雕爲氏。後面這兩位都是魯人，所以他也可能是魯人。他的名、字，哪個是開，哪個是啓，也值得討論。今本《論語》作漆開，孔注曰：「漆，姓。開，名。」《論語》中引用弟子名時，一般是以字稱，我們估計「開」是他的字，「啓」是他的名。※見【5．6】，寫作漆開※

閔損（字子騫，前五三六年～前？年）。魯人，比孔子小十五歲，出身不詳，以德行稱，是孔門中最有名的大孝子，他的父母兄弟都誇他。「騫」有虧損的意思，與他的名相應。據說，閔損曾爲魯費宰（《孔子家語．執轡》），但《論語》【雍也6．9】的記載卻非如此；「費」爲季氏之私邑，在今山東費縣西北。※見【11．13】，寫作閔子／見【6．9】【11．5】【11．14】，寫作閔子騫※

·未見於《論語》的孔門弟子

秦商（字子丕，前五四七年～前？年）：魯人，比孔子小四歲，出身不詳。子丕，《索隱》引《家語》作丕茲，《正義》引《家語》作丕慈，今本作不茲。商，古書往往通章，章、丕均有「大」意。他在孔門第一期的弟子之中年齡最大，名氣最小，《論語》裡不見秦商，後人對他幾乎一無所知。

孔門第二期

孔子的第二批學生，這是他自齊返魯後（卅六～五十四歲）招收的學生，共十人。

冉雍（字仲弓，前五二二年～前？年）。魯人，比孔子小廿九歲，出身「賤人」，以德行稱，並長於政事。前四九七～前四九三年，仲由陪老師周遊列國，在仲由的推薦下，他接替其爲季桓子宰。※見【5·5】【6·1／6·2】【12·2】，寫作雍／見【6·2】【6·6】【11·3】【12·2】【13·2】，寫作仲弓※

冉求（字子有，前五二二年～前？年）。魯人，比孔子小廿九歲，出身「賤人」，以政事稱，善於理財。他和冉雍，二人同族。前四九二年，他爲魯季氏宰。季康子立於哀公三年（前四九二年），冉求是應季康子之召任季氏宰，他是接替冉雍。

※見【6·12】【11·24】【14·12】，寫作冉求※

※見【5·8】【6·8】【11·17】【11·22】【11·24】【11·26】【16·1】，寫作求※

※見【3·6】【7·15】【11·3】【11·13】【11·22】【11·26】【13·9】【16·1】，寫作冉有※

※見【6·4】【13·14】，寫作冉子※

宰予（字子我，生卒不詳）。魯人，《大成通志．先賢列傳上》說他比孔子小廿九歲，所以暫附於此。出身不詳，以言語稱。孔子曾罵他「朽木不可雕也，糞土之牆不可杇也」，但他卻是孔門十哲之一，屬於最優秀的學生。《列傳》記載，他曾出國擔任齊臨淄大夫。孔子死後，他是前輩，子貢樹孔子爲聖人，他亦參與其中。※見【5．10】，寫作宰予／見【3．21】【6．26】【11．3】【17．21】，寫作宰我※

顏回（字子淵，前五二一年～前四八一年）。魯人，比孔子小卅歲，出身「貧民」，以德行稱，常受老師表揚，是孔子最得意的門生。《莊子．田子方》說，顏回對孔子亦步亦趨，「夫子步亦步，夫子趨亦趨，夫子馳亦馳，夫子奔逸絕塵，而回瞠若乎後矣」，自稱再緊跟還是跟不上。他最討孔子喜歡，但太吃苦太用功，只活了四十一歲就離開人世。「淵」是回水，與名相應。

※見【6．3】【11．7】，寫作顏回※

※見【2．9】【5．9】【6．7】【6．11】【9．20】【11．4】【11．11】【11．19】【11．23】【12．1】，寫作回※

※見【5．26】【7．11】【9．11】【9．21】【11．3】【11．8至11．11】【11．23】【12．1】【15．11】，寫作顏淵※

巫馬施（字子旗，前五二一年～前？年）。魯人（或說陳人），比孔子小卅歲，出身不詳，曾任單父宰。旗、施皆從㫃旁，與旌旗有關。旗字，《弟子解》作期，同《論語》，從名、字關係來看當作旗爲是。※見【7．31】，寫作巫馬期※

高柴（字子羔或季羔，季是排行輩分，前五二一或前五一一年～前？年）。齊人，比孔子小卅歲（或四十歲），出身不詳，個子很矮，相貌醜陋，也是有政事才能的弟子。羔，作臯或作高，可見臯、高都是羔的借字。柴，同㧗，是一種羊。

前四九八年，孔子墮（毀）三都，先墮郈，次墮費，墮成不克，後來高柴曾先後任費／或魯費宰、郈宰、武城宰、成邑宰。「費」爲季孫氏的封邑，「武城」近費，在今山東費縣西南；「郈」爲叔孫氏的封邑，在今山東東平縣東南；「成」爲孟孫氏的封邑，在今山東寧陽縣東北。前四八八～前四八〇年，他還曾擔任衛國的士師，故有衛人之說。古書講某爲某國之人，有些是以原籍稱，有些是以仕宦之地稱。《弟子解》說他是「齊人，高氏之別族」，國、高是齊國的名族，我懷疑，齊才是他的原籍。※見【11．18】，寫作柴／見【11．25】，寫作子羔※

宓不齊（字子賤，前五二一或前五〇二年～前？年）。魯人，比孔子小卅歲（或四十九歲），出身不詳，曾任魯單父宰。不齊的「不」是語詞，「不齊」之意仍是齊。「賤」讀「翦」，與齊互訓，名、字相應。※見【5．3】，寫作子賤※

端木賜（字子貢，前五二〇年～前?年）。衛人，比孔子小卅一歲，出身「賈人」，以言語稱，曾仕衛、魯，當過信陽令或信陽宰，但當時的信陽在哪裡，待考。死於齊，是從事外交、買賣的好手。孔子死後，以他地位最高，在弟子中名氣最大，有如掌門人。孔門樹孔子、加聖人之號於孔子，他的功勞最大。子貢的「貢」，古書或作贛，從許多古文字資料來看，這是它本來的寫法。《爾雅》《說文》皆以貢、賜互訓。端木賜在《論語》中出現次數很多，共卅八次，僅次於子路。

※見【1·15】【3·17】【5·4】【5·9】【5·12】【6·8】【11·19】【14·29】【15·3】【17·24】【19·23】，寫作賜※

※見【1·10】【1·15】【2·13】【3·17】【5·4】【5·9】【5·12／5·13】【5·15】【6·30】【7·15】【9·6】【9·13】【11·3】【11·13】【11·16】【12·7／12·8】【12·23】【13·24】【14·17】【14·28／14·29】【14·35】【15·10】【15·24】【17·19】【17·24】【19·20至19·25】，寫作子貢※

·未見於《論語》的孔門弟子

商瞿（字子木，前五二二年～前?年）：魯人，比孔子小廿九歲，出身不詳。

梁鱣（字叔魚，前五二二或前五一二年～前?年）：齊人，比孔子小廿九歲（或卅九歲），出身不詳。鱣，《集解》一作鯉，蓋形近而誤。鱣是魚名，與字相應。

孔門第三期

孔子的第三批學生，這是他周遊列國時（五十五～六十八歲）招收的學生，共十八人。

原憲（字子思，前五一五年～前？年）。魯人（或說宋人），比孔子小卅六歲，出身不詳。曾爲孔子家宰。「憲」有思之意，與字相應。※見【6·5】，寫作原思／見【14·1】，寫作憲※

樊須（字子遲，前五一五或前四八四～前？年）。齊人（或說魯人），比孔子小卅六歲，出身不詳。此人喜歡種莊稼，是個重農派，孔子罵他是小人。「須」有等待之意，「遲」有緩慢之意，意思正好相應。《論語》共提到樊須六次。※見【13·4】，寫作樊須／見【2·5】【6·22】【12·21／12·22】【13·4】【13·19】，寫作樊遲※

澹臺滅明（字子羽，前五一二或前五〇二年～前？年）。魯武城（今山東平邑南魏莊鄉南武城村）人，比孔子小卅九歲（或四十九歲），似出身「士人」。他是言偃任武城宰時所發現的人才，後來到楚國發展，有弟子三百人，很有名氣。據說，他是個相貌醜陋的人，孔子說「以容取人乎，失之子羽；以言去人乎，失之宰予」（《韓非子．顯學》），但《大戴禮．五帝德》的說法有點不一樣，說相貌醜陋的不是澹臺滅明，而是顓孫師。澹臺是複姓，其名、字關係還值得討論。※見【6．14】，寫作澹臺滅明※

陳亢（字子亢／或子禽，前五一一年～前？年）。陳人，比孔子小四十歲。此人見於《列傳》子貢條下，沒有單獨的傳；又見《禮記．檀弓下》，估計是子貢的學生，孔子的再傳弟子。《爾雅．釋鳥》說，「亢，鳥嗾，其粻嗉。」與他的字子禽相應。※見【1．10】【19．25】，寫作子禽／見【16．13】，寫作陳亢※

公西赤（字子華，前五〇九年～前？年）。魯人，比孔子小四十二歲，似出身富裕家庭，有外交才能。赤好禮，孔子問他的志向，他說自己喜歡在禮儀場合當「小相」（【先進11．26】）。古代名赤字華的人很多，華或從華的字，有黃、赤之訓，如驊騮就是赤色的馬。《論語》共提到公西赤五次。※見【5．8】【6．4】【11．22】【11．26】，寫作赤／見【6．4】，寫作子華／見【7．34】【11．22】【11．26】，寫作公西華※

有若（字子有，前五一八或前五〇八年～前？年）。魯人，比孔子小四十三歲（或卅三歲），出身不詳。據說相貌酷似孔子，孔子死後，卜商、言偃、顓孫師公推有若代替孔子受弟子朝拜，但曾參不同意（《孟子‧滕文公上》）。漢代還有一種傳說，有若坐孔子位受弟子拜，弟子問之無以應，被弟子轟下來（《史記‧仲尼弟子列傳》）。孔子死後，子貢樹孔子為聖人，他亦參與其中。※見【1‧2】【1‧12／1‧13】，寫作有子／見【12‧9】，寫作有若※

卜商（字子夏，前五〇七年～前？年）。衛國溫縣（今河南溫縣西南）人，比孔子小四十四歲，出身「貧民」。他曾任魯莒父宰，又事衛靈公，老年講學於西河，魏文侯、田子方、段干木、李克、吳起師事之，對三晉的法術之學影響很深遠。子夏以文學稱，傳《詩》和《春秋》，在經藝傳授方面很有名。前人說，他是漢代經學的鼻祖。孔子死後，他也是孔門中的重要人物。夏、商皆古國名，其名、字相應。卜商在《論語》中出現多達廿一次。

※見【3‧8】【11‧16】【12‧5】，寫作商※

※見【1‧7】【2‧8】【3‧8】【6‧13】【11‧3】【12‧5】【12‧22】【13‧17】【19‧3至19‧13】，寫作子夏※

言偃（字子游，前五一六或前五〇六年～前？年）。吳人（或說魯人），比孔子小四十五歲（或卅五歲），出身不詳；以文學稱，曾任魯武城宰，常與子夏並舉。《論語》共提到他八次。

※見【6‧14】【17‧4】，寫作偃※

※見【2‧7】【4‧26】【6‧14】【11‧3】【17‧4】【19‧12】【19‧14／19‧15】，寫

作子游※

曾參（字子輿，前五〇五年～前四三二年）。魯南武城（今山東費縣西）人，比孔子小四十六歲，出身「貧民」。宋人講道統，是從思、孟，上追曾參。曾參在《論語》中出現達十五次。

※見【4・15】【11・18】，寫作參※

※見【1・4】【1・9】【4・15】【8・3至8・7】【12・24】【14・26】【19・16至19・19】，寫作曾子※

顓孫師（字子張，前五〇三年～前?年）。陳（今河南淮陽）人，或說陽城（今河南登封東南）人，或說魯人，比孔子小四十八歲，出身「鄙人」，曾從孔子遊於陳、蔡。唐以來，學者多說孔子最重要的學生都是從遊陳、蔡者，當時子張也在他身邊。孔門十哲無子張，但古人說的孔子「四友」，其中以他和顏回、仲由、端木賜並舉（《尚書大傳・殷傳》）。「師」者眾，「張」是張師之意，名、字相應。顓孫師在《論語》中出現多達十八次。

※見【11・16】【11・18】，寫作師※

※見【2・18】【2・23】【5・19】【11・20】【12・6】【12・10】【12・14】【12・20】【14・40】【15・6】【15・42】【17・6】【19・1至19・3】【20・2】，寫作子張※

司馬耕（字子牛，前?年~前四八一年）。宋國貴族，即宋司馬桓魋（差點殺害孔子的人）的弟弟，此人的特點是多言而急躁。他這一支是從宋桓公分出，故稱桓氏；初封於向，又稱向氏；還以世官稱司馬氏。宋以右師、左師、司馬、司徒、司城、司寇爲六卿，向氏世居卿位，先後任左師、司馬、司城等職。司馬牛系出向父肸，肸爲桓公子，其世系爲：向父肸——司城訾守——小司馬鱣——左師向戌——?——?——司馬牛。司馬牛有兄弟四人：巢、魋、子頎、子車。巢爲魋兄，宋景公時爲左師。魋有寵於景公，因出桓氏，亦稱桓，又稱桓司馬、司馬桓魋，牛、子頎、子車都是魋弟；魋、牛以司馬爲氏，是前輩的氏稱，當時的司馬是皇野（字子仲）。《左傳》哀公十四年，宋桓魋作亂，司馬牛出奔，曾適齊適吳，返宋，最後死於魯，看來是投奔自己的老師（比孔子早兩年卒，是年爲前四八一年）。

司馬牛，牛是字，名爲犁或犂耕。楊伯峻曾懷疑司馬牛既名耕，字子牛，不應複以犁名，也許這個司馬牛並非《左傳》哀公十四年的司馬牛。但，犁耕也可能是雙名或兩個字的名，所以並不一定矛盾。司馬耕，名耕字牛，耕當讀牼，許慎在《說文·牛部》說這是牛的膝下骨，並說「《春秋傳》曰：『宋司馬牼字牛。』」，可見司馬耕的名，古本有作牼者，而牼是春秋常用名。※見【12·3至12·5】，寫作司馬牛※

・未見於《論語》的孔門弟子

顏幸（字子柳，前五〇五年～前？年）。魯人，比孔子小四十六歲，出身不詳。或說幸是辛之誤，柳當讀爲卯，皆干支字。

冉孺（字子魯，前五〇一年～前？年）。魯人，比孔子小五十歲，出身不詳。《索隱》引《家語》作「冉儒」；孺是幼稚，魯是愚鈍，含義相近。

曹卹（字子循，前五〇一年～前？年）。比孔子小五十歲，出身不詳。或說卹可讀率，率可訓循。

伯虔（字子析，前五〇一年～前？年）。國別不詳，出身不詳，比孔子小五十歲。子析，《索隱》引《家語》作子晳，今本《家語》作子析。虔讀「黔」，黔是黑色，與晳相反。

公孫龍（字子石，前五〇一年～前？年）。一說楚人，一說衛人，比孔子小五十三歲，出身不詳。此人與作「堅白之談」的公孫龍同名，但不是同一人，《索隱》《正義》以爲同人，誤。龍，《索隱》引《家語》作寵或礱，曰「字子石，則『礱』或非謬」；礱是礪石，與石相關。

顏高（字子驕，前五〇一年～前？年）。魯人，比孔子小五十歲，出身不詳，孔子適衛，他曾爲孔子駕車。

叔仲會（字子期，前五〇一年或前四九七～？年）。晉人（或說魯人），比孔子小五十歲（或說五十四歲），出身不詳。期、會互訓，並可連言。

孔門這三期的學生之中，第一批以仲由最能幹，也最有名；其次是兩位道德先生——冉耕和閔損，孔子很欣賞他倆，但他們對後世沒什麼影響。

第二批，顏回是孔子最得意的門生，但除了緊跟孔子與安貧樂道，後世對他幾乎一無所知；其次，冉雍、冉求在政事方面很重要，僅次於仲由；宰予、端木賜，在言語方面最重要，端木賜更是政事之材。

第三批，名氣最大的是五大弟子，一是貌似孔子而老實謹慎的有若，二是對有若不服氣的曾參，三是長於文學的卜商、言偃，四是性格豪爽如仲由的顓孫師。

孔子死後群龍無首，迫切需要再造權威，有兩件事最重要。第一，孔門弟子中以端木賜年齡大，威望高，他發動了一場樹孔子為聖人的運動，有若、宰予皆參與其中。第二，但端木賜自己不出面，卜商、言偃、顓孫師公推容貌酷似孔子的有若代受弟子朝拜，曾參不服氣，他在當時是少數派。

年代不可考的孔門弟子（不太重要）

公冶長（字子長，生卒不詳）。齊人（或說魯人），出身不詳，曾蹲過監獄，孔子認為他被抓是無辜的，所以把女兒嫁給他。※見【5．1】，寫作公冶長※

南宮适（字子容，生卒不詳）。魯人，出身不詳，此人謹小慎微，很會保護自己，孔子喜歡這樣的學生，所以把自己哥哥孟皮的女兒嫁給他。括，《論語》作适，《列傳》作括；括或适，都是古代常用人名。「适」大概是本來的寫法，作「括」可能晚一點；「括」有包容之意，與容互訓，名、字相應。※見【5．2】【11．6】，寫作南容／見【14．5】，寫作南宮适※

曾蒧（字子晳，生卒不詳）。魯人，出身「貧民」，是曾參的爸爸。「蒧」讀「點」，是蒧的異體，《說文．黑部》有黶字，曰「雖晳而黑也，從黑箴聲。古人名黶字晳」，就是指他；《論語》《弟子解》作「曾點」。曾點喜歡吃羊棗（一種小柿子），在孔子眼中是個「狂士」（《孟子．盡心下》），不是他的得意門生。「點」是黑色，「晳」是白色，古人名黑或點的人往往字晳，取黑白相反之意。※見【11．26】，寫作點、曾晳※

公伯繚（字子周，生卒不詳）。魯人，出身不詳，曾到季孫氏那裡搬弄是非，誹謗子路，出賣孔子，後人懷疑他不是孔子的學生，明嘉靖年間，甚至把他開除出孔廟。他是孔門中的「猶大」。「繚」有繞的意思，「周」也有繞意，名、字相應。※見【14．36】，寫作公伯寮※

申黨（字子周）。魯人。漢郎中王政碑作「申棠」，《索隱》作「堂」，謂即【公治長5．11】的「申棖」。其名、字關係還值得研究，或說黨、周互訓。如此說成立，則黨是正確寫法，棖、棠、堂都是借字。我懷疑，公伯繚和申黨也許是同一人。

琴牢（字子開或子張，生卒不詳）。衛人。【子罕9．7】有名牢者，《鄭注》說是「弟子子牢」，《集注》說是「姓琴字子開，一字子張」。此人不見於《列傳》，但古書有名琴張者，見《左傳》昭公二十年、《孟子‧盡心下》和《孔子家語‧曲禮子夏問》等書，這裡從《家語》和舊注的傳統說法。

·未見於《論語》的孔門弟子

公皙哀（字季次，生卒不詳），齊人。

冉季（字子產），魯人。

公祖句茲（字子之），字子之似有誤，其名、字關係還值得研究。

秦祖（字子南），秦人；或說祖讀楚，與南相應。

漆雕哆（字子斂），魯人。哆是張口，字通侈，與斂的含義相反。

漆雕徒父，魯人。《索隱》引《家語》字固。

壤駟赤（字子徒），秦人。其名、字關係還值得研究。

商澤（字子季）：《列傳》有名無字，其名、字關係還值得研究；「季」也可能是年之誤，田稼凡被雨「澤」則華秀而「年」豐。

石作蜀（字子明），今本《家語》作「石子蜀，字子明」。蜀讀燭，與明相應。

任不齊（字子選），楚人。不齊，與宓不齊同名。不齊，不是語詞，含義仍是齊，選、撰等字有齊的意思，名、字相應。

公良孺（字子正），陳人，曾以私車五乘從孔子遊。或說孺者幼子，必教以正。

後處（字子里），齊人。處是居處，里是居處之處，名、字相應。

秦冉（字開），《弟子解》無此人。

秦非（字子之），魯人。冉與非字形相近，秦冉與秦非兩人似應合併。上面的公祖句茲亦字子之，疑有誤。

公夏首（字子乘），魯人。公夏是複姓，或說「首」讀道，與乘相應。

奚容葴（字子晳），衛人。《弟子解》作奚葴，解析同前面提過的「曾葴」例。

公肩定（字子中），魯人或晉人。子中，今本《家語》作子仲。

顏（祖）〔相〕（字子襄），魯人。相，《列傳》作祖，《弟子解》作相，字形相近，疑本來作相。相、襄皆有助的意思。

（鄡）〔県〕單（字子家），應為魯人。此人即今本《弟子解》多出的県亶。県（原作縣）與鄡字形相近，而單與亶的古音相同，因此是同一人。或說單讀廛，《說文・廣部》對廛字的解釋是「一畝半，一家之居」，正與家字相應。

句井疆（字子彊），衛人。

罕父黑（字子索），國別不詳。或說「索」同素，與黑相反。

顏之僕（字子叔），魯人。其名、字關係還值得探討。

榮旂（字子祈）。《索隱》引《家語》作榮祈，字子顏，今本《家語》作子祺，《唐書・禮樂志》作榮子旗。原文有兩種可能，一是名字子旗，一是名祈字子祺，疑不能定，子顏當是誤字。又，子祺，和底下的「县成」字相同，容易混淆。

县成（字子祺），魯人。成有善的意思，祺有吉意。

左人郢（字子行），魯人。郢讀逞，是逞行、急行之意，與字相應。

燕伋（字子思），與孔伋的名、字俱同。伋同急，有憂恐之意。

鄭國（字子徒），子徒，或讀子都，與國相應。

施之常（字子恆），魯有施氏，疑是魯人。常、恆互訓。

顏噲（字子聲），魯人。噲是下嚥之聲，與聲相應。

步叔乘（字子車），齊人。乘、車，名、字相應。

原亢（字籍），或說亢是鳥嚨，籍讀鵲，意義相關。

樂欬（字子聲），魯人，《索隱》引《家語》同，今本《家語》作樂欣，蓋形近而誤。欬是氣逆之聲，與聲相應。

廉絜（字庸），衛人，今本《家語》作廉潔，與絜同，其名、字關係還值得研究。

顏何（字冉），魯人。冉即聃字所從，聃與儋通，《說文・人部》，儋、何互訓。

狄黑（字皙），皙與黑含義相反，今本《家語》作皙之。

邦巽（字子斂），魯人。邦巽，《索隱》有三種異文，引《家語》作「邦選」，引《文翁圖》作

「國選」，引劉氏說作「邦巽」。今本《家語》又作邦選，國是避漢高祖諱而改字，字當作「邦」而訛爲邽。舊說，巽、斂皆有具備之意，我懷疑，巽即選字所從，可讀纂，與斂含義相近。

孔忠（字子蔑），孔子兄之子，魯人。忠，《索隱》引《家語》同，今本《家語》作忠或弗。忠與蔑義不相應，疑本作弗，用爲字，《說文·目部》訓爲「目不明」，與蔑的意思相同。

公西輿如（字子上），「輿」通與，可讀舉，舉有「上」的意思。

公西葴（字子上），魯人。葴，和前面提過的曾葴、奚容葴例子相同。子上，與上公西輿如的字相同，容易混淆。

學生家族一起向學

孔子的學生以魯人居多，這當中有八個家族值得注意——

顏氏：顏無繇、顏回、顏幸、顏高、顏相、顏之僕、顏噲、顏何；言偃也可能是顏氏。《論語》曾提到的是「顏無繇」「顏回」。

冉氏：冉耕、冉雍、冉求、冉孺、冉季。《論語》曾提到的是「冉耕」「冉雍」「冉求」。

漆彫氏：漆彫啓、漆雕哆、漆雕徒父。《論語》曾提到的是「漆彫啓」。

曾氏：曾葴、曾參，他們都見於《論語》。

秦氏：秦商、秦祖、秦冉（與秦非可能是同一人）。他們都不見於《論語》。

公西氏：公西赤、公西點、公西輿如。《論語》只提到「公西赤」。

县氏：鄡單（县亶）、县成。他們都不見於《論語》。

原氏：原憲、原亢。《論語》曾提到的是「原憲」。

另外，還有一些來自齊、宋、衛、陳、蔡、楚、吳、秦、晉等國的「外國留學生」。

誰是最重要的孔門弟子？

孔門弟子多爲寒門，如顏氏八子、冉氏三子和仲由、曾參等人，他們的出身背景可能與孔子相似，也是破落戶子弟。孔子早期的學生尤其如此。孔子辦學，一開始主要招收的學生是這類人，後來辦得太成功太有知名度了，才有富家子弟上門；孔門晚期的弟子，如子貢是大商人，司馬牛是大貴族。

但最重要的孔門弟子，也就那十幾個人。這十幾個人各有專長。古人有所謂「四科十哲」，【先進11．3】曾提到：德行科「顏淵、閔子騫、冉伯牛、仲弓」；言語科「宰我、子貢」；政事科「冉有、季路」；文學科「子游、子夏」。四科取士是王莽的制度（《後漢書．景丹傳》），十哲配享是唐開元八年（七二〇年）所定（《舊唐書．禮儀志四》），一般認爲這十位是孔門最重要的弟子，他們於《論語》中的出現次數，最多的是仲由／季路（四十二次），其次端木賜／子貢（卅八次），其次顏回／顏淵、卜商（廿一次），其次冉求（十六次）。十哲以外還有五個人也很重要——樊須、公西赤、有若、曾參、顓孫師／子張。

這十幾個人裡，孔子最愛的還是「德行科」學生。如第一期的冉耕、閔損，第二期的顏回，第三期的曾參、有若也屬這一類。他們都是道德先生，老實謹愼，少言寡語。

「言語科」學生則不一樣，都是能說會道、善於公關之人，以第二期的宰予、端木賜爲代表，而公西赤也屬這一類。

「政事科」學生，是有治國用兵之術，擅長管人理財的人；第一期的仲由是老大哥，他當過季氏宰；第二期的冉耕和冉求也當過。冉雍，說是德行好，其實也是政事之材。顓孫師，性格似仲由，是小子路，也可歸入這一類。

「文學科」學生，好讀書，長於經藝（經是經書，藝是禮樂），以第三期的卜商、言偃做爲代表。

「言語、政事、文學」三科的學生，個個多才多藝，比較機靈，比較活躍，也比較實際。但孔子喜歡德行科學生，他對後三科的學生批評比較多，尤其是從政的，他總是放心不下。但後來大樹特樹孔子、幫他老人家揚名的，是誰？還不是那些最活躍的學生，尤其是能說會道、活動能力極強的子貢，還有被他大罵過的宰予。樊須則較爲異類，不但脾氣類似子路、子張，而且重農，喜歡種地，孔子尤其討厭。孔子死後，五大弟子鬧矛盾——道德高尚派，曾參與有若爭正統；多才多藝派，卜商、言偃、顓孫師比高下，也反映了孔門內部的矛盾。

孔子的學生性格不盡相同，形成強烈對照，如顏回聽話，仲由魯莽。孔子對學生有偏愛，德與能，他顯然重「德」；能說會道和少言寡語，他喜歡「少言寡語」，而且看上去還要有點傻——當然，不能眞傻。像是閔損、冉雍，他們都不愛說話，便都成了道德先生；相反地，宰予、端木賜擅長言語，而仲由多嘴，就不配當道德先生。孔子抑由進回、抑賜進回，都和這個標準有關。孔子對學生有誇有罵，誇得最多是顏淵，罵得最多是仲由。仲由挨罵，但忠心耿耿。

《論語》有個優點，這種在寫作或文學上的優點，想蓋都蓋不住，那就是——它沒有後人的那種虛僞。書中人物，夫子也好，十哲也好，都是普通人，喜怒笑罵，毫不遮掩。誰說偉大導師就一定很神聖，聖門弟子就得身披光芒？他們師生在一起，學生頂老師，老師罵學生，都被記了下來。像是仲由，孔子說罵就罵（他們師徒相處久長，彼此太熟悉），一點面子都不給；冉求當季氏宰，幫季氏斂財，孔子便在【先進11．17】叫學生「鳴鼓而攻之」。前述這兩位都在孔門十哲之列，而《論語》的編者卻毫不遮掩他們的缺點。

班固尊孔，《漢書．古今人表》便是按孔子的想法，把人分爲九等。一二三等爲一類，是聰明人和好人（聖人、仁人、智人）；四五六等爲一類，是中人（中上、中中、中下）；七八九等爲一類，是傻子和壞人（下上、下中、下下愚人）。孔子在第一等，學生在二三等，可見他們在古人心中全是「聰明人和好人」。

研究孔子世系、生平和弟子的參考資料

研究孔門弟子，我們可以用〈文翁禮殿圖〉的記載和漢畫像石來校正。〈文翁禮殿圖〉，是東漢興平元年（西元一九四年）蜀守高眹復修「舊築文翁周公禮殿」時，在殿中所畫的壁畫，畫有孔子和他的七十二弟子。此外，東漢畫像石也有很多主題是表現孔子見老子，而孔子背後站著的是他的學生。

以下則列出幾本研究孔子的生平、世系和弟子時，不可少的書目——

・《史記・孔子世家》《史記・仲尼弟子列傳》，這兩本自然是必備書目。

・《孔子家語》過去被定爲僞書，不妥。學者指出，雙古堆漢簡和八角廊漢簡的出土發現，有些內容正與《孔子家語》相合。此書傳出於孔安國，今本有安國後序，說此書是編《論語》剩下來的文字。呂氏後，散在民間，好事者或以意增損其言，同是一事，只不過傳聞異辭；王肅序則稱，其本得之於孔子廿二世孫孔猛。《漢書・藝文志・六藝略》論語類著錄此書，作二十七卷，今本爲十卷四十四篇，篇卷劃分不一樣，文字也不一樣（以今本《家語》與《史記》三家注引用的《家語》作比較）。

・《孔叢子》過去被斥爲僞書，尤其是宋以來盛行辨僞學，現在的認識已有所不同，疑古本身也可疑。此書是附《論語》而傳，研究《論語》，不可不讀。本書的主體，前六卷止於子魚，是記孔子、子思（孔伋）和子高（孔穿）、子順（孔謙）、子魚（孔鮒）六代，沒講子思之前的

孔鯉，和子思之後的孔白、孔求、孔箕，內容的下限是秦，不涉及漢代。說今本《孔叢子》是漢代的古書，應該沒問題。此書是家譜類的書，我們從書本身看，它可能和孔氏子孫的一支、即西漢武帝時的孔臧和孔臧後代關係最大。證據是，它的書題本身，就是以孔臧父親的字「叢」命名。此書初稱《孔叢》，後加子字，尊稱爲《孔叢子》，就是他們這一支的口吻。

我們若要查孔子和他的弟子在《論語》以外都講過什麼話、還有什麼材料，則可利用以下四本書——

· 李啓謙、駱承烈、王式倫編，《孔子資料匯編》，濟南：山東友誼書社，一九九一年。
· 清孫星衍等輯、郭沂校補，《孔子集語校補》，齊魯書社：一九九八年。
· 李啓謙、王式倫編，《孔子弟子資料匯編》，濟南：山東友誼書社，一九九一年。
· 李啓謙，《孔門弟子研究》，齊魯書社：一九八八年。

——附錄

《論語》中的其他人物（一百廿五人）

我們再接著講《論語》中的其他人物。這些人和孔子沒有師生關係。有些是孔子提到（占絕大多數），有些是他的弟子或其他人所提到（較少）。有些是早於孔子的人物，早就是死人，根本見不到；有些是與孔子同時期的人物，他可能見過，也可能沒見過。這批人有一百廿五人，比他的學生多，我把這些人物也講一下①。

●早於孔子的人物（四十二人）

唐虞

孔子祖述堯、舜（《禮記·中庸》），他對這兩位最推崇，他尤其喜愛舜，他最喜歡的音樂就是舜的音樂。

堯（年代不可考），傳說是陶唐氏的始祖。※見【6·30】【8·19】【14·42】【20·1】※

舜（年代不可考），傳說是有虞氏的始祖。※見【6・30】【8・18】【8・20】【12・22】【14・42】【15・5】【20・1】※

皋陶（年代不可考），傳說是舜的李官，掌刑獄。※見【12・22】※

夏代

禹（年代不可考），傳說是夏代的開國之君，以治水著稱。禹和堯、舜一樣，也是最有名的聖君，但夏、商、周三代都是家天下，他也和接下來的湯、武（或文、武）並稱。※見【8・18】【8・21】【14・5】【20・1】※

羿（年代不可考），傳說是夏代小國窮國（即有窮氏）的國君。羿長臂善射，一度聯合過澆（即後面的奡）篡夏，但爲逢蒙所殺，羿是古代有名的壞蛋。※見【14・5】※

奡（年代不可考），古書亦作澆、敖，即過澆，傳說是夏代小國過國的國君。孔武多力，「能陸地行舟」②，爲少康所殺，奡也是古代有名的壞蛋。※見【14・5】※

---

①本文的年代標示，若人物是國君和世卿，只注「在位年」；其他人除了在位年亦加注「生卒年」。

②見《史記・夏本紀》注《正義》引《帝王世紀》。「陸地行舟」的「舟」，古人叫橇（或輴、蕝）。橇分兩種，一種是行於泥上，如近海灘塗撿拾海貨所用的泥橇；一種是行於冰上或雪上，即今天東北地區使用的雪橇和雪扒犁，清代也叫冰橇、冰床、拖床、凌床等等。古代的建築材料如大型石材，多利用天然或灑水凍結的冰路來運輸，及採用類似的工具和方法。拖這種橇，當然很費力氣，《書・益稷》《史記・夏本紀》等多部古書都曾提到這類工具。

商代

湯（年代不可考），商代第一個王。從行文看，湯是別人稱呼他，如後世的字；履是他的自稱，有如後世的名。他的日名是大乙或天乙。※見【12．22】，寫作湯／見【20．1】，寫作履／※

伊尹（年代不可考），商代的名臣，曾輔佐商湯推翻夏朝取天下，年代與湯相近。※見【12．22】※

紂（約前十一世紀），商代的最後一個王。古書提到他還有一種叫法，是作受德或受，情況和前面的湯又叫履類似，他的日名是帝辛。紂也是古代有名的壞蛋。※見【19．20】※

微子（約前十一世紀），即微子啓，紂之庶兄。紂無道，做大臣的他選擇逃跑。※見【18．1】※

箕子（約前十一世紀），紂之叔叔。紂無道，身爲大臣的他選擇佯狂。※見【18．1】※

比干（約前十一世紀），紂之叔叔。紂無道，身爲大臣的他選擇死諫。微子、箕子、比干是殷末的三大賢人，孔子稱爲「殷有三仁」。※見【18．1】※

老彭（年代不可考），即彭祖。祝融八姓有彭姓，彭祖是彭姓之祖。彭祖是傳說中的長壽之人，彭字前面的老字是形容他長壽。鄭玄注說「老彭」是老子和彭祖的合稱，不對；《大戴禮．虞帝德》說「昔商老彭及仲虺」，是把老彭列入商代人物，與仲虺並列，所以顯然是一個人，而非兩個人的合稱。漢以來，彭祖被神仙化，年代拉得很長，但我們從東漢流行的《彭祖經》佚文看，他活動的確切時間仍在商代。包咸注說「老彭，殷賢大夫」，這才是正確的解釋。※見

【7．1】※

周任（年代不可考），或說商人。馬融注說他是「古之良史」，江永《群經補義》疑爲《書．盤庚》中的「遲任」，今暫附於此。《左傳》隱公六年提到：「周任有言曰：『爲國家者，見惡如農夫之務去草焉，芟夷蘊崇之，絕其本根，勿使能殖，則善者信矣。』」※見【16．1】※

先周

稷（年代不可考），即后稷，名棄，傳說是周人的始祖，堯、舜時的農官。※見【14．5】※

泰伯（年代不可考），即吳國始祖吳太伯，傳說是周太王的長子。《史記》三十世家是以《吳太伯世家》爲首，據《吳太伯世家》提到，周太王有三個兒子，長曰太伯，次曰仲雍，次曰季歷，太伯、仲雍知道季歷賢，父欲傳位於季歷，遂奔吳以讓之。※見【8．1】※

文王（約前十一世紀），武王之父，名昌，與紂同時。※見【9．5】※

伯達（約前十一世紀），文王身邊的八個賢臣（「八虞」）之一，八虞即伯達、伯适、仲突、仲忽、叔夜、叔夏、季隨、季騧，此八士以二伯、二仲、二叔、二季排列，怎麼這麼巧？前人有種種猜測。※八虞皆見【18．11】※

西周

武王（約前十一世紀），西周的開國之君。※見【8・20】※

伯夷、叔齊（約前十一世紀），孤竹君的長子、次子。孤竹是商代小國，伯夷、叔齊是孤竹君的兩個兒子，他們不滿商王無道，投奔文王，文王崩，武王祕不發喪，載其木主伐商，伯夷、叔齊以爲既悖臣道，又不合於孝，叩馬而諫，勸武王不要以暴易暴。周滅商後，他們恥食周粟，採薇充饑，餓死在首陽山下。《史記》七十列傳是以講這兩個人的《伯夷列傳》爲首，他倆約與武王同時。※見【5・23】【7・15】【16・12】【18・8】※

虞仲（約前十一世紀），吳仲雍之後，虞國的始封之君。虞從吳，字與吳通。《史記・吳太伯世家》說，太伯、仲雍知周太王欲立其弟季歷，以及季歷的兒子文王昌，便奔荊蠻，自號句吳。太伯先立，爲句吳之君。虞仲是武王訪求而得，才舉爲虞君，屬於「舉逸民」的「逸民」。※見【18・8】※

周公（約前十一世紀），這是第一代周公，即周公旦，約與武王同時，他是輔佐成王定天下的知名大臣。※見【7・5】【8・11】【18・10】※

魯公（約前十一世紀），魯國的開國之君，這是第一代魯公，即魯公伯禽。伯禽是周公旦之子，約與成王同時。※見【18・10】※

齊國（東周）

齊桓公（前六八五年～前六四三年），春秋五霸之一，齊僖公的第三子。※見【14．15至14．17】※

公子糾（前？～前六八五年），齊僖公的次子，齊桓公的庶兄。齊僖公有三子：太子諸兒、公子糾、公子小白。太子諸兒先立，爲襄公。公孫無知弒襄公，引起齊國內亂。公子糾爲魯女所生，奔魯，管仲、召忽傅之。公子小白爲衛女所生，奔莒，鮑叔牙傅之。二子爭位，小白勝，立爲桓公；糾敗，魯人殺之。※見【14．16／14．17】※

管仲（前？年—前六八六年～前六四三年），齊國最著名的執政大臣。襄公之亂，輔佐流亡至魯國的公子糾與小白爭位，事敗請囚。小白聽鮑叔牙之言，釋其囚，立爲大夫，成爲輔佐齊桓公取威定霸的功臣。※見【3．22】【14．9】【14．16／14．17】※

召忽（前？年～前六八五年），也是齊國的大臣。襄公之亂，輔佐流亡至魯國的公子糾與小白爭位，事敗自殺。※見【14．16】※

伯氏，齊大夫。此人於史無考，唯見於《論語》；書中說管仲奪其邑而無怨，年代想必與管仲相近。《皇疏》：「伯氏，名偃，大夫。」※見【14．9】※

晉國（東周）

晉文公（前六三六年～前六二八年），爲春秋五霸之一；在五之霸中，他的名氣僅次於齊桓公。※見【14．15】※

魯國（東周）

臧文仲（前?年—前六八三年～前六一七年），也叫臧孫辰，臧或臧孫都是氏，文是謚，仲是行輩，辰是名。此人歷事莊、閔、僖、文四公。臧氏出魯孝公之子，字子臧，其世系爲：臧僖伯（公子）——臧哀伯（公孫達）——伯氏瓶——臧文仲（臧孫辰）——臧宣叔（臧孫許）——臧武仲（臧孫紇）。臧文仲以下又稱臧孫氏。※見【5．18】【15．14】※

柳下惠（前?年—前六三四年～?年），舊注都說他就是《左傳》僖公二十六年和文公二年的展禽。展禽名獲字禽，排行爲季，也叫展季。傳統解釋，柳下是地名，或說食邑名，或說居柳下，因以爲號，惠是他的謚。禽通擒，與獲的意思相近。展氏出自魯公子展，屬於「以王父字爲氏」，其世系爲：公子展——公孫夷伯——展無駭……展禽。公子展和公孫夷伯約當魯惠公時，展無駭卒於魯隱公八年（前七一五年），是年始受公命立族。展禽，就是展無駭的後代。※見【15．14】【18．2】【18．8】※

季文子（前？年—前六二一年～前五六八年），是季氏的第一代，文子是諡，名意如，字行父。魯國，僖公以下由三桓執政。三桓，即孟孫氏（也叫仲孫氏）、叔孫氏、季孫氏，三族皆出桓公子。桓公長子曰諸兒，即莊公。莊公有弟三人，長曰慶父，次曰叔牙，少曰季友。慶父之後爲孟孫氏，叔牙之後爲叔孫氏，季友之後爲季孫氏。季氏的世系爲：季友——仲無佚——季文子（意如）——季武子（宿）——季悼子（紇）——季平子（意如）——季桓子（斯）——季康子（肥）。※見【5．20】※

衛國（東周）

甯武子（前？年—前六三二年—前六二三年～前？年），衛國世卿，名俞。其父甯莊子（名速）是寧氏始見於《左傳》者。《國語．晉語》韋注說，寧莊子是「衛正卿，穆仲靜之子」。甯氏的來源還有待考證。※見【5．21】※

楚國（東周）

令尹子文（前？年—前六六四年～前六〇五年）：即鬥穀於菟。楚人呼虎爲「於菟」（讀「屋途」），虎有文在身，故字子文。春秋楚國有三大顯族：鬥氏、屈氏、蔿氏（薳氏）。鬥氏

是若敖之後，其世系爲：若敖——鬥伯比——鬥穀於菟（子文）。子文出鬥氏，爲楚國執政。※見【5・19】※

這些人物都是孔子議論品評的對象，他們的年代都早於孔子，孔子見不到他們。前述這些人可分爲六類，一類是上古帝王，如堯、舜、禹、湯、文、武，即古代公認、孔子也盛讚的所謂聖人。一類是上古賢臣，如孔子提到的文王「八虞」和周公、魯公；子夏提到的皋陶、伊尹；南宮适提到的稷。一類是春秋霸主，如齊桓、晉文。一類是春秋賢臣，如管仲。一類是古逸民，如伯夷、叔齊、虞仲、柳下惠。一類是其他人，如三以天下讓的吳泰伯。這些人多半是好人，不過子夏提到的羿、奡，子貢提到的紂，在古代即有惡名，就連臧文仲也被孔子批評。

和孔子同時期的人物（七十八人）

周王室

周公：這是和孔子同時的周公。※見【11・17】※

齊國

齊君（前五五三年～前五四八年），這裡的「齊君」是齊莊公。莊公卒時，孔子只有四歲。※見【5・19】※

齊景公（前五四七年～前四九〇年），孔子見過齊景公，時爲前五一七年。齊景公之後的晏孺子（前四八九年）和齊悼公（前四八八～前四八五年），《論語》都沒有提到。※見【12・11】【16・12】【18・3】※

簡公（前四八四年～前四八一年），即齊簡公。※見【14・21】※

崔子（前？年—前五九九年～前五四六年），這裡的「崔子」是崔杼。杼爲齊臣，弒齊莊公。※見【5・19】※

晏平仲（前？年—前五五六年—前五一六年～前？年），即晏子，晏子名嬰，字平仲。晏嬰爲晏桓子（晏弱，前？年—前五九五年～前五五六年），事齊莊、景二公，是管仲之後，齊國最著名的執政大臣。齊晏氏，來源不詳，桓子以上未聞，而晏嬰的卒年亦有爭論。※見【5・17】※

陳文子（前？年—前五六七年—前五四五年～前？年），陳完的曾孫，名須無，歷事齊靈、莊、景三公。齊陳氏，《史記》作田氏，田氏是漢代寫法，先秦古文字材料皆作陳。陳氏出於陳國，陳公子完奔齊，爲工正，是這一支的始祖，本來是外姓，但後來卻取齊而代之。其世系爲：陳完（敬仲）——穉孟夷——湣孟莊——陳文子（須無）——陳桓子（無宇）——陳僖子

（乞）——陳成子（恆）。齊陳氏至陳桓子始大，位居正卿，至成子更專齊政。※見【5．19】※

陳成子（前？年—前四八一年—前四六八年～前？年），名恒，是陳僖子之子，齊簡公的大臣。※見【14．21】※

晉國

佛肸（前？年—前四九〇年～前？年），晉卿範、中行氏任命的中牟宰，《漢書．古今人表》作「茀肸」。佛肸以中牟叛，見《史記．孔子世家》等書，其事在前四九〇年，與《左傳》哀公五年所記趙鞅圍中牟爲同一事。※見【17．7】※

魯國

昭公（前五四一年～前五一〇年），魯昭公。魯昭公時代，孔子仍是平民，未必見過昭公。※見【7．31】※

吳孟子（前？年～前四八三年），魯昭公的夫人，吳女，姬姓。魯、吳同姓，魯昭公娶吳女違反了同姓不婚的禁忌，故《春秋》哀公十二年書其卒，諱言其姓，曰「孟子卒」。她死時估計是七十歲以上的老人。《左傳》說「昭夫人孟子卒……孔子與吊」，孔子曾前往她的喪禮弔唁。

※見【7・31】※

定公（前五〇九年～前四九五年），魯定公。定公九年至十二年（前五〇一年～前四九八年），孔子出來做官，他見過魯定公。※見【3・19】【13・15】※

哀公（前四九四年～前四六八年），魯哀公。哀公在位的頭十年（前四九四～前四八五年），孔子正在周遊列國，不可能見過魯哀公；但哀公十一年（前四八四年），他回到了魯國，做爲前大夫仍受禮遇，他還是見過魯哀公的。※見【2・19】【3・21】【6・3】【12・9】【14・21】※

臧武仲（前五八七年—前五五〇年～前?年），即臧孫紇。紇爲臧宣叔子，臧文仲孫，武是謚，仲是行輩，紇是名。關於魯臧氏世系，可參看前面提過的「臧文仲」。※見【14・12】【14・14】※

孟莊子（前?年—前五五四年～前五五〇年），即仲孫速，孟和仲孫都是以行輩爲氏，莊是謚，速是名。此人也叫孟孺子速，孺子猶言小子，速是他的名。魯孟孫氏也叫仲孫氏，出於桓公子慶父，慶父爲莊公庶兄，故稱孟（庶長曰孟），以非嫡長，又稱仲。仲孫氏是魯三桓之一，其世系爲：公子慶父——公孫敖——孟文子（仲孫）——孟獻子（仲孫蔑）——孟莊子（仲孫速）——孟孝伯（仲孫羯）——孟僖子（仲孫貜）——孟懿子（仲孫何忌）——孟武伯（仲孫彘）——孟敬子（仲孫捷）。※見【19・18】※

孟懿子（前五三一年～前四八一年），即仲孫何忌，懿也是謚，何忌是名。※見【2・5】※

孟武伯（前？～前四八四年—前四六八年～前？年），即仲孫彘，武也是謚，彘也是名，但伯卻是他的行輩。此人也叫孟孺子洩，這是他的字。※見【2・6】【5・8】※

孟敬子（生卒不詳），即仲孫捷。【泰伯8・4】提到「曾子有疾，孟敬子問之」，曾參比孔子小四十六歲，他們見面的時間恐怕相當晚，說不定在孔子死後。【子張19・19】說「孟氏使陽膚爲士師，問於曾子」，陽膚是曾子七弟子之一，是時曾子已開門授徒，從曾子的年齡來考慮，文中的「孟氏」必爲孟敬子；所述之事，年代當在問病之後。《禮記・檀弓下》也曾提到他，鄭玄注：「敬子，武伯之子，名捷。」※見【8・4】【19・19】※

孟公綽（前？年—前五四八年～前？年），亦出孟氏。此人又見《左傳》襄公二十五年，估計與孟孝伯的年代相近。※見【14・11／14・12】※

孟之反（前？年—前四八四年～？年），亦出孟氏。此人即《左傳》哀公十一年的孟之側，杜預注說「孟之側字反」。反、側，即《詩・周南・關雎》「輾轉反側」、《書・洪範》「無反無側」的「反」「側」。古人往往以「之」字加於名、字之前，這樣的用法很多，如宮之奇、介之推。※見【6・15】※

子服景伯（前？年—前四九二年—前四八〇年～前？年），也和孟氏有關，子服是氏，景是謚，伯是行輩，他的名是何，前人或將他當作孔門弟子。子服氏是仲孫氏的一個分支，出自孟獻子之子子服孝伯。其世系爲：子服孝伯（它）——子服惠伯（椒）——子服昭伯（回）——子服景伯（何）。※見【14・36】【19・23】※

叔孫武叔（前?年—前五〇〇年—前四八四年～前?年），出叔孫氏，武是謚，叔是行。此人也叫武叔懿子，懿也是謚（東周流行雙字謚），他的名是州仇。叔孫氏出桓公之子公子牙之後，也是魯三桓之一。其世系爲：僖叔（公子牙）——戴伯（公孫茲）——叔孫莊叔（得臣）——叔孫宣伯（僑如）。宣伯弟別出一支，曰叔孫穆子（豹）——叔孫昭子（婼）——叔孫成子（不敢）——叔孫武叔（州仇）。※見【19·23和19·24】※

季氏，即魯三桓之一的季孫氏。這個詞曾在《論語》出現過七次：【微子18·3】的季氏是指季平子。【子路13·2】的季氏是指季桓子。【先進11·17】【季氏16·1】的季氏是指季康子，以上這些指涉比較清楚。但【八佾3·1】的季氏，也可能是指季平子（前?～前五〇五年）；而【八佾3·6】和【雍也6·9】的季氏指的是哪一位，則無法確定。

季孫。【憲問14·36】記「公伯寮愬子路於季孫」，此「季孫」既可能是季桓子，也可能是季康子。※見【14·36】※

季桓子（前?年—前五〇五年～前四九二年），季平子之子，名斯。【子路13·2】記「仲弓爲季氏宰」，仲弓所事的季氏正是季桓子。孔子曾見過季桓子。※見【13·2】【18·4】※

季康子（前?年—前四九二年～前四六八年），季桓子之子，名肥，古書也叫季孫肥。【先進11·17】和【季氏16·1】記冉求所事季氏，也是季康子。孔子曾見過季康子。※見【2·20】【6·8】【10·14】【11·7】【11·17】【12·17至12·19】【14·19】【16·1】※

季子然（生卒不詳），孔注以爲是季氏子弟。司馬遷在《史記·仲尼弟子列傳》引【先進

11·24】作「季孫」。※見【11·24】※

陽貨（前?年—前五一五年—前四八六年~前?年），季氏的家臣。此人即《孟子》《史記》等書中的陽虎。陽貨和陽虎，可能是一名一字。陽虎本來是季氏的家臣，但勢大凌主，反而專了三桓之政。前五〇二年，陽虎勾結三桓的家臣，欲去三桓，不克。前五〇一年，先奔齊，後奔晉，最後投靠趙簡子。其生卒年不詳，《史記·孔子世家》記孔子喪母，季氏享士，孔子要而往，遭陽虎呵斥，當時孔子還不到十七歲。照此推算，此人年紀比孔子大，前五五一年以前就已出生，曾歷事季平子、季桓子，但此說未必可靠。※見【17·1】※

公山弗擾（前?年—前五〇五年—前四八七年~前?年），也是季氏的家臣。《皇疏》本將「弗擾」作「不擾」，此人即《左傳》的公山不狃。不狃，字子。前五〇五年，他任費宰，曾參與陽虎之亂。但陽虎出奔後，他仍留在魯國。他在前五〇一年以費叛，與陽虎奔齊奔晉爲同一年。前四九八年，孔子派仲由墮三都，公山不狃、叔孫輒率費人襲魯，阻止墮費，孔子率人反擊，打敗公山不狃、叔孫輒，二子奔齊，後奔吳。※見【17·5】※

魯大師，可能就是下面談到的大師摯或師摯。※見【3·23】※

大師摯（生卒不詳），大師即太師，爲古代樂官之長，其名爲摯。古代天子一日用四餐，每頓飯都有音樂伴奏。太師，自然爲第一頓飯伴奏。※見【18·9】，寫作大師摯／見【8·15】，寫作師摯※

亞飯干（生卒不詳），亞飯是樂官名，其名爲干；亞飯是爲第二頓飯伴奏。

三飯繚（生卒不詳），三飯也是樂官名，其名爲繚；三飯是爲第三頓飯伴奏。

四飯缺（生卒不詳），四飯也是樂官名，其名爲缺；四飯是爲第四頓飯伴奏。

鼓方叔（生卒不詳），鼓是用鼓演奏的樂官，其名爲方叔。

播鼗武（生卒不詳），播鼗是用播鼗（一種撥浪鼓）演奏的樂官，其名爲武。

少師湯（生卒不詳），少師是太師之佐，其名爲湯。

擊磬襄（生卒不詳），擊磬是用磬演奏的樂官，其名爲襄。

以上這幾位樂師的年代應在魯哀公時。※皆見【18．9】※

林放（生卒不詳），此人出現在〈文翁禮殿圖〉中，前人或以爲是孔子弟子。※見【3．4】【3．6】※

左丘明（生卒不詳），是孔子稱道的前賢，魯人。前人或以爲是孔子弟子，不可信。※見【5．25】※

孺悲（生卒不詳），前人或以爲是孔子弟子。《集解》以爲是魯人。《禮記．雜記》提到：「恤由之喪，哀公使孺悲之孔子學士喪禮，《士喪禮》於是乎書。」其人在魯哀公時。※見【17．20】※

陽膚（生卒不詳），包注「陽膚，曾子弟子。士師，典獄官。」※見【19．19】※

微生畝（生卒不詳），《漢書．古今人表》作「尾生晦」，《通志．氏族略》云「魯武城人」。孔注謂此人即尾生高，但《古今人表》另有「尾生高」，那是戰國盛稱的死守小信之人。

※見【14．32】※

原壤（生卒不詳），馬注「原壤，魯人，孔子故舊。」《皇疏》說，原壤和孔子相反，原壤是「方外之聖人也，不拘禮教」，孔子則是「方內聖人，恆以禮教為事」。※見【14．43】※

師冕（生卒不詳），樂官，名冕，是個盲人。《漢書．古今人表》有此人，師古注「即師免。」不詳何國，暫附於此。※見【15．42】※

太宰（生卒不詳），這是哪一國的太宰，前人有魯、吳、陳、宋四種猜測。他在《論語》中問於子貢，從年齡上考慮，應在孔子晚年居魯時，四說以魯說為勝。※見【9．6】※

（石門）晨門（生卒不詳），魯國看守城門的人。石門是魯城的外門，此人是負責在早上開城門的人。※見【14．38】※

互鄉難與言童子，這是一個住在互鄉、脾氣頗怪、難與之交談的年輕人。※見【7．29】※

達巷黨人（生卒不詳），「達巷」是街巷之名，「黨人」是其所居之人。《史記．孔子世家》作「達巷黨人童子」，下面多出「童子」。《漢書．董仲舒傳》提到「達巷黨人」，孟康注說「達巷黨人」就是項櫜。錢穆嘗著〈項櫜考〉，以為「達項黨人」即古書提到的「大項」或「大項櫜」。※見【9．2】※

闕黨童子（生卒不詳），孔子住的地方叫闕里，這個年輕人就住在闕里。※見【14．44】※

衛國

衛靈公（前五三四年～前四九三年）。孔子曾於前四九五～前四九三年仕衛靈公。※見【14．19】【15．1】※

南子（前？年—前四九六年～前？年），衛靈公的夫人。※見【6．28】※

衛君（前四九二年～前四八一年），《論語》裡提到的「衛君」都是指衛出公。孔子曾於前四八八～前四八五年仕衛出公。※見【7．15】【13．3】※

蘧伯玉（前？年—前五五九年—前五四四年～前？年），著名大臣。《左傳》襄公二十九年記吳季札適衛，盛讚「衛多君子」，他所舉的六君子有——蘧瑗、史狗、史鰌、公子荊、公叔發、公子朝。蘧瑗，字伯玉，即此人。瑗是大孔璧，與字相應。※見【14．25】【15．7】※

史魚（前？年—前五四四年—前四九七年～前？年），著名大臣。吳季札稱讚的六君子中，有一位史鰌，字子魚，就是這裡的史魚。※見【15．7】※

衛公子荊（前？年—前五四四年～前？年），著名大臣。吳季札稱讚的六君子中，有一位公子荊，即此人。此人是衛獻公之子，字南楚，前面加上衛字，是爲了區別魯哀公子，即魯國的公子荊。楚爲南國，亦稱荊，名字相應。※見【13．8】※

公叔文子（前？年—前五四四年—前四九七～前？年），著名大臣。吳季札稱讚的六君子中，有一位公叔發；公叔文子，公叔是氏，文子是謚，其名爲發，即爲此人。公叔氏出獻公之子成子當。其世系爲：成子當——文子發（或拔）——公叔戍（或朱）。公叔戍始立爲公叔氏，公叔文子是追稱。※見【14．13】【14．18】※

公叔文子之臣大夫僎（生卒不詳），公叔文子的家臣，名叫僎，此人僅見於《論語》。※見【14．18】※

孔文子（前？年—前五〇六年—前四八四～前？年），即仲叔圉，衛卿，事靈公。衛孔氏出於孔達，其世系爲：孔達——〇——孔成子（烝鉏）——〇——羈——〇——孔文子（圉）。※見【5．15】【14．19】※

祝鮀（前？年—前五〇六年～前？年），衛靈公的太祝。《左傳》定公四年作「祝佗」，字子魚。※見【6．16】【14．19】※

王孫賈（前？年—前五〇二年～前？年），衛大夫。※見【3．13】【14．19】※

宋朝（前？年—前四九六年～前？年），也叫宋子朝。此人是宋公子，據說長得很好看、漂亮。《左傳》定公十四年，衛靈公「爲夫人南子召宋朝」，杜預說，宋朝「舊通於南子」。是年，太子蒯聵過宋，野人作歌，諷刺南子與宋朝私通。太子恥之，謀殺南子，並未成功，被迫出亡於宋。※見【6．16】※

棘子成（生卒不詳），衛大夫。鄭注：「舊說云：棘子成，衛大夫。」※見【12．8】※

公明賈（生卒不詳），《集注》推測是衛人，姓公明，名賈。《禮記》的《檀弓上》、《祭儀》有公明儀。公明確實是氏，衛有公孟氏，如公孟縶（衛靈公的兄弟）、公孟彄（公孟縶的兒

子）。齊也有公孟縶。古書，明、盟、孟是通假字。我懷疑，公明氏就是公孟氏。※見【14·13】※

衛公孫朝（生卒不詳）。《左傳》有兩個公孫朝，一爲魯臣（昭公二十六年），一爲楚臣（哀公十七年），此加衛字，可見是另一人。※見【19·22】※

儀封人（生卒不詳），這是個看守邊界的小官。此人看守地點在儀，儀是地名。鄭注：「儀，蓋衛邑。封人，官名。」※見【3·24】※

荷蕢而過孔氏之門者（生卒不詳），這是孔子在衛國碰到的一個人。「荷蕢」是擔著籮筐，此人曾擔著籮筐從孔子的門前經過。※見【14·39】※

宋國

桓魋（前？年—前五〇〇年—前四七八年～前？年），此人有三個氏：桓氏、向氏、司馬氏，也叫桓司馬、向魋或司馬桓魋。桓魋是從宋桓公分出，故稱桓氏；初封於向，又稱向魋；司馬也是得自先輩的官氏，魋（讀「頹」）是他的私名。可參看孔門第三期學生「司馬耕」的介紹。※見【7·23】※

鄭國

子產（前？年—前五六五年～前五二二年）。公孫僑，字子產，一字子美，是鄭國最有名的執政大臣。其名、字關係還値得研究。子產出公子發（子國），其子國參（子思）始分出爲國氏，他是屬於國氏。鄭有七穆，皆出於鄭穆公（前六二七年～前六〇六年）後，爲世卿，包括罕氏、駟氏、國氏、良氏、游氏、豐氏、印氏。罕氏出公子喜（字子罕），駟氏出公子騑（子駟），國氏出公子發（字子國），良氏出公子去疾（字子良），游氏出公子偃（字子游），豐氏出公子某（失名，字子豐），印氏出公子某（失名，字子印）。※見【5·16】【14·8和14·9】※

裨諶（前？年—前五四四年—前五四二年～前？年），也叫裨灶，鄭大夫。他是子產所任的賢臣。《漢書·古今人表》把裨諶和裨灶分爲二人，「裨諶」作「卑湛」，其實「諶」即「煁」，「煁」是可移動的灶，乃名、字互訓，兩人其實是同一人。※見【14·8】※

世叔（前五四九年～前五〇二年），游吉，字子大叔，鄭大夫。「世」有大的意思，世叔即大叔，猶世子亦稱太子。他也是子產所任的賢臣。游吉出公子偃（子游），其世系爲：公子偃（子游）——公孫蠆（子蟜）——游吉（子大叔）。游吉一輩始分出爲游氏。※見【14·8】※

子羽（前？年—前五四九年—前四八四年～？年），公孫揮，字子羽，鄭大夫。他也是子產所任的賢臣，官職是行人，也叫行人子羽或行人揮，世系不詳。「揮」亦作翬，形容鳥飛，與字相應；魯公子，字羽父，與此同例。※見【14·8】※

陳國

陳司敗（生卒不詳），陳國的司敗。《論語》提到的陳司敗是官名，沒有留下他的私名。《左傳》文公十年：「臣歸死於司敗也」，杜預注：「陳、楚名司寇爲司敗。」※見【7．31】※

楚國

子西（前？年—前五一六年—前四七九年～前？年），楚公子申，字子西，曾任楚昭王的令尹。申於十二辰，位於西方，名字相應。孔子沒見過他。※見【14．9】※

葉公（前？年—前五〇五年—前四七六年～？年），是楚國設於葉縣的縣公。前四八九年，孔子適楚，到過葉。他見的葉公是沈諸梁，字子高。諸梁應讀「渚梁」或「瀦梁」，是水中之山或水中之橋，高可形容山高，或讀爲橋，橋、梁也可互訓。此人是楚司馬沈尹戌之子，楚昭王和楚惠王時任葉公。※見【7．19】【13．16】【13．18】※

楚狂接輿，楚國的隱者，無可考。孔子在路上碰到他，他狂歌一曲嘲笑孔丘，孔子下車想跟他談話，他避而不談。此人既是楚人，也可能是孔子適楚在路上碰到的，如果是這樣，事情就是發生在前四八九年。※見【18．5】※

隱者

最後要介紹的這幾位，有些是孔子上一代的老人，孔子幼年時他們還在世；有些則雖與孔子並世，但從未見過面；有些則見過面，談過話。

子桑伯子（生卒不詳），這是一位不拘禮節、凡事求簡的怪人。此人即《莊子・山木》中的子桑雽、桑戶，以及《楚辭・九章・涉江》中的桑扈，據說曾與孔子見過面。※見【6・2】※

長沮、桀溺（無年可考），皆爲古隱者，孔子見過他們。※皆見【18・6】※

荷蓧丈人（無年可考），古隱者，也見過孔子。※見【18・7】※

孔子對於與他同時代的人物，惡評比較多；較讚賞的僅少數能臣，如齊之晏嬰、衛之蘧伯玉、鄭之子產；但對各國隱者則都表示欽佩。前述這些人物可分爲四類，一類是各國的國君，如魯的昭、定、哀三公，齊的莊、景、簡三公，衛的靈、出二公。一類是各國的卿大夫，如齊的崔杼、陳文子、晏嬰、陳成子，魯的季平子、季桓子、季康子，衛的蘧伯玉、史魚、公子荊、公叔文子，鄭的子產、裨諶、世叔、子羽，楚的令尹子西、葉公諸梁。一類是各國的隱者，如長沮、桀溺、荷蓧丈人和楚狂接輿等人。

時代不詳的人物（五人）

微生高（生卒不詳），以「直」出名。或以爲即古書常見的「尾生高」，尾生以守小信出名。此人是否與孔子同時，不清楚。※見【5．24】※

卞莊子（生卒不詳），魯卞邑大夫，是古代盛稱的勇士。※見【14．12】※

夷逸、**朱張**、**少連**（生卒不詳），他們都是孔子稱道的古「逸民」，但年代不清楚。※皆見【18．8】※

孔子品評人物的特點是厚古薄今——好人，古代多；壞人，現在多。《漢書・古今人表》將人分爲九等，孔子提到的死人一共四十二人，好人約占了六成左右。但活人不一樣，當時的政治家很多是壞蛋，不是昏君，就是亂臣賊子。孔子提到的七十八人，有十一人不見於《古今人表》。見於《古今人表》的好人僅占四分之一，中人和壞人約占了四分之三。當時，乾淨的人太少，眞正清白的只有那些嘲諷挖苦他的隱者（長沮、桀溺、荷蓧丈人、楚狂接輿之流）。

《論語》中出現的一百五十六個人物中，最高一等的是聖人。但孔子說的聖人，不包括他自己，也不包括他的學生，更不包括與他同時代的其他人。孔子說的聖人，其實都是死人，這絕對沒得商量——只有死聖人，沒有活聖人。

但孔子再權威，他管得了生前，管不了身後。孔子死後，大家都說孔子若不是聖人，誰是聖人？子貢倡之於前（還有有若、宰予），孟子、荀子和之於後，誰敢反對？漢以來，更有政府撐腰——孔子當然是聖人。後來，不單孔子是聖人，孔子的學生也當了聖人：顏回是復聖，曾參是宗聖，子思是述聖，孟子是亞聖。孔子是經由他們大樹特樹才變成「大成至聖先師」，既是歷代帝王的老師，也是所有老師的老師。而且，老師不當聖人，學生怎麼當？

——附錄

《論語》原文

學而第一

《論語》各篇都是拈篇首語來題篇，即用文章開頭的兩個字作題目，既無深意，也不反映內容。本篇內容較雜，「論學」只有【1．1】【1．4】【1．6至1．8】【1．14】這六章，其他便無集中的主題，大部分章節都平淡無奇，但【1．8】的「無友不如己者」很有意思，歷來有爭論，爭論比原話還有意思。大家老是想保護孔夫子，但怎麼也保護不好；讀這段話，你可以知道，名人的苦惱在哪裡。

【1．1】子曰：「學而時習之，不亦說（悅）乎？有朋自遠方來，不亦樂乎？人不知而不慍，不亦君子乎？」○上冊／頁76○

【1．2】有子曰：「其爲人也孝弟，而好犯上者，鮮矣；不好犯上，而好作亂者，未之有也。君子務本，本立而道生。孝弟也者，其爲仁之本與（歟）！」○上冊／頁151○

【1．3】子曰：「巧言令色，鮮矣仁。」〇上冊／頁126〇

【1．4】曾子曰：「吾日三省吾身：爲人謀而不忠乎？與朋友交而不信乎？傳不習乎？」〇上冊／頁170〇

【1．5】子曰：「道（導）千乘之國，敬事而信，節用而愛人，使民以時。」〇下冊／頁119〇

【1．6】子曰：「弟子入則孝，出則弟，謹而信，汎愛眾而親仁（人）。行有餘力，則以學文。」〇上冊／頁153〇

【1．7】子夏曰：「賢賢易色，事父母能竭其力，事君能致其身，與朋友交言而有信，雖曰未學，吾必謂之學矣。」〇上冊／頁67〇

【1．8】子曰：「君子不重則不威，學則不固。主忠信，無友不如己者，過則勿憚改。」〇上冊／頁157〇

【1．9】曾子曰：「愼終追遠，民德歸厚矣。」〇上冊／頁233〇

【1．10】子禽問於子貢曰：「夫子至於是邦也，必聞其政。求之與（歟）？抑與之與（歟）？」子貢曰：「夫子溫、良、恭、儉、讓以得之。夫子之求之也，其諸異乎人之求之與（歟）！」〇上冊／頁44〇

【1．11】子曰：「父在，觀其志；父沒，觀其行；三年無改於父之道，可謂孝矣。」〇上冊／頁144〇

【1．12】有子曰：「禮之用，和爲貴；先王之道，斯爲美。小大由之。有所不行：知和而和，不以禮節之，亦不可行也。」〇上冊／頁223〇

【1·13】有子曰：「信近於義，言可復也。恭近於禮，遠恥辱也。因不失其親，亦可宗也。」〇上冊／頁177〇

【1·14】子曰：「君子食無求飽，居無求安，敏於事而慎於言，就有道而正焉，可謂好學也已。」〇上冊／頁80〇

【1·15】子貢曰：「貧而無諂，富而無驕，何如？」子曰：「可也。未若貧而樂，富而好禮者也。」子貢曰：「《詩》云：『如切如磋，如琢如磨』，其斯之謂與（歟）？」子曰：「賜也，始可與言《詩》已矣，告諸往而知來者。」〇上冊／頁226〇

【1·16】子曰：「不患人之不己知，患不知人也。」〇下冊／頁194〇

為政第二

前一篇以「學而」爲題，本篇以「爲政」作題目，孔子講完求學講從政，好像特意安排，其實不是。本篇只有【2·1】【2·3】【2·18】【2·21】這四章在講「爲政」，其他不是。講爲政，以【2·1】和【2·3】比較重要，這兩章都是講「以德治國」。以德治國是孔子的代表思想，所謂以德治國主要是「以孝治國」，【2·5至2·8】就是講孝。孔子把以德治國和以法治國對立起來，認爲以法治國會導致道德水準下降，老百姓跟政府玩捉迷藏，偷奸耍滑，毫無羞恥之心，不如以德治國，每個人都從自己做起，孝順父兄，國家就能治好。這套主張

用心良苦，且深具批判現實的偉大意義，但當時行不通，後世也無效，刻意提倡，流於虛僞。其他各章以【2．4】最重要，對瞭解孔子很有用處，等於是孔子的簡歷。

【2．1】子曰：「爲政以德，譬如北辰，居其所而眾星共（拱）之。」○下冊／頁137○

【2．2】子曰：「《詩》三百，一言以蔽之，曰：『思無邪。』」○下冊／頁23○

【2．3】子曰：「道（導）之以政，齊之以刑，民免而無恥；道（導）之以德，齊之以禮，有恥且格。」○上冊／頁248○

【2．4】子曰：「吾十有五而志於學，三十而立，四十而不惑，五十而知天命，六十而耳順，七十而從心所欲，不踰矩。」○下冊／頁212○

【2．5】孟懿子問孝。子曰：「無違。」樊遲御，子告之曰：「孟孫問孝於我，我對曰無違。」樊遲曰：「何謂也？」子曰：「生，事之以禮；死，葬之以禮，祭之以禮。」○上冊／頁234○

【2．6】孟武伯問孝。子曰：「父母，唯其疾之憂。」○上冊／頁145○

【2．7】子游問孝。子曰：「今之孝者，是謂能養。至於犬馬，皆能有養。不敬，何以別乎？」○上冊／頁145○

【2．8】子夏問孝。子曰：「色難。有事，弟子服其勞；有酒食，先生饌，曾是以爲孝乎？」○上冊／頁146○

【2．9】子曰：「吾與回言終日，不違，如愚。退而省其私，亦足以發，回也不愚。」○上冊／

頁195○

【2．10】子曰：「視其所以，觀其所由，察其所安，人焉廋哉？人焉廋哉？」○上冊／頁25○

【2．11】子曰：「溫故而知新，可以為師矣。」○下冊／頁39○

【2．12】子曰：「君子不器。」○上冊／頁80○

【2．13】子貢問君子。子曰：「先行其言，而後從之。」○上冊／頁81○

【2．14】子曰：「君子周而不比，小人比而不周。」○上冊／頁81○

【2．15】子曰：「學而不思則罔，思而不學則殆。」○下冊／頁42○

【2．16】子曰：「攻乎異端，斯害也已。」○下冊／頁46○

【2．17】子曰：「由！誨女（汝）知之乎？知之為知之，不知為不知，是知也。」○下冊／頁40○

【2．18】子張學干祿。子曰：「多聞闕疑，慎言其餘，則寡尤；多見闕殆，慎行其餘，則寡悔。言寡尤，行寡悔，祿在其中矣。」○下冊／頁120○

【2．19】哀公問曰：「何為則民服？」孔子對曰：「舉直錯（措）諸枉，則民服；舉枉錯（措）諸直，則民不服。」○下冊／頁138○

【2．20】季康子問：「使民敬忠以勸，如之何？」子曰：「臨之以莊則敬，孝慈則忠，舉善而教不能則勸。」○上冊／頁168○

【2．21】或謂孔子曰：「子奚不為政？」子曰：「《書》云：『孝乎惟孝，友于兄弟，施於有政。』是亦為政，奚其為為政？」○下冊／頁139○

【2・22】子曰：「人而無信，不知其可也。大車無輗，小車無軏，其何以行之哉？」◯上冊／頁178◯

【2・23】子張問：「十世可知也？」子曰：「殷因於夏禮，所損益可知也；周因於殷禮，所損益可知也。其或繼周者，雖百世可知也。」◯上冊／頁221◯

【2・24】子曰：「非其鬼而祭之，諂也。見義不爲，無勇也。」◯上冊／頁136◯

八佾第三

本篇各章主要是批「禮壞樂崩」。因爲涉及禮樂制度，注釋禮書的人經常引用。其中的【3・5】涉及華夷之辨，是引起爭論的一章，最有意思。

【3・1】孔子謂季氏，「八佾舞於庭，是可忍也，孰不可忍也？」◯上冊／頁278◯

【3・2】三家者以《雍》徹。子曰：「『相維辟公，天子穆穆』，奚取於三家之堂？」◯上冊／頁278◯

【3・3】子曰：「人而不仁，如禮何？人而不仁，如樂何？」◯上冊／頁230◯

【3・4】林放問禮之本，子曰：「大哉問！禮，與其奢也，寧儉；喪，與其易也，寧戚。」◯上冊／頁251◯

【3・5】子曰：「夷狄之有君，不如諸夏之亡也。」◯上冊／頁235◯

【3．6】季氏旅於泰山。子謂冉有曰：「女（汝）弗能救與（歟）？」對曰：「不能。」子曰：「嗚呼！曾謂泰山不如林放乎？」○上冊／頁279○

【3．7】子曰：「君子無所爭，必也射乎！揖讓而升下而飲，其爭也君子。」○上冊／頁198○

【3．8】子夏問曰：「『巧笑倩兮，美目盼兮，素以爲絢兮』何謂也？」子曰：「繪事後素。」曰：「禮後乎？」子曰：「起予者商也，始可與言《詩》已矣。」○下冊／頁25○

【3．9】子曰：「夏禮吾能言之，杞不足徵也；殷禮吾能言之，宋不足徵也。文獻不足故也，足則吾能徵之矣。」○上冊／頁222○

【3．10】子曰：「禘自既灌而往者，吾不欲觀之矣。」○上冊／頁280○

【3．11】或問禘之說。子曰：「不知也。知其說者之於天下也，其如示諸斯乎！」指其掌。○上冊／頁257○

【3．12】祭如在，祭神如神在。子曰：「吾不與祭，如不祭。」○上冊／頁257○

【3．13】王孫賈問曰：「與其媚於奧，寧媚於灶，何謂也？」子曰：「不然。獲罪於天，無所禱也。」○下冊／頁218○

【3．14】子曰：「周監於二代，郁郁乎文哉！吾從周。」○下冊／頁172○

【3．15】子入太廟，每事問。或曰：「孰謂鄹人之子知禮乎？入太廟，每事問。」子聞之，曰：「是禮也。」○上冊／頁240○

【3．16】子曰：「射不主皮，爲力不同科，古之道也。」○上冊／頁258○

【3．17】子貢欲去告朔之餼羊。子曰：「賜也，爾愛其羊，我愛其禮。」○上冊／頁281○

【3．18】子曰：「事君盡禮，人以爲諂也。」○上冊／頁239○

【3．19】定公問：「君使臣，臣事君，如之何？」孔子對曰：「君使臣以禮，臣事君以忠。」○上冊／頁172○

【3．20】子曰：「《關雎》，樂而不淫，哀而不傷。」○上冊／頁252○

【3．21】哀公問社於宰我。宰我對曰：「夏后氏以松。殷人以柏。周人以栗，曰使民戰栗。」子聞之，曰：「成事不說，遂事不諫，既往不咎。」○上冊／頁249○

【3．22】子曰：「管仲之器小哉！」或曰：「管仲儉乎？」曰：「管仲有三歸，官事不攝，焉得儉？」「然則管仲知禮乎？」曰：「邦君樹塞門，管氏亦樹塞門。邦君爲兩君之好，有反坫，管氏亦有反坫。管氏而知禮，孰不知禮？」○上冊／頁283○

【3．23】子語魯大師樂，曰：「樂其可知也：始作，翕如也；從之，純如也，皦如也，繹如也，以成。」○上冊／頁245○

【3．24】儀封人請見，曰：「君子之至於斯也，吾未嘗不得見也。」從者見之。出曰：「二三子何患於喪乎？天下之無道也久矣，天將以夫子爲木鐸。」○下冊／頁221○

【3．25】子謂《韶》盡美矣，又盡善也；謂《武》盡美矣，未盡善也。○上冊／頁245○

【3．26】子曰：「居上不寬，爲禮不敬，臨喪不哀，吾何以觀之哉？」○上冊／頁82○

里仁第四

本篇皆短章，全是道德格言，它們幾乎全是孔子的語錄，只有【4·15】是講給曾子聽，【4·26】是子游的話。這些短章按主題不同，可以歸納成若干小概念：【4·1至4·7】講仁，【4·8】【4·9】【4·15】講道，【4·10至4·12】【4·16】講君子、小人之分與義、利之辨，【4·18至4·21】講孝道，【4·22至4·24】講言、行。但其他如【4·13】講禮讓，【4·14】【4·25】講聞達，【4·17】講見賢思齊，【4·26】講君、友之道，則顯得相對分散。

【4·1】子曰：「里仁爲美。擇不處仁，焉得知（智）？」〇上冊／頁51〇

【4·2】子曰：「不仁者不可以久處約，不可以長處樂。仁者安仁，知（智）者利仁。」〇上冊／頁116〇

【4·3】子曰：「唯仁者能好人，能惡人。」〇上冊／頁52〇

【4·4】子曰：「苟志於仁矣，無惡也。」〇上冊／頁117〇

【4·5】子曰：「富與貴是人之所欲也，不以其道得之，不處也。貧與賤是人之所惡也，（不）以其道得之，不去也。君子去仁，惡乎成名？君子無終食之間違仁，造次必於是，顛沛必於是。」〇下冊／頁191〇

【4·6】子曰：「我未見好仁者、惡不仁者。好仁者，無以尚之；惡不仁者，其爲仁矣，不使不仁者加乎其身。有能一日用其力於仁矣乎？我未見力不足者。蓋有之矣，我未之見也。」○上冊／頁117○

【4·7】子曰：「人之過也，各於其黨。觀過，斯知仁矣。」○上冊／頁118○

【4·8】子曰：「朝聞道，夕死可矣。」○下冊／頁36○

【4·9】子曰：「士志於道，而恥惡衣惡食者，未足與議也。」○下冊／頁80○

【4·10】子曰：「君子之於天下也，無適也，無莫也，義之與比。」○上冊／頁134○

【4·11】子曰：「君子懷德，小人懷土；君子懷刑，小人懷惠。」○上冊／頁251○

【4·12】子曰：「放於利而行，多怨。」○上冊／頁135○

【4·13】子曰：「能以禮讓爲國乎，何有？不能以禮讓爲國，如禮何？」○上冊／頁200○

【4·14】子曰：「不患無位，患所以立。不患莫己知，求爲可知也。」○下冊／頁195○

【4·15】子曰：「參乎！吾道一以貫之。」曾子曰：「唯。」子出，門人問曰：「何謂也？」曾子曰：「夫子之道，忠恕而已矣。」○下冊／頁44○

【4·16】子曰：「君子喻於義，小人喻於利。」○上冊／頁135○

【4·17】子曰：「見賢思齊焉，見不賢而內自省也。」○上冊／頁68○

【4·18】子曰：「事父母幾諫，見志不從，又敬不違，勞而不怨。」○上冊／頁147○

【4·19】子曰：「父母在，不遠遊。遊必有方。」○上冊／頁148○

【4·20】子曰：「三年無改於父之道，可謂孝矣。」○上冊／頁148○

【4．21】子曰：「父母之年，不可不知也。一則以喜，一則以懼。」○上冊／頁148○
【4．22】子曰：「古者言之不出，恥躬之不逮也。」○上冊／頁179○
【4．23】子曰：「以約失之者鮮矣！」○上冊／頁179○
【4．24】子曰：「君子欲訥於言而敏於行。」○上冊／頁179○
【4．25】子曰：「德不孤，必有鄰。」○上冊／頁53○
【4．26】子游曰：「事君數，斯辱矣；朋友數，斯疏矣。」○上冊／頁165○

公冶長第五

本篇以品評人物爲主。孔子共評了廿四人，他的學生占一半，其他人物占一半。我讀《論語》，覺得孔子的評論很好玩，他對學生像對兒孫，該敲打便敲打，該收拾便收拾，就連對所謂的「孔門十哲」也不客氣——顏回，喜歡，用力誇；子路，可氣，用力砸；宰予晝寢，破口大罵。高興了，還把女兒、姪女當獎品。

【5．1】子謂公冶長，「可妻也。雖在縲絏之中，非其罪也。」以其子妻之。○下冊／頁86○
【5．2】子謂南容，「邦有道，不廢；邦無道，免於刑戮。」以其兄之子妻之。○下冊／頁87○
【5．3】子謂子賤，「君子哉若人！魯無君子者，斯焉取斯？」○上冊／頁82○

【5．4】子貢問曰：「賜也何如？」子曰：「女（汝），器也。」曰：「何器也？」曰：「瑚璉也。」○下冊／頁61○

【5．5】或曰：「雍也仁而不佞。」子曰：「焉用佞？禦人以口給，屢憎於人。不知其仁，焉用佞？」○上冊／頁127○

【5．6】子使漆彫開仕。對曰：「吾斯之未能信。」子說（悅）。○下冊／頁121○

【5．7】子曰：「道不行，乘桴浮於海。從我者，其由與（歟）？」子路聞之喜。子曰：「由也好勇過我，無所取材。」○下冊／頁222○

【5．8】孟武伯問：「子路仁乎？」子曰：「不知也。」又問，子曰：「由也，千乘之國，可使治其賦也，不知其仁也。」「求也何如？」子曰：「求也，千室之邑，百乘之家，可使爲之宰也，不知其仁也。」「赤也何如？」子曰：「赤也，束帶立於朝，可使與賓客言也，不知其仁也。」○上冊／頁56○

【5．9】子謂子貢曰：「女（汝）與回也孰愈？」對曰：「賜也何敢望回？回也聞一以知十，賜也聞一以知二。」子曰：「弗如也。吾與女（汝），弗如也。」○下冊／頁41○

【5．10】宰予晝寢。子曰：「朽木不可雕也，糞土之牆不可杇也，於予與何誅？」子曰：「始吾於人也，聽其言而信其行；今吾於人也，聽其言而觀其行。於予與改是。」○上冊／頁180○

【5．11】子曰：「吾未見剛者。」或對曰：「申棖。」子曰：「棖也慾，焉得剛。」○上冊／頁127○

【5．12】子貢曰：「我不欲人之加諸我也，吾亦欲無加諸人。」子曰：「賜也，非爾所及也。」○上冊／頁188○

【5．13】子貢曰：「夫子之文章，可得而聞也；夫子之言性與天道，不可得而聞也。」○上冊／頁23○

【5．14】子路有聞，未之能行，唯恐有聞。○下冊／頁62○

【5．15】子貢問曰：「孔文子何以謂之『文』也？」子曰：「敏而好學，不恥下問，是以謂之『文』也。」○上冊／頁202○

【5．16】子謂子產，「有君子之道四焉：其行己也恭，其事上也敬，其養民也惠，其使民也義。」○上冊／頁82○

【5．17】子曰：「晏平仲善與人交，久而敬之。」○上冊／頁195○

【5．18】子曰：「臧文仲居蔡，山節藻梲，何如其知（智）也？」○上冊／頁227○

【5．19】子張問曰：「令尹子文三仕爲令尹，無喜色；三已之，無慍色。舊令尹之政，必以告新令尹。何如？」子曰：「忠矣。」曰：「仁矣乎？」曰：「未知，焉得仁？」「崔子弒齊君，陳文子有馬十乘，棄而違之。至於他邦，則曰：『猶吾大夫崔子也。』違之。之一邦，則又曰：『猶吾大夫崔子也。』違之。何如？」子曰：「清矣。」曰：「仁矣乎？」曰：「未知，焉得仁？」○上冊／頁57○

【5．20】季文子三思而後行。子聞之，曰：「再，斯可矣。」○下冊／頁63○

【5．21】子曰：「甯武子，邦有道，則知（智）；邦無道，則愚。其知（智）可及也，其愚不可及也。」○下冊／頁88○

【5．22】子在陳，曰：「歸與（歟）！歸與（歟）！吾黨之小子狂簡，斐然成章，不知所以裁

之。」〇下冊／頁51〇

【5.23】子曰：「伯夷、叔齊不念舊惡，怨是用希（稀）。」〇上冊／頁186〇

【5.24】子曰：「孰謂微生高直？或乞醯焉，乞諸其鄰而與之。」〇上冊／頁182〇

【5.25】子曰：「巧言令色足恭，左丘明恥之，丘亦恥之。匿怨而友其人，左丘明恥之，丘亦恥之。」〇上冊／頁193〇

【5.26】顏淵、季路侍。子曰：「盍各言爾志？」子路曰：「願車馬衣（輕）裘與朋友共，敝之而無憾。」顏淵曰：「願無伐善，無施勞。」子路曰：「願聞子之志。」子曰：「老者安之，朋友信之，少者懷之。」〇上冊／頁118〇

【5.27】子曰：「已矣乎，吾未見能見其過而內自訟者也。」〇上冊／頁68〇

【5.28】子曰：「十室之邑，必有忠信如丘者焉，不如丘之好學也。」〇下冊／頁34〇

雍也第六

【6.1】子曰：「雍也可使南面。」〇下冊／頁121〇

【6.2】仲弓問子桑伯子。子曰：「可也，簡。」仲弓曰：「居敬而行簡，以臨其民，不亦可乎？居簡而行簡，無乃大（太）簡乎？」子曰：「雍之言然。」〇下冊／頁100〇

【6.3】哀公問：「弟子孰爲好學？」孔子對曰：「有顏回者好學，不遷怒，不貳過。不幸短命

死矣。今也則亡，未聞好學者也。」〇上冊／頁71〇

【6．4】子華使於齊，冉子爲其母請粟。子曰：「與之釜。」請益。曰：「與之庾。」冉子與之粟五秉。子曰：「赤之適齊也，乘肥馬，衣輕裘。吾聞之也：君子周急不繼富。」〇上冊／頁161〇

【6．5】原思爲之宰，與之粟九百，辭。子曰：「毋！以與爾鄰里鄉黨乎！」〇上冊／頁162〇

【6．6】子謂仲弓，曰：「犁牛之子騂且角，雖欲勿用，山川其舍諸？」〇下冊／頁122〇

【6．7】子曰：「回也，其心三月不違仁，其餘則日月至焉而已矣。」〇上冊／頁119〇

【6．8】季康子問：「仲由可使從政也與（歟）？」子曰：「由也果，於從政乎何有？」曰：「賜也可使從政也與（歟）？」曰：「賜也達，於從政乎何有？」曰：「求也可使從政也與（歟）？」曰：「求也藝，於從政乎何有？」〇下冊／頁140〇

【6．9】季氏使閔子騫爲費宰。閔子騫曰：「善爲我辭焉。如有復我者，則吾必在汶上矣。」〇下冊／頁89〇

【6．10】伯牛有疾，子問之，自牖執其手，曰：「亡之命矣夫！斯人也而有斯疾也！斯人也而有斯疾也！」〇下冊／頁208〇

【6．11】子曰：「賢哉回也！一簞食，一瓢飲，在陋巷，人不堪其憂，回也不改其樂，賢哉回也！」〇下冊／頁81〇

【6．12】冉求曰：「非不說（悅）子之道，力不足也。」子曰：「力不足者，中道而廢，今女（汝）畫。」〇上冊／頁119〇

【6．13】子謂子夏曰：「女（汝）爲君子儒，無爲小人儒。」◯上冊／頁83◯

【6．14】子游爲武城宰。子曰：「女（汝）得人焉耳乎？」曰：「有澹臺滅明者，行不由徑，非公事，未嘗至於偃之室也。」◯下冊／頁124◯

【6．15】子曰：「孟之反不伐，奔而殿，將入門，策其馬，曰：『非敢後也，馬不進也。』」◯上冊／頁132◯

【6．16】子曰：「不有祝鮀之佞，而有宋朝之美，難乎免於今之世矣。」◯上冊／頁128◯

【6．17】子曰：「誰能出不由戶？何莫由斯道也？」◯上冊／頁120◯

【6．18】子曰：「質勝文則野，文勝質則史。文質彬彬，然後君子。」◯上冊／頁83◯

【6．19】子曰：「人之生也直，罔之生也幸而免。」◯上冊／頁120◯

【6．20】子曰：「知之者不如好之者，好之者不如樂之者。」◯下冊／頁38◯

【6．21】子曰：「中人以上，可以語上也；中人以下，不可以語上也。」◯上冊／頁26◯

【6．22】樊遲問知（智）。子曰：「務民之義，敬鬼神而遠之，可謂知（智）矣。」問仁。曰：「仁者先難而後獲，可謂仁矣。」◯下冊／頁219◯

【6．23】子曰：「知（智）者樂水，仁者樂山；知（智）者動，仁者靜；知（智）者樂，仁者壽。」◯上冊／頁132◯

【6．24】子曰：「齊一變，至於魯；魯一變，至於道。」◯下冊／頁179◯

【6．25】子曰：「觚不觚？觚哉！觚哉！」◯下冊／頁223◯

【6．26】宰我問曰：「仁者，雖告之曰：『井有仁（人）焉。』其從之也？」子曰：「何爲其然也？君子可逝也，不可陷也；可欺也，不可罔也。」○上冊／頁137○

【6．27】子曰：「君子博學於文，約之以禮，亦可以弗畔（叛）矣夫。」○上冊／頁220○

【6．28】子見南子，子路不說（悅）。夫子矢之曰：「予所否者，天厭之！天厭之！」○下冊／頁210○

【6．29】子曰：「中庸之爲德也，其至矣乎！民鮮久矣。」○上冊／頁206○

【6．30】子貢曰：「如有博施於民而能濟眾，何如？可謂仁乎？」子曰：「何事於仁，必也聖乎！堯、舜其猶病諸！夫仁者，己欲立而立人，己欲達而達人。能近取譬，可謂仁之方也已。」○上冊／頁53○

述而第七

本篇多短章，內容雜亂。【7．11】講子路之勇，【7．35】講子路請禱，很有趣。子路請禱和【子罕9．12】講的是同一件事，說的是孔子大病一場，子路性子急，老師還沒死，就忙著替老師辦喪事。另外，【7．20】【7．26】【7．33】【7．34】很重要，涉及「聖、仁、君子、有恒者」的概念區別，以及孔子的自我評價。

【7．1】子曰：「述而不作，信而好古，竊比於我老彭。」◯下冊／頁167◯

【7．2】子曰：「默而識之，學而不厭，誨人不倦，何有於我哉？」◯上冊／頁60◯

【7．3】子曰：「德之不修，學之不講，聞義不能徙，不善不能改，是吾憂也。」◯上冊／頁141◯

【7．4】子之燕居，申申如也，夭夭如也。◯上冊／頁259◯

【7．5】子曰：「甚矣吾衰也！久矣吾不復夢見周公！」◯下冊／頁172◯

【7．6】子曰：「志於道，據於德，依於仁，游於藝。」◯下冊／頁52◯

【7．7】子曰：「自行束脩以上，吾未嘗無誨焉。」◯下冊／頁51◯

【7．8】子曰：「不憤不啓，不悱不發。舉一隅不以三隅反，則不復也。」◯下冊／頁53◯

【7．9】子食於有喪者之側，未嘗飽也。◯上冊／頁253◯

【7．10】子於是日哭，則不歌。◯上冊／頁253◯

【7．11】子謂顏淵曰：「用之則行，舍之則藏，唯我與爾有是夫！」子路曰：「子行三軍，則誰與（歟）？」子曰：「暴虎馮河，死而無悔者，吾不與也。必也臨事而懼，好謀而成者也。」◯下冊／頁89◯

【7．12】子曰：「富而可求也，雖執鞭之士，吾亦爲之。如不可求，從吾所好。」◯下冊／頁198◯

【7．13】子之所愼：齊，戰，疾。◯下冊／頁54◯

【7．14】子在齊聞《韶》，三月不知肉味，曰：「不圖爲樂之至於斯也！」◯下冊／頁28◯

【7．15】冉有曰：「夫子爲衛君乎？」子貢曰：「諾，吾將問之。」入，曰：「伯夷、叔齊何人也？」曰：「古之賢人也。」曰：「怨乎？」曰：「求仁而得仁，又何怨？」出，曰：「夫子不爲

也。」○下冊／頁101○

【7．16】子曰：「飯疏食，飲水，曲肱而枕之，樂亦在其中矣。不義而富且貴，於我如浮雲。」○下冊／頁199○

【7．17】子曰：「加我數年，五十以學《易》，可以無大過矣。」○下冊／頁31○

【7．18】子所雅言，《詩》、《書》。執禮，皆雅言也。○下冊／頁26○

【7．19】葉公問孔子於子路，子路不對。子曰：「女（汝）奚不曰，其爲人也，發憤忘食，樂以忘憂，不知老之將至云爾。」○下冊／頁161○

【7．20】子曰：「我非生而知之者，好古，敏以求之者也。」○上冊／頁26○

【7．21】子不語怪、力、亂、神。○下冊／頁219○

【7．22】子曰：「三人行，必有我師焉：擇其善者而從之，其不善者而改之。」○下冊／頁34○

【7．23】子曰：「天生德於予，桓魋其如予何？」○下冊／頁224○

【7．24】子曰：「二三子以我爲隱乎？吾無隱乎爾。吾無行而不與二三子者，是丘也。」○下冊／頁75○

【7．25】子以四教：文、行、忠、信。○上冊／頁169○

【7．26】子曰：「聖人，吾不得而見之矣；得見君子者，斯可矣。」子曰：「善人，吾不得而見之矣；得見有恒者，斯可矣。亡而爲有，虛而爲盈，約而爲泰，難乎有恒矣。」○上冊／頁32○

【7．27】子釣而不綱，弋不射宿。○上冊／頁142○

【7．28】子曰：「蓋有不知而作之者，我無是也。多聞，擇其善者而從之，多見而識之，知（智）之次也。」◯上冊／頁26◯

【7．29】互鄉難與言童子見，門人惑。子曰：「與其進也，不與其退也，唯何甚？人潔己以進，與其潔也，不保其往也。」◯上冊／頁186◯

【7．30】子曰：「仁遠乎哉？我欲仁，斯仁至矣。」◯下冊／頁54◯

【7．31】陳司敗問：「昭公知禮乎？」孔子曰：「知禮。」孔子退，揖巫馬期而進之，曰：「吾聞君子不黨，君子亦黨乎？君取於吳爲同姓，謂之吳孟子。君而知禮，孰不知禮？」巫馬期以告。子曰：「丘也幸，苟有過，人必知之。」◯上冊／頁208◯

【7．32】子與人歌而善，必使反之，而後和之。◯下冊／頁29◯

【7．33】子曰：「文莫，吾猶人也。躬行君子，則吾未之有得。」◯上冊／頁27◯

【7．34】子曰：「若聖與仁，則吾豈敢？抑爲之不厭，誨人不倦，則可謂云爾已矣。」公西華曰：「正唯弟子不能學也。」◯上冊／頁36◯

【7．35】子疾病，子路請禱。子曰：「有諸？」子路對曰：「有之。誄曰：『禱爾於上下神祇。』」子曰：「丘之禱久矣。」◯下冊／頁220◯

【7．36】子曰：「奢則不孫（遜），儉則固。與其不孫（遜）也，寧固。」◯上冊／頁253◯

【7．37】子曰：「君子坦蕩蕩，小人長戚戚。」◯上冊／頁84◯

【7．38】子溫而厲，威而不猛，恭而安。◯上冊／頁194◯

泰伯第八

本篇除了【8．3至8．7】這五章是記曾子言，其他都是孔子的話。此篇沒什麼有意思的話，比較值得注意是【8．9】當中的「民可使由之，不可使知之」。這話是愚民政策，被批判不冤枉，但這是古代統治者的共識，放進當時的歷史環境，倒也不足爲奇。還有，孔子在【8．20】提到周武王「有亂臣十人」「三分天下有其二」，所涉及的史實很重要。

【8．1】子曰：「泰伯，其可謂至德也已矣。三以天下讓，民無得而稱焉。」○上冊／頁200○

【8．2】子曰：「恭而無禮則勞，愼而無禮則葸，勇而無禮則亂，直而無禮則絞。君子篤於親，則民興於仁；故舊不遺，則民不偷。」○上冊／頁230○

【8．3】曾子有疾，召門弟子曰：「啓予足！啓予手！《詩》云：『戰戰兢兢，如臨深淵，如履薄冰。』而今而後，吾知免夫！小子！」○下冊／頁203○

【8．4】曾子有疾，孟敬子問之。曾子言曰：「鳥之將死，其鳴也哀；人之將死，其言也善。君子所貴乎道者三：動容貌，斯遠暴慢矣；正顏色，斯近信矣；出辭氣，斯遠鄙倍（背）矣。籩豆之事，則有司存。」○上冊／頁84○

【8．5】曾子曰：「以能問於不能，以多問於寡；有若無，實若虛，犯而不校，昔者吾友嘗從事於斯矣。」○上冊／頁71○

【8．6】曾子曰：「可以託六尺之孤，可以寄百里之命，臨大節而不可奪也，君子人與（歟）？君子人也。」○上冊／頁86○

【8．7】曾子曰：「士不可以不弘毅，任重而道遠。仁以爲己任，不亦重乎？死而後已，不亦遠乎？」○上冊／頁107○

【8．8】子曰：「興於詩，立於禮，成於樂。」○上冊／頁246○

【8．9】子曰：「民可使由之，不可使知之。」○下冊／頁140○

【8．10】子曰：「好勇疾貧，亂也；人而不仁，疾之已甚，亂也。」○上冊／頁228○

【8．11】子曰：「如有周公之才之美，使驕且吝，其餘不足觀也已。」○下冊／頁173○

【8．12】子曰：「三年學，不至於穀，不易得也。」○下冊／頁124○

【8．13】子曰：「篤信好學，守死善道。危邦不入，亂邦不居。天下有道則見，無道則隱。邦有道，貧且賤焉，恥也；邦無道，富且貴焉，恥也。」○下冊／頁91○

【8．14】子曰：「不在其位，不謀其政。」○下冊／頁142○

【8．15】子曰：「師摯之始，《關雎》之亂，洋洋乎盈耳哉！」○下冊／頁30○

【8．16】子曰：「狂而不直，侗而不愿，悾悾而不信，吾不知之矣。」○上冊／頁183○

【8．17】子曰：「學如不及，猶恐失之。」○下冊／頁38○

【8．18】子曰：「巍巍乎，舜、禹之有天下也而不與焉！」○下冊／頁170○

【8．19】子曰：「大哉堯之爲君也！巍巍乎！唯天爲大，唯堯則之，蕩蕩乎，民無能名焉。巍巍

乎其有成功也，煥乎其有文章！」○下冊／頁170○

【8·20】舜有臣五人而天下治。武王曰：「予有亂臣十人。」孔子曰：「才難，不其然乎？唐虞之際，於斯爲盛。有婦人焉，九人而已。三分天下有其二，以服事殷。周之德，其可謂至德也已矣。」○下冊／頁173○

【8·21】子曰：「禹，吾無間然矣。菲飲食而致孝乎鬼神，惡衣服而致美乎黻冕，卑宮室而盡力乎溝洫。禹，吾無間然矣。」○下冊／頁174○

子罕第九

本篇沒有共同主題。其中有幾章比較有趣，也比較重要：一是【9·2】，孔子以射、御爲喻，說自己的所學更傾向於博通；二是【9·6／9·7】，孔子否認自己是聖人，說自己本事多，是由於出身卑賤和一直未當官的關係；三是【9·26】，孔子說了兩句重要名言——「三軍可奪帥也，匹夫不可奪志也」；四是【9·27】，孔子說，穿破袍子敢跟穿皮大衣的站在一起，且絲毫不臉紅的人，只有子路。

【9·1】子罕言利，與命與仁。○下冊／頁204○

【9·2】達巷黨人曰：「大哉孔子，博學而無所成名。」子聞之，謂門弟子曰：「吾何執？執御

乎，執射乎？吾執御矣。」〇下冊／頁192〇

【9．3】子曰：「麻冕，禮也，今也純，儉，吾從眾。拜下，禮也，今拜乎上，泰也，雖違眾，吾從下。」〇上冊／頁253〇

【9．4】子絕四：毋意，毋必，毋固，毋我。〇下冊／頁45〇

【9．5】子畏於匡，曰：「文王既沒，文不在茲乎？天之將喪斯文也，後死者不得與於斯文也；天之未喪斯文也，匡人其如予何？」〇下冊／頁224〇

【9．6】太宰問於子貢曰：「夫子聖者與（歟）？何其多能也？」子貢曰：「固天縱之將聖，又多能也。」子聞之，曰：「太宰知我乎？吾少也賤，故多能鄙事。君子多乎哉？不多也！」〇上冊／頁41〇

【9．7】牢曰：「子云：『吾不試，故藝。』」〇下冊／頁162〇

【9．8】子曰：「吾有知乎哉？無知也。有鄙夫問於我，空空如也。我叩其兩端而竭焉。」〇上冊／頁97〇

【9．9】子曰：「鳳鳥不至，河不出圖，吾已矣夫！」〇下冊／頁175〇

【9．10】子見齊衰者、冕衣裳者與瞽者。見之，雖少必作，過之必趨。〇上冊／頁241〇

【9．11】顏淵喟然歎曰：「仰之彌高，鑽之彌堅。瞻之在前，忽焉在後。夫子循循然善誘人，博我以文，約我以禮，欲罷不能。既竭吾才，如有所立，卓爾，雖欲從之，末（蔑）由也已。」〇上冊／頁40〇

【9．12】子疾病，子路使門人爲臣。病間，曰：「久矣哉，由之行詐也！無臣而爲有臣。吾誰

欺？欺天乎？且予與其死於臣之手也，無寧死於二三子之手乎？且予縱不得大葬，予死於道路乎？」〇下冊／頁206〇

【9．13】子貢曰：「有美玉於斯，韞櫝而藏諸？求善賈（價）而沽（賈）諸？」子曰：「沽（賈）之哉！沽（賈）之哉！我待賈（價）者也。」〇下冊／頁125〇

【9．14】子欲居九夷。或曰：「陋，如之何？」子曰：「君子居之，何陋之有？」〇下冊／頁81〇

【9．15】子曰：「吾自衛反（返）魯，然後樂正，《雅》、《頌》各得其所。」〇下冊／頁30〇

【9．16】子曰：「出則事公卿，入則事父兄，喪事不敢不勉，不爲酒困，何有於我哉？」〇上冊／頁217〇

【9．17】子在川上曰：「逝者如斯夫，不舍晝夜！」〇下冊／頁210〇

【9．18】子曰：「吾未見好德如好色者也。」〇上冊／頁68〇

【9．19】子曰：「譬如爲山，未成一簣，止，吾止也。譬如平地，雖覆一簣，進，吾往也。」〇上冊／頁61〇

【9．20】子曰：「語之而不惰者，其回也與（歟）？」〇上冊／頁62〇

【9．21】子謂顏淵曰：「惜乎！吾見其進也，未見其止也！」〇上冊／頁62〇

【9．22】子曰：「苗而不秀者有矣夫！秀而不實者有矣夫！」〇下冊／頁54〇

【9．23】子曰：「後生可畏，焉知來者之不如今也？四十、五十而無聞焉，亦不足畏也已。」〇下冊／頁216〇

【9・24】子曰：「法語之言，能無從乎？改之爲貴。巽與之言，能無説（悅）乎？繹之爲貴。説（悅）而不繹，從而不改，吾末（蔑）如之何也已矣。」○上冊／頁163○

【9・25】子曰：「主忠信，毋友不如己者，過者勿憚改。」○上冊／頁164○

【9・26】子曰：「三軍可奪帥也，匹夫不可奪志也。」○上冊／頁211○

【9・27】子曰：「衣敝縕袍，與衣狐貉者立，而不恥者，其由也與（歟）。『不忮不求，何用不臧？』」子路終身誦之。子曰：「是道也，何足以臧？」○下冊／頁64○

【9・28】子曰：「歲寒，然後知松柏之後彫也。」○下冊／頁54○

【9・29】子曰：「知（智）者不惑，仁者不憂，勇者不懼。」○上冊／頁133○

【9・30】子曰：「可與共學，未可與適道；可與適道，未可與立；可與立，未可與權。」○下冊／頁37○

【9・31】「唐棣之華，偏其反而。豈不爾思？室是遠而。」子曰：「未之思也，夫何遠之有。」○下冊／頁55○

鄉黨第十

本篇比較特殊，和其他篇不一樣，通篇沒有對話，完全是完全是敘述體，而且內容很枯燥，難點很多，沒有耐心讀不下去。除了【10・1】提到孔子，【10・14】提到季康子饋藥但孔子不敢嘗之外，沒有出現其他任何人物。近代批孔，人們常說孔子安貧，爲何還有這麼多奢侈講究？其實，「禮」是上流社會所用，再節儉也要花不少錢。本篇各章全圍繞著「禮」這個主題，講士君子在各種場合穿啥戴啥，吃啥喝啥，坐臥行走，言談舉止，怎樣才算得體。這些老禮，早已無人講究。今天還有用的，只有講吃喝的幾句，如「食不厭精，膾不厭細」。

過去，劉向的《別錄》把大小戴所作的《禮記》分爲制度、通論、明堂陰陽記、世子法、子法、喪服、祭祀、吉禮、吉事、樂記十類。這十類其實也可歸納成兩類，一是講禮儀，包括制度、明堂陰陽記、世子法、子法、喪服、祭祀、吉禮、吉事。一是孔門師弟的對話，包括通論、樂記。《論語》的前十篇也可分成這兩類，像是從〈學而〉至〈子罕〉前面這九篇的內容就是以孔門師弟的對話爲主；而〈鄉黨〉則講的是禮儀，前人稱爲「曲禮」之說。若要研究古禮，此篇仍有參考價值。

孔子的禮，主要是冠婚喪祭等「家人之禮」，以及到官場走動的各種禮貌規定，眞正涉及國家制度的所謂「大禮」則比較少。孔子並不是從國家制度著手建設他心中的理想國，而是從士君子的道德修養著手，認爲每個人都從自己做起，移孝作忠，拿國君當爸爸，國家就能治理得好。

【10．1】孔子於鄉黨，恂恂如也，似不能言者。其在宗廟朝庭，便便言，唯謹爾。朝，與下大夫言，侃侃如也；與上大夫言，誾誾如也。君在，踧踖如也，與與如也。〇上冊／頁262〇

【10．2】君召使擯，色勃如也，足躩如也。揖所與立，左右手，衣前後，襜如也。趨進，翼如

也。賓退，必復命曰：「賓不顧矣。」◯上冊／頁263◯

【10．3】入公門，鞠躬如也，如不容。立不中門，行不履閾。過位，色勃如也，足躩如也，其言似不足者。攝齊升堂，鞠躬如也，屏氣似不息者。出，降一等，逞顏色，怡怡如也。沒階，趨進，翼如也。復其位，踧踖如也。◯上冊／頁265◯

【10．4】執圭，鞠躬如也，如不勝。上如揖，下如授。勃如戰色，足蹜蹜如有循。享禮，有容色。私覿，愉愉如也。◯上冊／頁266◯

【10．5】君子不以紺緅飾，紅紫不以爲褻服。當暑，袗絺綌，必表而出之。緇衣，羔裘；素衣，麑裘；黃衣，狐裘。褻裘長，短右袂。必有寢衣，長一身有半。狐貉之厚以居。去喪，無所不佩。非帷裳，必殺之。羔裘玄冠不以弔。吉月，必朝服而朝。齊，必有明衣，布。◯上冊／頁267◯

【10．6】齊必變食，居必遷坐。食不厭精，膾不厭細。食饐而餲，魚餒而肉敗，不食。色惡，不食。臭惡，不食。失飪，不食。不時，不食。割不正，不食。不得其醬，不食。肉雖多，不使勝食氣。惟酒無量，不及亂。沽酒市脯不食。不撤薑食，不多食。◯上冊／頁269◯

【10．7】祭於公，不宿肉。祭肉不出三日。出三日，不食之矣。◯上冊／頁272◯

【10．8】食不語，寢不言。◯上冊／頁272◯

【10．9】雖疏食、菜羹、瓜祭，必齊如也。◯上冊／頁273◯

【10．10】席不正，不坐。◯上冊／頁273◯

【10．11】鄉人飲酒，杖者出，斯出矣。◯上冊／頁273◯

【10．12】鄉人儺，朝服而立於阼階。○上冊／頁274○
【10．13】問人於他邦，再拜而送之。○上冊／頁274○
【10．14】康子饋藥，拜而受之。曰：「丘未達，不敢嘗。」○上冊／頁274○
【10．15】廄焚。子退朝，曰：「傷人乎？」不問馬。○上冊／頁275○
【10．16】君賜食，必正席先嘗之。君賜腥，必熟而薦之。君賜生，必畜之。侍食於君，君祭，先飯。○上冊／頁276○
【10．17】疾，君視之，東首，加朝服，拖紳。○上冊／頁277○
【10．18】君命召，不俟駕行矣。○上冊／頁277○
【10．19】入太廟，每事問。○上冊／頁277○
【10．20】朋友死，無所歸，曰：「於我殯。」○上冊／頁166○
【10．21】朋友之饋，雖車馬，非祭肉，不拜。○上冊／頁166○
【10．22】寢不尸，居不〔容〕〔客〕。○上冊／頁259○
【10．23】見齊衰者，雖狎必變。見冕者與瞽者，雖褻必以貌。凶服者式之，式負版〔販〕者。有盛饌，必變色而作。迅雷風烈必變。○上冊／頁260○
【10．24】升車，必正立，執綏。車中不內顧，不疾言，不親指。○上冊／頁261○
【10．25】色斯舉矣，翔而後集。曰：「山梁雌雉，時哉時哉！」子路共之，三嗅而作。○下冊／頁91○

先進第十一

本篇類似〈公冶長〉那一篇，也以品評人物爲主，不同之處是此篇只評學生。【11·1至11·3】是泛論，等於提綱，具體評論在後面，幾乎全是短章。只有最後一章【11·26】比較長，四子侍坐，各言其志，孔子的答案出人意料，是個有趣的結尾。孔門衆弟子進學早晚不同，早期多寒門，晚期才有富家子，孔子更看重苦孩子。這些人的性格不同，如冉求、卜商、曾參是慢性子，仲由、顓孫師是急性子。孔子對他們因材施教，不足的加以鼓勵，過分的加以批評，同樣的問題，回答不一樣，表面矛盾，其實不矛盾。

【11·1】子曰：「先進於禮樂，野人也；後進於禮樂，君子也。如用之，則吾從先進。」〇上冊／頁99〇

【11·2】子曰：「從我於陳、蔡者，皆不及門也。」〇下冊／頁211〇

【11·3】德行：顏淵、閔子騫、冉伯牛、仲弓。言語：宰我、子貢。政事：冉有、季路。文學：子游、子夏。〇下冊／頁126〇

【11·4】子曰：「回也非助我者也，於吾言無所不說（悅）。」〇上冊／頁72〇

【11·5】子曰：「『孝哉閔子騫！』人不間於其父母昆弟之言。」〇下冊／頁56〇

【11·6】南容三復白圭，孔子以其兄之子妻之。〇下冊／頁93〇

【11・7】季康子問：「弟子孰爲好學？」孔子對曰：「有顏回者好學，不幸短命死矣，今也則亡。」○上冊／頁203○

【11・8】顏淵死，顏路請子之車以爲之椁。子曰：「才不才，亦各言其子也。鯉也死，有棺而無椁。吾不徒行以爲之椁，以吾從大夫之後，不可徒行也。」○上冊／頁254○

【11・9】顏淵死。子曰：「噫！天喪予！天喪予！」○下冊／頁211○

【11・10】顏淵死，子哭之慟。從者曰：「子慟矣！」曰：「有慟乎？非夫人之爲慟而誰爲？」○上冊／頁255○

【11・11】顏淵死，門人欲厚葬之，子曰：「不可。」門人厚葬之。子曰：「回也視予猶父也，予不得視猶子也。非我也，夫二三子也。」○上冊／頁256○

【11・12】季路問事鬼神。子曰：「未能事人，焉能事鬼？」曰：「敢問死。」曰：「未知生，焉知死？」○下冊／頁221○

【11・13】閔子〔騫〕侍側，誾誾如也；子路，行行如也；冉有、子貢，侃侃如也。子樂〔曰〕：「若由也，不得其死然。」○下冊／頁65○

【11・14】魯人爲長府。閔子騫曰：「仍舊貫，如之何？何必改作？」子曰：「夫人不言，言必有中。」○上冊／頁172○

【11・15】子曰：「由之瑟，奚爲於丘之門？」門人不敬子路。子曰：「由也升堂矣，未入於室也。」○下冊／頁66○

【11．16】子貢問：「師與商也孰賢？」子曰：「師也過，商也不及。」曰：「然則師愈與（歟）？」子曰：「過猶不及。」◯下冊／頁67◯

【11．17】季氏富於周公，而求也爲之聚斂而附益之。子曰：「非吾徒也，小子鳴鼓而攻之，可也。」◯上冊／頁228◯

【11．18】柴也愚，參也魯，師也辟，由也喭。◯下冊／頁67◯

【11．19】子曰：「回也其庶乎屢空，賜不受命而貨殖焉，億（臆）則屢中。」◯下冊／頁57◯

【11．20】子張問善人之道。子曰：「不踐灦，亦不入於室。」◯上冊／頁65◯

【11．21】子曰：「論篤是與。君子者乎？色莊者乎？」◯上冊／頁86◯

【11．22】子路問：「聞斯行諸？」子曰：「有父兄在，如之何其聞斯行之？」冉有問：「聞斯行諸？」子曰：「聞斯行之。」公西華曰：「由也問聞斯行諸，子曰有父兄在；求也問聞斯行諸，子曰聞斯行之。赤也惑，敢問。」子曰：「求也退，故進之；由也兼人，故退之。」◯下冊／頁68◯

【11．23】子畏於匡，顏淵後。子曰：「吾以女（汝）爲死矣！」曰：「子在，回何敢死？」◯上冊／頁173◯

【11．24】季子然問：「仲由、冉求，可謂大臣與（歟）？」子曰：「吾以子爲異之問，曾由與求之問。所謂大臣者，以道事君，不可則止。今由與求也，可謂具臣矣。」曰：「然則從之者與（歟）？」子曰：「弑父與君，亦不從也。」◯下冊／頁128◯

【11．25】子路使子羔爲費宰。子曰：「賊夫人之子。」子路曰：「有民人焉，有社稷焉，何必讀

書，然後爲學。」子曰：「是故惡夫佞者。」〇上冊／頁121〇

【11．26】子路、曾皙、冉有、公西華侍坐。子曰：「以吾一日長乎爾，毋吾以也。居則曰：『不吾知也！』如或知爾，則何以哉？」子路率爾而對曰：「千乘之國，攝乎大國之間，加之以師旅，因之以饑饉。由也爲之，比及三年，可使有勇，且知方也。」夫子哂之。「求！爾何如？」對曰：「方六七十如五六十，求也爲之，比及三年，可使足民。如其禮樂，以俟君子。」「赤！爾何如？」對曰：「非曰能之，願學焉。宗廟之事如會同，端章甫，願爲小相焉。」「點！爾何如？」鼓瑟希（稀），鏗爾，舍瑟而作，對曰：「異乎三子者之撰。」子曰：「何傷乎？亦各言其志也。」曰：「莫（暮）春者，春服既成，冠者五六人，童子六七人，浴乎沂，風乎舞雩，詠而歸。」夫子喟然歎曰：「吾與點也。」三子者出，曾皙後。曾皙曰：「夫三子者之言何如？」子曰：「亦各言其志也已矣。」曰：「夫子何哂由也？」曰：「爲國以禮，其言不讓，是故哂之。」「唯求則非邦也與（歟）？」「安見方六七十如五六十而非邦也者？」「唯赤則非邦也與（歟）？」「宗廟會同，非諸侯而何？赤也爲之小，孰能爲之大？」〇下冊／頁128〇

顏淵第十二

本篇主要是答弟子問，也包括其他人的請教。第一章最重要，孔子說「克己復禮爲仁」，這句話很有名。【12．8】討論文、質關係，比別的地方更清楚，也值得注意。

【12．1】顏淵問仁。子曰：「克己復禮爲仁。一日克己復禮，天下歸仁焉。爲仁由己，而由人乎哉？」顏淵曰：「請問其目？」子曰：「非禮勿視，非禮勿聽，非禮勿言，非禮勿動。」顏淵曰：「回雖不敏，請事斯語矣。」〇上冊／頁231〇

【12．2】仲弓問仁。子曰：「出門如見大賓，使民如承大祭。己所不欲，勿施於人。在邦無怨，在家無怨。」仲弓曰：「雍雖不敏，請事斯語矣。」〇上冊／頁189〇

【12．3】司馬牛問仁。子曰：「仁者，其言也訒。」曰：「其言也訒，斯謂之仁已乎？」子曰：「爲之難，言之得無訒乎？」〇上冊／頁129〇

【12．4】司馬牛問君子。子曰：「君子不憂不懼。」曰：「不憂不懼，斯謂之君子已乎？」子曰：「內省不疚，夫何憂何懼？」〇上冊／頁87〇

【12．5】司馬牛憂曰：「人皆有兄弟，我獨亡！」子夏曰：「商聞之矣：死生有命，富貴在天。君子敬而無失，與人恭而有禮，四海之內，皆兄弟也。君子何患乎無兄弟也？」〇上冊／頁154〇

【12．6】子張問明。子曰：「浸潤之譖，膚受之愬，不行焉，可謂明也已矣。浸潤之譖，膚受之愬，不行焉，可謂遠也已矣。」〇下冊／頁68〇

【12．7】子貢問政。子曰：「足食足兵，民信之矣。」子貢曰：「必不得已而去，於斯三者何先？」曰：「去兵。」子貢曰：「必不得已而去，於斯二者何先？」曰：「去食。自古皆有死，民無信不立。」〇上冊／頁175〇

【12．8】棘子成曰：「君子質而已矣，何以文爲？」子貢曰：「惜乎，夫子之說君子也，駟不及舌。文猶質也，質猶文也。虎豹之鞹猶犬羊之鞹。」◯上冊／頁87◯

【12．9】哀公問於有若曰：「年饑，用不足，如之何？」有若對曰：「盍徹乎？」曰：「二，吾猶不足，如之何其徹也？」對曰：「百姓足，君孰與不足？百姓不足，君孰與足？」◯上冊／頁169◯

【12．10】子張問崇德辨惑。子曰：「主忠信，徙義，崇德也。愛之欲其生，惡之欲其死。既欲其生，又欲其死，是惑也。『誠不以富，亦祇以異。』」◯上冊／頁141◯

【12．11】齊景公問政於孔子。孔子對曰：「君君臣臣、父父子子。」公曰：「善哉！信如君不君、臣不臣、父不父、子不子，雖有粟，吾得而食諸？」◯下冊／頁142◯

【12．12】子曰：「片言可以折獄者，其由也與（歟）？」子路無宿諾。◯下冊／頁57◯

【12．13】子曰：「聽訟，吾猶人也，必也使無訟乎。」◯上冊／頁27◯

【12．14】子張問政。子曰：「居之無倦，行之以忠。」◯上冊／頁174◯

【12．15】子曰：「博學於文，約之以禮，亦可以弗畔（叛）矣夫。」◯下冊／頁37◯

【12．16】子曰：「君子成人之美，不成人之惡。小人反是。」◯上冊／頁88◯

【12．17】季康子問政於孔子。孔子對曰：「政者，正也。子帥以正，孰敢不正？」◯下冊／頁143◯

【12．18】季康子患盜，問於孔子。孔子對曰：「苟子之不欲，雖賞之不竊。」◯上冊／頁229◯

【12．19】季康子問政於孔子曰：「如殺無道，以就有道，何如？」孔子對曰：「子爲政，焉用殺？子欲善而民善矣。君子之德風，小人之德草。草上之風，必偃。」◯下冊／頁143◯

【12．20】子張問：「士何如斯可謂之達矣？」子曰：「何哉，爾所謂達者？」子張對曰：「在邦必聞，在家必聞。」子曰：「是聞也，非達也。夫達也者，質直而好義，察言而觀色，慮以下人。在邦必達，在家必達。夫聞也者，色取仁而行違，居之不疑。在邦必聞，在家必聞。」◯下冊／頁190◯

【12．21】樊遲從遊於舞雩之下，曰：「敢問崇德、修慝、辨惑。」子曰：「善哉問！先事後得，非崇德與（歟）？攻其惡，勿攻人之惡，非修慝與（歟）？一朝之忿，忘其身以及其親，非惑與（歟）？」◯下冊／頁69◯

【12．22】樊遲問仁。子曰：「愛人。」問知（智）。子曰：「知人。」樊遲未達。子曰：「舉直錯（措）諸枉，能使枉者直。」樊遲退，見子夏曰：「鄉也吾見於夫子而問知（智），子曰：『舉直錯（措）諸枉，能使枉者直。』何謂也？」子夏曰：「富哉言乎！舜有天下，選於眾，舉皋陶，不仁者遠矣。湯有天下，選於眾，舉伊尹，不仁者遠矣。」◯上冊／頁121◯

【12．23】子貢問友。子曰：「忠告而善道之，不可則止，毋自辱焉。」◯上冊／頁164◯

【12．24】曾子曰：「君子以文會友，以友輔仁。」◯上冊／頁164◯

子路第十三

本篇以論政之言居多。

【13．1】子路問政。子曰：「先之勞之。」請益，曰：「無倦。」○上冊／頁176○

【13．2】仲弓為季氏宰，問政。子曰：「先有司，赦小過，舉賢才。」曰：「焉知賢才而舉之？」曰：「舉爾所知，爾所不知，人其舍諸？」○下冊／頁144○

【13．3】子路曰：「衛君待子而為政，子將奚先？」子曰：「必也正名乎！」子路曰：「有是哉，子之迂也！奚其正？」子曰：「野哉由也！君子於其所不知，蓋闕如也。名不正，則言不順；言不順，則事不成；事不成，則禮樂不興；禮樂不興，則刑罰不中；刑罰不中，則民無所錯手足。故君子名之必可言也，言之必可行也。君子於其言，無所苟而已矣。」○下冊／頁145○

【13．4】樊遲請學稼。子曰：「吾不如老農。」請學為圃。曰：「吾不如老圃。」樊遲出。子曰：「小人哉，樊須也！上好禮，則民莫敢不敬；上好義，則民莫敢不服；上好信，則民莫敢不用情。夫如是，則四方之民襁負其子而至矣，焉用稼？」○下冊／頁82○

【13．5】子曰：「誦《詩》三百，授之以政，不達；使於四方，不能專對。雖多，亦奚以為？」○下冊／頁26○

【13．6】子曰：「其身正，不令而行；其身不正，雖令不從。」○上冊／頁122○

【13．7】子曰：「魯、衛之政，兄弟也。」○下冊／頁180○

【13．8】子謂衛公子荊善居室，始有，曰苟合矣；少有，曰苟完矣；富有，曰苟美矣。○下冊／頁200○

【13．9】子適衛，冉有僕。子曰：「庶矣哉！」冉有曰：「既庶矣，又何加焉？」曰：「富

之。」曰：「既富矣，又何加焉？」曰：「教之。」〇下冊／頁146〇

【13．10】子曰：「苟有用我者，期月而已可也，三年有成。」〇下冊／頁162〇

【13．11】子曰：「『善人爲邦百年，亦可以勝殘去殺矣。』誠哉是言也！」〇上冊／頁65〇

【13．12】子曰：「如有王者，必世而後仁。」〇下冊／頁133〇

【13．13】子曰：「苟正其身矣，於從政乎何有？不能正其身，如正人何？」〇上冊／頁123〇

【13．14】冉子退朝。子曰：「何晏也？」對曰：「有政。」子曰：「其事也，如有政，雖不吾以，吾其與聞之。」〇上冊／頁184〇

【13．15】定公問：「一言而可以興邦，有諸？」孔子對曰：「言不可以若是。其幾也，人之言曰：『爲君難，爲臣不易。』如知爲君之難也，不幾乎一言而興邦乎？」曰：「一言而喪邦，有諸？」孔子對曰：「言不可以若是。其幾也，人之言曰：『予無樂乎爲君，唯其言而莫予違也。』如其善而莫之違也，不亦善乎？如不善而莫之違也，不幾乎一言而喪邦乎？」〇下冊／頁147〇

【13．16】葉公問政。子曰：「近者說（悅），遠者來。」〇下冊／頁147〇

【13．17】子夏爲莒父宰，問政。子曰：「無欲速，無見小利。欲速則不達，見小利則大事不成。」〇下冊／頁148〇

【13．18】葉公語孔子曰：「吾黨有直躬者，其父攘羊，而子證之。」孔子曰：「吾黨之直者異於是：父爲子隱，子爲父隱。直在其中矣。」〇上冊／頁209〇

【13．19】樊遲問（仁）（行）。子曰：「居處恭，執事敬，與人忠。雖之夷狄，不可棄也。」〇

上冊／頁123〇

【13．20】子貢問曰：「何如斯可謂之士矣？」子曰：「行己有恥，使於四方，不辱君命，可謂士矣。」曰：「敢問其次。」曰：「宗族稱孝焉，鄉黨稱弟焉。」曰：「敢問其次。」曰：「言必信，行必果，硜硜然小人哉！抑亦可以為次矣。」曰：「今之從政者何如？」子曰：「噫！斗筲之人，何足算也？」〇上冊／頁107〇

【13．21】子曰：「不得中行而與之，必也狂狷乎。狂者進取，狷者有所不為也。」〇上冊／頁206〇

【13．22】子曰：「南人有言曰：『人而無恆，不可以作巫醫。』善夫！不恆其德，或承之羞。」子曰：「不占而已矣。」〇上冊／頁62〇

【13．23】子曰：「君子和而不同，小人同而不和。」〇上冊／頁225〇

【13．24】子貢問曰：「鄉人皆好之，何如？」子曰：「未可也。」「鄉人皆惡之，何如？」子曰：「未可也。不如鄉人之善者好之，其不善者惡之。」〇上冊／頁211〇

【13．25】子曰：「君子易事而難說也。說之不以道，不說也；及其使人也，器之。小人難事而易說也。說之雖不以道，說也；及其使人也，求備焉。」〇上冊／頁88〇

【13．26】子曰：「君子泰而不驕，小人驕而不泰。」〇上冊／頁102〇

【13．27】子曰：「剛、毅、木、訥，近仁。」〇上冊／頁130〇

【13．28】子路問曰：「何如斯可謂之士矣？」子曰：「切切偲偲，怡怡如也，可謂士矣。朋友切切偲偲，兄弟怡怡。」〇上冊／頁108〇

【13．29】子曰：「善人教民七年，亦可以即戎矣。」〇上冊／頁66〇

【13．30】子曰：「以不教民戰，是謂棄之。」〇上冊／頁66〇

憲問第十四

本篇以品評人物爲主。孔子品評人物、學生，多見於〈公冶長〉和〈先進〉；品評政要，則多見於此篇。這些政治人物多生活於春秋時期，有些與孔子同時，有些早於孔子。

【14．1】憲問恥。子曰：「邦有道，穀；邦無道，穀，恥也。」「克、伐、怨、欲不行焉，可以爲仁矣？」子曰：「可以爲難矣，仁則吾不知也。」〇下冊／頁93〇

【14．2】子曰：「士而懷居，不足以爲士矣。」〇上冊／頁109〇

【14．3】子曰：「邦有道，危言危行；邦無道，危行言孫（遜）。」〇下冊／頁96〇

【14．4】子曰：「有德者必有言，有言者不必有德。仁者必有勇，勇者不必有仁。」〇上冊／頁133〇

【14．5】南宮适問於孔子曰：「羿善射，奡盪舟，俱不得其死然。禹、稷躬稼而有天下。」夫子不答。南宮适出，子曰：「君子哉若人！尚德哉若人！」〇下冊／頁175〇

【14．6】子曰：「君子而不仁者有矣夫，未有小人而仁者也。」〇上冊／頁88〇

【14．7】子曰：「愛之，能勿勞乎？忠焉，能勿誨（謀）乎？」〇上冊／頁174〇

【14．8】子曰：「爲命，裨諶草創之，世叔討論之，行人子羽修飾之，東里子產潤色之。」○下冊／頁148○

【14．9】或問子產。子曰：「惠人也。」問子西。曰：「彼哉彼哉！」問管仲。曰：「人（仁）也。奪伯氏駢邑三百，飯疏食，沒齒無怨言。」○上冊／頁204○

【14．10】子曰：「貧而無怨難，富而無驕易。」○下冊／頁201○

【14．11】子曰：「孟公綽爲趙、魏老則優，不可以爲滕、薛大夫。」○下冊／頁134○

【14．12】子路問成人。子曰：「若臧武仲之知（智），公綽之不欲，卞莊子之勇，冉求之藝，文之以禮樂，亦可以爲成人矣。」曰：「今之成人者何必然？見利思義，見危授命，久要不忘平生之言，亦可以爲成人矣。」○上冊／頁74○

【14．13】子問公叔文子於公明賈曰：「信乎夫子不言、不笑、不取乎？」公明賈對曰：「以告者過也。夫子時然後言，人不厭其言；樂然後笑，人不厭其笑；義然後取，人不厭其取。」子曰：「其然？豈其然乎？」○上冊／頁69○

【14．14】子曰：「臧武仲以防求爲後於魯，雖曰不要君，吾不信也。」○上冊／頁282○

【14．15】子曰：「晉文公譎而不正，齊桓公正而不譎。」○上冊／頁196○

【14．16】子路曰：「桓公殺公子糾，召忽死之，管仲不死。」曰：「未仁乎？」子曰：「桓公九合諸侯，不以兵車，管仲之力也。如其仁！如其仁！」○上冊／頁58○

【14．17】子貢曰：「管仲非仁者與（歟）？桓公殺公子糾，不能死，又相之。」子曰：「管仲相

桓公，霸諸侯，一匡天下，民到于今受其賜。微管仲，吾其被髮左衽矣。豈若匹夫匹婦之爲諒也，自經於溝瀆而莫之知也。」〇上冊／頁59〇

【14．18】公叔文子之臣大夫僎，與文子同升諸公。子聞之，曰：「可以爲『文』矣！」〇上冊／頁203〇

【14．19】子言衛靈公之無道也，康子曰：「夫如是，奚而不喪？」孔子曰：「仲叔圉治賓客，祝鮀治宗廟，王孫賈治軍旅。夫如是，奚其喪？」〇下冊／頁149〇

【14．20】子曰：「其言之不怍，則爲之也難。」〇上冊／頁185〇

【14．21】陳成子弒簡公。孔子沐浴而朝，告於哀公曰：「陳恆弒其君，請討之。」公曰：「告夫三子。」孔子曰：「以吾從大夫之後，不敢不告也。君曰『告夫三子』者。」之三子告，不可。孔子曰：「以吾從大夫之後，不敢不告也。」〇上冊／頁196〇

【14．22】子路問事君。子曰：「勿欺也，而犯之。」〇上冊／頁169〇

【14．23】子曰：「君子上達，小人下達。」〇上冊／頁89〇

【14．24】子曰：「古之學者爲己，今之學者爲人。」〇下冊／頁33〇

【14．25】蘧伯玉使人於孔子，孔子與之坐而問焉，曰：「夫子何爲？」對曰：「夫子欲寡其過而未能也。」使者出，子曰：「使乎使乎！」〇上冊／頁124〇

【14．26】子曰：「不在其位，不謀其政。」曾子曰：「君子思不出其位。」〇下冊／頁150〇

【14．27】子曰：「君子恥其言而過其行。」〇上冊／頁185〇

【14．28】子曰：「君子道者三，我無能焉：仁者不憂，知（智）者不惑，勇者不懼。」子貢曰：「夫子自道也。」○上冊／頁89○

【14．29】子貢方人。子曰：「賜也賢乎哉？夫我則不暇。」○下冊／頁70○

【14．30】子曰：「不患人之不己知，患其不能也。」○下冊／頁195○

【14．31】子曰：「不逆詐，不億（臆）不信，抑亦先覺者，是賢乎！」○上冊／頁69○

【14．32】微生畝謂孔子曰：「丘何爲是栖栖者與（歟）？無乃爲佞乎？」孔子曰：「非敢爲佞也，疾固也。」○下冊／頁225○

【14．33】曰：「驥不稱其力，稱其德也。」○上冊／頁64○

【14．34】或曰：「以德報怨，何如？」子曰：「何以報德？以直（値）報怨，以德報德。」○上冊／頁191○

【14．35】子曰：「莫我知也夫！」子貢曰：「何爲其莫如知子也？」子曰：「不怨天，不尤人，下學而上達，知我者其天乎！」○下冊／頁197○

【14．36】公伯寮愬子路於季孫。子服景伯以告，曰：「夫子固有惑志，於公伯寮，吾力猶能肆諸市朝。」子曰：「道之將行也與（歟），命也；道之將廢也與（歟），命也。公伯寮其如命何！」○下冊／頁226○

【14．37】子曰：「賢者辟（避）世，其次辟（避）地，其次辟（避）色，其次辟（避）言。」子曰：「作者七人矣。」○下冊／頁102○

【14．38】子路宿於石門。晨門曰：「奚自？」子路曰：「自孔氏。」曰：「是知其不可而爲之者與（歟）？」○下冊／頁96○

【14．39】子擊磬於衛，有荷蕢而過孔氏之門者，曰：「有心哉，擊磬乎！」既而曰：「鄙哉，硜硜乎！莫己知也，斯己而已矣。深則厲，淺則揭。」子曰：「果哉！末（蔑）之難矣。」○下冊／頁195○

【14．40】子張曰：「《書》云，『高宗諒陰，三年不言。』何謂也？」子曰：「何必高宗，古之人皆然。君薨，百官總己以聽於冢宰三年。」○上冊／頁148○

【14．41】子曰：「上好禮，則民易使也。」○上冊／頁239○

【14．42】子路問君子。子曰：「修己以敬。」曰：「如斯而已乎？」曰：「修己以安人。」曰：「如斯而已乎？」曰：「修己以安百姓。修己以安百姓，堯、舜其猶病諸。」○上冊／頁54○

【14．43】原壤夷俟。子曰：「幼而不孫（遜）弟，長而無述焉，老而不死，是爲賊。」以杖叩其脛。○上冊／頁155○

【14．44】闕黨童子將命。或問之曰：「益者與（歟）？」子曰：「吾見其居於位也，見其與先生並行也，非求益者也，欲速成者也。」○上冊／頁218○

衛靈公第十五

本篇多短章格言，有些話我喜歡，如：【15．22】的「君子矜而不爭，群而不黨」、【15．

23】的「君子不以言舉人，不以人廢言」，以及【15．36】的「當仁不讓於師」。

【15．1】衛靈公問陳於孔子。孔子對曰：「俎豆之事，則嘗聞之矣；軍旅之事，未之學也。」明日遂行。○下冊／頁150○

【15．2】在陳絕糧，從者病，莫能興。子路慍見曰：「君子亦有窮乎？」子曰：「君子固窮，小人窮斯濫矣。」○下冊／頁201○

【15．3】子曰：「賜也，女（汝）以予爲多學而識之者與（歟）？」對曰：「然，非與（歟）？」曰：「非也，予一以貫之。」○下冊／頁44○

【15．4】子曰：「由，知德者鮮矣。」○下冊／頁97○

【15．5】子曰：「無爲而治者，其舜也與（歟）？夫何爲哉？恭己正南面而已矣。」○下冊／頁171○

【15．6】子張問行。子曰：「言忠信，行篤敬，雖蠻貊之邦行矣。言不忠信，行不篤敬，雖州里行乎哉？立，則見其參於前也；在輿，則見其倚於衡也，夫然後行。」子張書諸紳。○下冊／頁71○

【15．7】子曰：「直哉史魚！邦有道如矢，邦無道如矢。君子哉蘧伯玉！邦有道則仕，邦無道則可卷而懷之。」○下冊／頁97○

【15．8】子曰：「可與言而不與言，失人；不可與言而與之言，失言。知（智）者不失人，亦不失言。」○上冊／頁185○

【15．9】子曰：「志士仁人，無求生以害仁，有殺身以成仁。」○上冊／頁110○

【15．10】子貢問爲仁。子曰：「工欲善其事，必先利其器。居是邦也，事其大夫之賢者，友其士之仁者。」〇上冊／頁124〇

【15．11】顏淵問爲邦。子曰：「行夏之時，乘殷之輅，服周之冕，樂則《韶》、《舞（武）》。放鄭聲，遠佞人。鄭聲淫，佞人殆。」〇下冊／頁176〇

【15．12】子曰：「人無遠慮，必有近憂。」〇下冊／頁58〇

【15．13】子曰：「已矣乎！吾未見好德如好色者也。」〇上冊／頁70〇

【15．14】子曰：「臧文仲其竊位者與（歟）！知柳下惠之賢而不與立（位）也。」〇上冊／頁72〇

【15．15】子曰：「躬自厚而薄責於人，則遠怨矣。」〇上冊／頁187〇

【15．16】子曰：「不曰『如之何，如之何』者，吾末（蔑）如之何也已矣！」〇上冊／頁125〇

【15．17】子曰：「群居終日，言不及義，好行小慧，難矣哉！」〇上冊／頁89〇

【15．18】子曰：「君子義以爲質，禮以行之，孫（遜）以出之，信以成之。君子哉！」〇上冊／頁90〇

【15．19】子曰：「君子病無能焉，不病人之不己知也。」〇下冊／頁197〇

【15．20】子曰：「君子疾沒世而名不稱焉。」〇下冊／頁198〇

【15．21】子曰：「君子求諸己，小人求諸人。」〇上冊／頁131〇

【15．22】子曰：「君子矜而不爭，群而不黨。」〇上冊／頁90〇

【15．23】子曰：「君子不以言舉人，不以人廢言。」〇上冊／頁91〇

【15.24】子貢問曰：「有一言而可以終身行之者乎？」子曰：「其恕乎！己所不欲，勿施於人。」◯上冊／頁192◯

【15.25】子曰：「吾之於人也，誰毀誰譽。如有所譽者，其有所試矣。斯民也，三代之所以直道而行也。」◯下冊／頁169◯

【15.26】子曰：「吾猶及史之闕文也。有馬者，借人乘之。今亡矣夫！」◯下冊／頁41◯

【15.27】子曰：「巧言亂德，小不忍則亂大謀。」◯上冊／頁131◯

【15.28】子曰：「眾惡之，必察焉；眾好之，必察焉。」◯上冊／頁212◯

【15.29】子曰：「人能弘道，非道弘人。」◯下冊／頁37◯

【15.30】子曰：「過而不改，是謂過矣。」◯上冊／頁125◯

【15.31】子曰：「吾嘗終日不食，終夜不寢，以思，無益，不如學也。」◯下冊／頁42◯

【15.32】子曰：「君子謀道不謀食。耕也，餒在其中矣；學也，祿在其中矣。君子憂道不憂貧。」◯下冊／頁84◯

【15.33】子曰：「知（智）及之，仁不能守之，雖得之，必失之。知（智）及之，仁能守之，不莊以涖之，則民不敬。知（智）及之，仁能守之，莊以涖之，動之不以禮，未善也。」◯上冊／頁232◯

【15.34】子曰：「君子不可小知而可大受也，小人不可大受而可小知也。」◯上冊／頁91◯

【15.35】子曰：「民之於仁也，甚於水火。水火吾見蹈而死者矣，未見蹈仁而死者也。」◯下冊／頁98◯

【15·36】子曰：「當仁不讓於師。」○下冊／頁58○

【15·37】子曰：「君子貞而不諒。」○上冊／頁91○

【15·38】子曰：「事君，敬其事而後其食。」○上冊／頁197○

【15·39】子曰：「有教無類。」○下冊／頁52○

【15·40】子曰：「道不同，不相爲謀。」○上冊／頁192○

【15·41】子曰：「辭達而已矣。」○下冊／頁59○

【15·42】師冕見，及階，子曰：「階也。」及席，子曰：「席也。」皆坐，子告之曰：「某在斯，某在斯。」師冕出，子張問曰：「與師言之道與（歟）？」子曰：「然，固相師之道也。」○上冊／頁242○

季氏第十六

本篇第一章和第十三章比較長。各章記孔子言，多用「孔子曰」和「子曰」，但【16·12／16·14】並未記說話的人。「孔子曰」的稱法，多見於《論語》後半部，以此篇最集中。

【16·1】季氏將伐顓臾。冉有、季路見於孔子曰：「季氏將有事於顓臾。」孔子曰：「求，無乃爾是過與（歟）？夫顓臾，昔者先王以爲東蒙主，且在邦域之中矣，是社稷之臣也，何以伐爲？」冉有

曰：「夫子欲之，吾二臣者皆不欲也。」孔子曰：「求，周任有言曰：『陳力就列，不能者止。』危而不持，顚而不扶，則將焉用彼相矣？且爾言過矣，虎兕出於柙，龜玉毀於櫝中，是誰之過與（歟）？」冉有曰：「今夫顓臾，固而近於費。今不取，後世必爲子孫憂。」孔子曰：「求，君子疾夫舍曰欲之而必爲之辭。丘也聞有國有家者，不患寡而患不均，不患貧而患不安。蓋均無貧，和無寡，安無傾。夫如是，故遠人不服，則修文德以來之；既來之，則安之。今由與求也，相夫子，遠人不服，而不能來也；邦分崩離析，而不能守也；而謀動干戈於邦內。吾恐季孫之憂，不在顓臾，而在蕭牆之內也。」〇下冊／頁151〇

【16．2】孔子曰：「天下有道，則禮樂征伐自天子出；天下無道，則禮樂征伐自諸侯出。自諸侯出，蓋十世希不失矣；自大夫出，五世希不失矣；陪臣執國命，三世希不失矣。天下有道，則政不在大夫；天下有道，則庶人不議。」〇下冊／頁98〇

【16．3】孔子曰：「祿之去公室五世矣，政逮於大夫四世矣，故夫三桓之子孫微矣。」〇下冊／頁180〇

【16．4】孔子曰：「益者三友，損者三友。友直，友諒，友多聞，益矣。友便辟，友善柔，友便佞，損矣。」〇上冊／頁164〇

【16．5】孔子曰：「益者三樂，損者三樂。樂節禮樂，樂道人之善，樂多賢友，益矣。樂驕樂，樂佚遊，樂宴樂，損矣。」〇上冊／頁92〇

【16．6】孔子曰：「侍於君子有三愆：言未及之而言，謂之躁；言及之而不言，謂之隱；未見顏

色而言，謂之瞽。」〇上冊／頁243〇

【16．7】孔子曰：「君子有三戒：少之時，血氣未定，戒之在色；及其壯也，血氣方剛，戒之在鬥；及其老也，血氣既衰，戒之在得。」〇上冊／頁93〇

【16．8】孔子曰：「君子有三畏：畏天命，畏大人，畏聖人之言。小人不知天命而不畏也，狎大人，侮聖人之言。」〇上冊／頁111〇

【16．9】孔子曰：「生而知之者，上也；學而知之者，次也；困而學之，又其次也；困而不學，民斯爲下矣。」〇上冊／頁27〇

【16．10】孔子曰：「君子有九思：視思明，聽思聰，色思溫，貌思恭，言思忠，事思敬，疑思問，忿思難，見得思義。」〇上冊／頁197〇

【16．11】孔子曰：「見善如不及，見不善如探湯，吾見其人矣，吾聞其語矣。隱居以求其志，行義以達其道，吾聞其語矣，未見其人也。」〇下冊／頁104〇

【16．12】齊景公有馬千駟，死之日，民無德（得）而稱焉。伯夷、叔齊餓于首陽之下，民到於今稱之。其斯之謂與（歟）？〇下冊／頁105〇

【16．13】陳亢問於伯魚曰：「子亦有異聞乎？」對曰：「未也。嘗獨立，鯉趨而過庭，曰：『學詩乎？』對曰：『未也。』『不學詩，無以言。』鯉退而學詩。他日又獨立，鯉趨而過庭，曰：『學禮乎？』對曰：『未也。』『不學禮，無以立。』鯉退而學禮。聞斯二者。」陳亢退而喜曰：「問一得三，聞詩聞禮，又聞君子之遠其子也。」〇上冊／頁218〇

【16・14】邦君之妻，君稱之曰夫人，夫人自稱曰小童，邦人稱之曰君夫人，稱諸異邦曰寡小君，異邦人稱之亦曰君夫人。○上冊／頁243○

陽貨第十七

本篇最值得注意的是【17・1】【17・5】【17・7】這三章。孔子是個拙於謀生、急於用世的人，從這三章可以看出他受到做官的誘惑，躍躍欲試，若想研究孔子人格的複雜性，不可不讀。另外，【17・25】講女子、小人難養，也很有名，研究中國的性別問題和婦女問題的人，也不可不讀。

【17・1】陽貨欲見孔子，孔子不見，歸（饋）孔子豚。孔子時（待）其亡也，而往拜之。遇諸塗（途）。謂孔子曰：「來！予與爾言。」曰：「懷其寶而迷其邦，可謂仁乎？」曰：「不可。」「好從事而亟失時，可謂知（智）乎？」曰：「不可。」「日月逝矣，歲不我與。」孔子曰：「諾，吾將仕矣。」○下冊／頁181○

【17・2】子曰：「性相近也，習相遠也。」○上冊／頁24○

【17・3】子曰：「唯上知（智）與下愚不移。」○上冊／頁28○

【17・4】子之武城，聞弦歌之聲。夫子莞爾而笑，曰：「割雞焉用牛刀？」子游對曰：「昔者偃

也聞諸夫子曰：『君子學道則愛人，小人學道則易使也。』」子曰：「二三子！偃之言是也。前言戲之耳。」○上冊／頁239○

【17．5】公山弗擾以費畔（叛），召，子欲往。子路不說（悅），曰：「末（蔑）之也已，何必公山氏之之也？」子曰：「夫召我者，而豈徒哉？如有用我者，吾其爲東周乎！」○下冊／頁182○

【17．6】子張問仁於孔子。孔子曰：「能行五者於天下爲仁矣。」請問之。曰：「恭、寬、信、敏、惠。恭則不侮，寬則得眾，信則人任焉，敏則有功，惠則足以使人。」○上冊／頁125○

【17．7】佛肸召，子欲往。子路曰：「昔者由也聞諸夫子曰：『親於其身爲不善者，君子不入也。』佛肸以中牟畔（叛），子之往也，如之何？」子曰：「然，有是言也。不曰堅乎，磨而不磷；不曰白乎，涅而不緇。吾豈匏瓜也哉？焉能繫而不食？」○下冊／頁134○

【17．8】子曰：「由也，女（汝）聞六言六蔽（弊）矣乎？」對曰：「未也。」「居，吾語女（汝）。好仁不好學，其蔽（弊）也愚；好知（智）不好學，其蔽（弊）也蕩；好信不好學，其蔽（弊）也賊；好直不好學，其蔽（弊）也絞；好勇不好學，其蔽（弊）也亂；好剛不好學，其蔽（弊）也狂。」○下冊／頁72○

【17．9】子曰：「小子何莫學夫詩？詩，可以興，可以觀，可以群，可以怨。邇之事父，遠之事君。多識於鳥獸草木之名。」○下冊／頁27○

【17．10】子謂伯魚曰：「女（汝）爲《周南》、《召南》矣乎？人而不爲《周南》、《召南》，其猶正牆面而立也與（歟）！」○下冊／頁27○

【17·11】子曰：「禮云禮云，玉帛云乎哉？樂云樂云，鐘鼓云乎哉？」○上冊／頁247○

【17·12】子曰：「色厲而內荏，譬諸小人，其猶穿窬之盜也與（歟）！」○上冊／頁94○

【17·13】子曰：「鄉原（愿），德之賊也。」○上冊／頁212○

【17·14】子曰：「道聽而塗（途）說，德之棄也。」○上冊／頁213○

【17·15】子曰：「鄙夫可與事君也與（歟）哉？其未得之也，患〔不〕得之；既得之，患失之；苟患失之，無所不至矣。」○上冊／頁103○

【17·16】子曰：「古者民有三疾，今也或是之亡也。古之狂也肆，今之狂也蕩；古之矜也廉，今之矜也忿戾；古之愚也直，今之愚也詐而已矣。」○上冊／頁282○

【17·17】子曰：「巧言令色，鮮矣仁。」○上冊／頁132○

【17·18】子曰：「惡紫之奪朱也，惡鄭聲之亂雅樂也，惡利口之覆邦家者。」○下冊／頁31○

【17·19】子曰：「予欲無言。」子貢曰：「子如不言，則小子何述焉？」子曰：「天何言哉？四時行焉，百物生焉，天何言哉？」○下冊／頁207○

【17·20】孺悲欲見孔子，孔子辭以疾。將命者出戶，取瑟而歌，使之聞之。○上冊／頁261○

【17·21】宰我問：「三年之喪，期已久矣。君子三年不爲禮，禮必壞；三年不爲樂，樂必崩。舊穀既沒，新穀既升，鑽燧改火，期可已矣。」子曰：「食夫稻，衣夫錦，於女（汝）安乎？」曰：「安。」「女（汝）安，則爲之。夫君子之居喪，食旨不甘，聞樂不樂，居處不安，故不爲也。今女（汝）安，則爲之。」宰我出。子曰：「予之不仁也！子生三年，然後免於父母之懷。夫三年之喪，天

下之通喪也。予也有三年之愛於其父母乎？」〇上冊／頁149〇

【17．22】子曰：「飽食終日，無所用心，難矣哉！不有博弈者乎？爲之猶賢乎已。」〇上冊／頁94〇

【17．23】子路曰：「君子尚勇乎？」子曰：「君子義以爲上。君子有勇而無義爲亂，小人有勇而無義爲盜。」〇上冊／頁138〇

【17．24】子貢曰：「君子亦有惡乎？」子曰：「有惡。惡稱人之惡者，惡居下（流）而訕上者，惡勇而無禮者，惡果敢而窒者。」曰：「賜也亦有惡乎？」「惡徼以爲知（智）者，惡不孫（遜）以爲勇者，惡訐以爲直者。」〇上冊／頁95〇

【17．25】子曰：「唯女子與小人爲難養也，近之則不孫（遜），遠之則怨。」〇上冊／頁104〇

【17．26】子曰：「年四十而見惡焉，其終也已。」〇下冊／頁217〇

微子第十八

本篇也是拈篇首語爲題，和其他各篇一樣，但主題卻相對集中，主要是講棄官不做、逃隱山林的人，包括隱士和逸民。孔子受到做官的誘惑，躍躍欲試，主要見於前一篇。此篇則講隱士對孔子的鄙視和嘲笑，孔子的委屈和難言之隱，和前一篇的心情正好相反。《莊子》也有這類嘲笑，可代表隱士的思想；古代非難孔子，以《莊子》爲代表。

〈陽貨〉和〈微子〉都是研究孔子處世之道的重要文獻。孔子對於當世，採取半合作半批判

態度，與隱士的徹底不合作有所不同。一方面，他堅持自己的政治理想，無法見容於當時的統治者；一方面，他又想找尋開明君主，拚命兜售自己的政治主張。他對當時的社會政治非常不滿，因而對隱士的不合作態度非常欣賞，但又害怕不合作就無法推行自己的政治主張，會過於消極無爲，所以仍不肯放棄參與政治活動的機會。

隱士的態度是「知其不可而逃之」，孔子的態度是「知其不可而爲之」。孔子以爲最好的選擇是「無可無不可」，但其實是清、濁二道兩面皆不討好，廟堂和江湖都不見容，悲夫！

【18．1】微子去之，箕子爲之奴，比干諫而死。孔子曰：「殷有三仁焉。」○下冊／頁106○

【18．2】柳下惠爲士師，三黜。人曰：「子未可以去乎？」曰：「直道而事人，焉往而不三黜？枉道而事人，何必去父母之邦？」○下冊／頁107○

【18．3】齊景公待孔子曰：「若季氏則吾不能，以季、孟之間待之。」曰：「吾老矣，不能用也。」孔子行。○下冊／頁184○

【18．4】齊人歸女樂，季桓子受之，三日不朝，孔子行。○下冊／頁185○

【18．5】楚狂接輿歌而過孔子，曰：「鳳兮鳳兮，何德之衰！往者不可諫，來者猶可追。已而已而！今之從政者殆而！」孔子下，欲與之言。趨而辟（避）之，不得與之言。○下冊／頁109○

【18．6】長沮、桀溺耦而耕，孔子過之，使子路問津焉。長沮曰：「夫執輿者爲誰？」子路曰：「爲孔丘。」曰：「是魯孔丘與（歟）？」曰：「是也。」曰：「是知津矣。」問於桀溺。桀溺曰：

「子爲誰？」曰：「爲仲由。」曰：「是魯孔丘之徒與（歟）？」對曰：「然。」曰：「滔滔者，天下皆是也，而誰以易之？且而（爾）與其從辟（避）人之士也，豈若從辟（避）世之士哉？」耰而不輟。子路行以告。夫子憮然曰：「鳥獸不可與同群，吾非斯人之徒與而誰與？天下有道，丘不與易也。」○下冊／頁110○

【18．7】子路從而後，遇丈人，以杖荷蓧。子路問曰：「子見夫子乎？」丈人曰：「四體不勤，五穀不分，孰爲夫子？」植其杖而芸。子路拱而立。止子路宿，殺雞爲黍而食之，見其二子焉。明日，子路行以告。子曰：「隱者也。」使子路反（返）見之。至，則行矣。子路曰：「不仕無義。長幼之節，不可廢也；君臣之義，如之何其廢之？欲潔其身，而亂大倫。君子之仕也，行其義也。道之不行，已知之矣。」○上冊／頁139○

【18．8】逸民：伯夷、叔齊、虞仲、夷逸、朱張、柳下惠、少連。子曰：「不降其志，不辱其身，伯夷、叔齊與（歟）！」謂「柳下惠、少連，降志辱身矣。言中倫，行中慮，其斯而已矣。」謂「虞仲、夷逸，隱居放言，身中清，廢中權。我則異於是，無可無不可。」○下冊／頁112○

【18．9】大師摯適齊，亞飯干適楚，三飯繚適蔡，四飯缺適秦，鼓方叔入於河，播鼗武入於漢，少師陽、擊磬襄入於海。○下冊／頁113○

【18．10】周公謂魯公曰：「君子不施（弛）其親，不使大臣怨乎不以。故舊無大故，則不棄也。無求備於一人。」○下冊／頁178○

【18．11】周有八士：伯達、伯适、仲突、仲忽、叔夜、叔夏、季隨、季騧。○下冊／頁114○

子張第十九

此篇的主題相對集中，主要是記孔門弟子接聞於夫子之言。特點是，所有話都是學生的話，沒有一句是孔子的話，但反映的卻是老師的思想，因爲很多都是轉述孔子的話而來（漢人引《論語》，多把弟子語也當孔子言）。弟子各記所聞，有時看似互相矛盾，其實是孔子針對每個學生的弱點而發，很能展現「因材施教」的用心。其中包括【19．1至19．3】的子張語、【19．4至19．13】的子夏語、【19．14／19．15】的子游語、【19．16至19．19】的曾子語、【19．20至19．25】的子貢語。再強調一次，基本上這些都是孔門後進所講的話，但他們往往是轉述孔子的話、孔子的思想，只是——沒有一句是孔子直接說的。

【19．1】子張曰：「士見危致命，見得思義，祭思敬，喪思哀，其可已矣。」〇上冊／頁110〇

【19．2】子張曰：「執德不弘，信道不篤，焉能爲有，焉能爲亡。」〇下冊／頁59〇

【19．3】子夏之門人問交於子張。子張曰：「子夏云何？」對曰：「子夏曰：『可者與之，其不可者拒之。』」子張曰：「異乎吾所聞：君子尊賢而容眾，嘉善而矜不能。我之大賢與（歟），於人何所不容？我之不賢與（歟），人將拒我，如之何其拒人也？」〇下冊／頁73〇

【19．4】子夏曰：「雖小道，必有可觀者焉，致遠恐泥，是以君子不爲也。」〇下冊／頁47〇

【19．5】子夏曰：「日知其所亡，月無忘其所能，可謂好學也已矣。」〇下冊／頁39〇

【19・6】子夏曰：「博學而篤志，切問而近思，仁在其中矣。」○下冊／頁43○

【19・7】子夏曰：「百工居肆以成其事，君子學以致其道。」○下冊／頁37○

【19・8】子夏曰：「小人之過也，必文。」○上冊／頁95○

【19・9】子夏曰：「君子有三變：望之儼然，即之也溫，聽其言也厲。」○上冊／頁96○

【19・10】子夏曰：「君子信而後勞其民，未信則以爲厲己也；信而後諫，未信則以爲謗己也。」○上冊／頁177○

【19・11】子夏曰：「大德不踰閑，小德出入可也。」○下冊／頁74○

【19・12】子游曰：「子夏之門人小子，當洒掃應對進退則可矣，抑末也。本之則無，如之何？」子夏聞之，曰：「噫！言游過矣！君子之道，孰先傳焉？孰後倦焉？譬諸草木，區以別矣。君子之道，焉可誣也？有始有卒者，其惟聖人乎！」○上冊／頁34○

【19・13】子夏曰：「仕而優則學，學而優則仕。」○下冊／頁33○

【19・14】子游曰：「喪致乎哀而止。」○上冊／頁256○

【19・15】子游曰：「吾友張也，爲難能也，然而未仁。」○下冊／頁60○

【19・16】曾子曰：「堂堂乎張也，難與並爲仁矣。」○下冊／頁60○

【19・17】曾子曰：「吾聞諸夫子：人未有自致者也，必也親喪乎！」○上冊／頁256○

【19・18】曾子曰：「吾聞諸夫子：孟莊子之孝也，其他可能也；其不改父之臣與父之政，是難能也。」○上冊／頁150○

【19·19】孟氏使陽膚爲士師，問於曾子。曾子曰：「上失其道，民散久矣。如得其情，則哀矜而勿喜。」〇下冊／頁136〇

【19·20】子貢曰：「紂之不善，不如是之甚也。是以君子惡居下流，天下之惡皆歸焉。」〇上冊／頁46〇

【19·21】子貢曰：「君子之過也，如日月之食焉：過也人皆見之；更也人皆仰之。」〇上冊／頁46〇

【19·22】衛公孫朝問於子貢曰：「仲尼焉學？」子貢曰：「文武之道，未墜於地，在人。賢者識其大者，不賢者識其小者，莫不有文武之道焉，夫子焉不學，而亦何常師之有？」〇下冊／頁35〇

【19·23】叔孫武叔語大夫於朝曰：「子貢賢於仲尼。」子服景伯以告子貢。子貢曰：「譬之宮牆，賜之牆也及肩，窺見室家之好。夫子之牆數仞，不得其門而入，不見宗廟之美，百官（館）之富。得其門者或寡矣。夫子之云，不亦宜乎？」〇上冊／頁47〇

【19·24】叔孫武叔毀仲尼。子貢曰：「無以爲也！仲尼不可毀也。他人之賢者，丘陵也，猶可踰也；仲尼，日月也，無得而踰焉。人雖欲自絕，其何傷於日月乎？多見其不知量也。」〇上冊／頁48〇

【19·25】陳子禽謂子貢曰：「子爲恭也？仲尼豈賢於子乎？」子貢曰：「君子一言以爲知，一言以爲不知，言不可不愼也！夫子之不可及也，猶天之不可階而升也。夫子之得邦家者，所謂立之斯立，道（導）之斯行，綏之斯來，動之斯和。其生也榮，其死也哀，如之何其可及也？」〇上冊／頁48〇

堯曰第二十

這是今本《論語》的最後一篇，形式與前面十九篇都不一樣，而且文字艱澀，內容枯燥。它只有三章，前兩章是兩大段，比較冗長。其中，第一章分前後兩截：前半截可分成三節來看，都是抄自古本《尚書》的話，講古天子受命於天，繫天下安危於一身，無論出了什麼問題責任都在自己身上，因此要勇於罪己；後半截分成四節，這可能是孔子自己的話，講治國治民，內容與為政有關。第二章是子張向孔子請教從政之道。第三章很短，只有孔子的幾句話，與君子的修養有關。

前人討論此篇往往刻意求深，以為第一章是全書的後序或補遺，第二章和第三章又綴在序後。其實，古書的綴集成篇多由零章碎句雜湊，不可以後世文章的寫法要求之。古書綴序於後，例子很多，但《論語》是以短章雜湊，本無條理，指此篇為序，大可不必。

【20·1】堯曰：「咨！爾舜！天之曆數在爾躬，允執其中。四海困窮，天祿永終。」舜亦以命禹。曰：「予小子履，敢用玄牡，敢昭告于皇皇后帝：有罪不敢赦。帝臣不蔽，簡在帝心。朕躬有罪，無以萬方；萬方有罪，罪在朕躬。」「周有大賚，善人是富。雖有周親，不如仁人。百姓有過，在予一人。」謹權量，審法度，修廢官，四方之政行焉。興滅國，繼絕世，舉逸民，天下之民歸心焉。所重民食、喪、祭。寬則得眾，信則民任焉，敏則有功，公則說（悅）。〇下冊／頁156〇

【20．2】子張問於孔子曰：「何如斯可以從政矣？」子曰：「尊五美，屛四惡，斯可以從政矣。」子張曰：「何謂五美？」子曰：「君子惠而不費，勞而不怨，欲而不貪，泰而不驕，威而不猛。」子張曰：「何謂惠而不費？」子曰：「因民之所利而利之，斯不亦惠而不費乎？擇可勞而勞之，又誰怨？欲仁而得仁，又焉貪？君子無衆寡，無小大，無敢慢，斯不亦泰而不驕乎？君子正其衣冠，尊其瞻視，儼然人望而畏之，斯不亦威而不猛乎？」子張曰：「何謂四惡？」子曰：「不教而殺，謂之虐。不戒視成，謂之暴。慢令致期，謂之賊。猶之與人也，出納之吝，謂之有司。」〇下冊／頁159〇

【20．3】孔子曰：「不知命，無以爲君子也；不知禮，無以立也；不知言，無以知人也。」〇下冊／頁207〇

國家圖書館出版品預行編目資料

喪家狗:孔子很熱情——論語裡的閱讀課/李零著;——初版. ——臺中市:好讀, 2011.9

面： 公分，——（名家私塾；5）

ISBN 978-986-178-205-8（平裝）

1. 論語 2. 研究考訂

121.227　　100015200

好讀出版

名家私塾 05

喪家狗（下）孔子很熱情——論語裡的閱讀課

作　　者／李　零
總 編 輯／鄧茵茵
文字編輯／簡伊婕
行銷企畫／陳昶文
發 行 所／好讀出版有限公司
台中市 407 西屯區何厝里 19 鄰大有街 13 號
TEL:04-23157795　FAX:04-23144188
http://howdo.morningstar.com.tw
（如對本書編輯或內容有意見，請來電或上網告訴我們）
法律顧問／甘龍強律師
承製／知己圖書股份有限公司　TEL:04-23581803

總經銷／知己圖書股份有限公司
http://www.morningstar.com.tw
e-mail:service@morningstar.com.tw
郵政劃撥：15060393 知己圖書股份有限公司
台北公司：台北市 106 羅斯福路二段 95 號 4 樓之 3
TEL:02-23672044　FAX:02-23635741
台中公司：台中市 407 工業區 30 路 1 號
TEL:04-23595820　FAX:04-23597123

初版／西元 2011 年 9 月 15 日
定價／280 元
如有破損或裝訂錯誤，請寄回知己圖書台中公司更換

本書經作者李零與山西人民出版社授權，同意由臺灣好讀出版有限公司出版中文繁體字版本。
非經書面同意，不得以任何形式任意重製轉載。

Published by How-Do Publishing Co., Ltd.
2011 Printed in Taiwan
All rights reserved.
ISBN 978-986-178-205-8

讀者回函

只要寄回本回函，就能不定時收到晨星出版集團最新電子報及相關優惠活動訊息，並有機會參加抽獎，獲得贈書。因此有電子信箱的讀者，千萬別吝於寫上你的信箱地址

書名：喪家狗（下）孔子很熱情——論語裡的閱讀課

姓名：______________ 性別：□男 □女 生日：____年____月____日

教育程度：__________________

職業：□學生 □教師 □一般職員 □企業主管

□家庭主婦 □自由業 □醫護 □軍警 □其他________________

電子郵件信箱（e-mail）：____________________ 電話：______________

聯絡地址：□□□ ____

你怎麼發現這本書的？

□書店 □網路書店（哪一個？）________________ □朋友推薦 □學校選書

□報章雜誌報導 □其他____

買這本書的原因是：____________________________________

□內容題材深得我心 □價格便宜 □封面與內頁設計很優 □其他__________

你對這本書還有其他意見麼？請通通告訴我們：

____

你買過幾本好讀的書？（不包括現在這一本）

□沒買過 □ 1 ～ 5 本 □ 6 ～ 10 本 □ 11 ～ 20 本 □太多了

你希望能如何得到更多好讀的出版訊息？

□常寄電子報 □網站常常更新 □常在報章雜誌上看到好讀新書消息

□我有更棒的想法____

最後請推薦五個閱讀同好的姓名與 E-mail，讓他們也能收到好讀的近期書訊：

1. ____

2. ____

3. ____

4. ____

5. ____

我們確實接收到你對好讀的心意了，再次感謝你抽空填寫這份回函

請有空時上網或來信與我們交換意見，好讀出版有限公司編輯部同仁感謝你！

好讀的部落格：http://howdo.morningstar.com.tw/

請填妥後對折黏貼，直接投郵即可，無須貼郵票。

廣告回函
台灣中區郵政管理局
登記證第 3877 號
免貼郵票

好讀出版有限公司　編輯部收

407 台中市西屯區何厝里大有街 13 號
電話：04-23157795-6　傳眞：04-23144188

沿虛線對折

購買好讀出版書籍的方法：

一、先請你上晨星網路書店http://www.morningstar.com.tw檢索書目
或直接在網上購買

二、以郵政劃撥購書：帳號15060393 戶名：知己圖書股份有限公司
並在通信欄中註明你想買的書名與數量

三、大量訂購者可直接以客服專線洽詢，有專人爲您服務：
客服專線：04-23595819轉230 傳眞：04-23597123

四、客服信箱：service@morningstar.com.tw